일본어 구어역 요한묵시록의 언어학적 분석 Ⅶ

일본어 구어역 요한묵시록의 언어학적 분석 Ⅶ

A Linguistic Anlaysis of
the Colloquial Japanese Version
of Revelation to John Ⅶ

이성규·임진영

머리말

본 저서는 일본어 구어역(口語訳) 신약성서(新約聖書)의 요한묵시록(ヨハネの黙示録) 제18장부터 제20장까지를 언어자료로 삼아, 일본어학적 관점에서 그곳에 사용된 다양한 언어 소재를 분석함으로써 통상 일본어학이나 일본어 교육에서 주제로 삼지 않거나 지면이 제약되어 있는 어휘, 문형, 문법, 경어법까지 연구 대상에 포함하여 검토하는 것을 목적으로 한다.

일본어 성서에는 (1)日本聖書協会(1954)『聖書』日本聖書協会. (2)日本聖書協会(1978)『新約聖書』共同訳 日本聖書協会. (3)新改訳聖書刊行会(1970)『新改訳聖書』日本聖書刊行会. (4)日本聖書協会(1987)『聖書』(新共同訳) 日本聖書協会. (5)新約聖書翻訳委員会(1995)『岩波翻訳委員会訳』岩波書店. (6)回復訳編集部(2009)『オンライン聖書 回復訳』http://www.recoveryversion.jp/ 등의 소위 협회본(協会本) 및 (7)前田護郎(1983)『新約聖書』中央公論社. (8)柳生直行(1985)『新約聖書』新教出版社. (9)尾山令仁(2001)『現代訳聖書』現代訳聖書刊行会. (10)高橋照男・私家版(2003)『塚本虎二訳 新約聖書・電子版03版』. (11)高橋照男編(2004)『BbB-BIBLE by Bible 聖書で聖書を読む』http://bbbible.com/ 등의 개인번역본이 있다.

『구어역성서(口語訳聖書)』는 제2차 세계대전 이후 개신교 신자들이 결성한 일본성서협회(日本聖書協会)가 히브리어의 구약성서와 그리스어의 신약성서를 처음으로 일본어 구어체(口語体)로 발행한 성서이다.

메이지(明治) 이후 일본에서는 선교사 등의 기독교 신자 등이 성서를 문어체(文語体) 일본어로 번역한「문어역성서(文語訳聖書)」를 발행했지만, 제2차 세계대전 이후에는 구어체 즉 현대어에 의한 일본어 번역이 뒤를 이었다. 그 중에서도「구어성서(口語聖書)」「구어역성서(口語訳聖書)」혹은 성서에 관해 단순히「구어역(口語訳)」이라고 하면, 제일 먼저 가리키는 것이「구어역성서(口語訳聖書)」이다. 신약성서는 1954년에, 구약성서는 1955년에 완성되는데, 제이외전(第二外典)은 포함되어 있지 않다.1)

　구어역 성서는 문어역 성서보다 이해하기 쉬워졌다고 하는 호평도 있지만, 한편으로 독자에 대한 호소력이나 논리적 명쾌성, 나아가 문장으로서의 기품 그리고 특히 문체(文体)에 관해서는 악평도 존재한다. 그밖에 인칭대명사를 부자연스럽게 통일시킨 점, 대우표현에 있어서의 일관성도 지적되고 있다. 그러나 다른 한편으로 영어 성서 [Revised Standard Version]에 기초하여 번역했다는 점에서 성서 번역의 질적 향상에 크게 기여했다고 긍정적인 평가를 내리는 주장도 있다.

　구어역 신약성서에서는 일본어의 고유어와 한어가 다양하게 사용되고 있는데, 그 의미·용법에 있어서는 현대어와 일치하는 것도 있지만 그 중에는 고전어적인 어감을 살린 예도 존재한다.

　구어역은 현대어역이기 때문에 그곳에 사용된 문형이나 문법 사항은 대체적으로 현대어와 일치하지만, 구어역에서만 사용되고 있는 예도 산견된다. 특히 조사, 부사, 지시사, 접속사, 조동사, 추론을 나타내는 형식, 연어, 접사어류에 관해서는 졸자가 기 집필한 도서나 관련 서적 그리고 인터넷 검색 등을 통해 다양한 용례를 인용하여 향후 이를 일본어교육에도 원용할 수 있게끔 하였다.

---

1) 出典: フリー百科事典『ウィキペディア(Wikipedia)』
　https://ja.wikipedia.org/wiki/%E5%8F%A3%E8%AA%9E%E8%A8%B3%E8%81%96%E6%9B%B8에서 인용하여 일부 번역함.

특히 성서에서는 구어역(口語訳)에 국한되지 않고 높여야 할 대상 즉 경의 주체[하나님·예수]가 존재하고 있기 때문에 복수의 존경어 형식이 사용되고 있다. 또한 구어역 성서에서는 동작이나 작용을 분석적으로 표현하기 위해 일반 사전에 탑재되지 않는 복합동사를 포함하여 다양한 유형의 복합동사가 등장하고 있다. 일본어 성서를 적확히 이해하기 위해서는 이들 일본어 복합동사의 의미·용법을 상세히 검토할 필요가 있다.

연구의 최종 결과물은 한국어 번역이란 모습으로 제시되겠지만, 일본어 성서의 한국어 번역이란 점에서 기존의 한국어 성서와는 입장과 서술 내용이 다르기 때문에 색다른 언어 경관이 전개될 것으로 예상된다. 일본어 자료에 기초한 언어학적 관점에서의 결과이기에 접속사나 부사 등에 있어서 동어 반복이나 용장감 등으로 인하여 다소 어색하거나 부자연스러운 면이 있더라도 가능한 한 의역을 피하고 축어역(逐語訳)하는 방식으로 진행했다.

일본과 한국에서는 여러 유형의 성서가 발간되어 있는데, 이들 성서를 대조언어학적 관점에서 조감하여 양자 간의 유사성과 차이점을 살펴보고 의미 있는 내용에 관해서는 번역 단계에서 적극 반영했다.

『요한묵시록(ヨハネの黙示録)』는 묵시문학이라는 특성상 언어학적 입장에서만 본문을 비판하기에는 난해한 부분이 적지 않았기에, 성서학적 입장에서의 해석도 요구된다. 이에 관해서는 フランシスコ会聖書研究所(1984)의 『新約聖書』의 해설 및 주, 그리고 高橋照男編(2004)의 『BbB - BIBLE by Bible 聖書で聖書を読む』를 상당 부분 참고했다.

이성규와 임진영은 본문 비판 및 연구 그리고 교정에 이르기까지 심도 있는 의견을 나누면서 공동으로 저술에 임했다.

그리고 본서에 앞서 출판된 『일본어 구어역 마가복음의 언어학적 분석Ⅰ』(2018)·『일본어 구어역 마가복음의 언어학적 분석Ⅱ』(2019)·『일본어 구어역 마가복음의 언어학적 분석Ⅲ』(2019)·『일본어 구어역 마가복음의 언어학적 분석Ⅳ』(2020)·『일본어 구어역 요한복음의 언어학적 분석Ⅰ』(2021)·『일본어 구어역 요한복음의 언어학적 분석Ⅱ』(2021)·『일본어 구어역 요한복음의 언어학적 분석Ⅲ』(2021)·『일본어 구어역 요한복음의 언어학적 분석Ⅳ』(2022)·『일본어 구어역 요한묵시록의 언어학적 분석Ⅰ』(2022)·『일본어 구어역 요한묵시록의 언어학적 분석Ⅱ』(2022)·『일본어 구어역 요한묵시록의 언어학적 분석Ⅲ』(2022)·『일본어 구어역 요한묵시록의 언어학적 분석Ⅳ』(2022)·『일본어 구어역 요한묵시록의 언어학적 분석Ⅴ』(2022)·『일본어 구어역 요한묵시록의 언어학적 분석Ⅵ』(2022)에서 다룬 내용과 반복이 되지 않도록 노력했지만, 본문 해석을 위해 필요한 경우에는 예외로 한다.

2022년 11월
李成圭·任鎭永

[범례(凡例)]

1. 본 저서는 日本聖書協会(1954)에서 간행한 『聖書』(口語訳)[pp.(新)1-(新)409]을 저본(底本)을 하되, 표기에 있어서는 일본어학 및 일본어교육의 편익을 도모하고자 본문 비판을 행하고 「平仮名」로 되어 있는 원문을 다수 「漢字」로 바꾸었다.
2. 저본에서 장절(章節)로 구성되어 있는 본문을 フランシスコ会聖書研究所(1984)에서 간행한 『新約聖書』에 따라 단락 구분을 해 두었다.
3. 인명과 지명 등의 고유명사의 한글 표기에 관해서는 대한성서공회(2001)에서 간행한 『표준새번역 성경』에 따른다.

目次

■ 머리말 / 4

ヨハネの黙示録(もくしろく) 第18章 / 13

〔33〕 バビロンの没落(ぼつらく) 바빌론의 몰락 ················· 14
　　 ヨハネの黙示録 18:1 - 18:3

　　　ヨハネの黙示 18:1 - 18:3 ································ 14
　　　刑罰(けいばつ)の布告(ふこく) - 第一(だいいち)の天使(てんし)の宣言(せんげん)
　　　형벌의 포고 - 첫 번째 천사의 선언

〔34〕 神(かみ)の民(たみ)への勧告(かんこく) 하나님의 백성에 대한 권고 … 28
　　 ヨハネの黙示録 18:4 - 18:8

　　　ヨハネの黙示 18:4 - 18:8 ································ 28
　　　刑罰(けいばつ)の布告(ふこく) - 第二(だいに)の天使(てんし)の宣言(せんげん)
　　　형벌의 포고 - 두 번째 천사의 선언

〔35〕 バビロンの滅亡(めつぼう)の歌(うた) 바빌론 멸망의 노래 ············ 69
　　 ヨハネの黙示録 18:9 - 18:24

　　　ヨハネの黙示 18:9 - 18:10 ······························· 69
　　　王達(おうたち)の哀歌(あいか)
　　　왕들의 애가

ヨハネの黙示 18:11 - 18:19 ··· 93
商人達(しょうにんたち)の哀歌(あいか)
상인들의 애가

ヨハネの黙示 18:20 ··· 130
ヨハネの歓喜(かんき)の歌(うた)
요한의 환희의 노래

ヨハネの黙示 18:21 - 18:24 ··· 137
刑罰(けいばつ)の実行(じっこう)
형벌의 실행

ヨハネの黙示録(もくしろく)　第19章 / 161

〔36〕天上(てんじょう)の喜(よろこ)び　천상의 기쁨 ·························· 162
　　ヨハネの黙示録 19:1 - 19:4

　　　ヨハネの黙示 19:1 - 19:4 ··· 162
　　　バビロンの刑罰(けいばつ)に対(たい)する天上(てんじょう)のハレルヤ
　　　바빌론의 형벌에 대한 천상의 할렐루야

〔37〕小羊(こひつじ)の婚姻(こんいん)　어린 양의 혼인 ····················· 172
　　ヨハネの黙示録 19:5 - 19:10

　　　ヨハネの黙示 19:6 - 19:10 ·· 177
　　　仔羊(こひつじ)の婚姻(こんいん)
　　　어린 양의 혼인

〔38〕終末(しゅうまつ)におけるメシアの勝利(しょうり)
　　종말에 있어서의 메시아의 승리 ·· 208
　　ヨハネの黙示録 19:11 - 19:21

ヨハネの黙示 19:11 - 19:16 ……………………………… 208
メシヤ現(あらわ)る
메시아, 나타나다

ヨハネの黙示 19:17 - 19:21 ……………………………… 224
メシヤ戦争(せんそう)の序曲(じょきょく)
메시아 전쟁의 서곡

ヨハネの黙示録(もくしろく) 第20章 / 245

〔39〕キリストの一千年間(いっせんねんかん)の支配(しはい)
그리스도의 천 년간의 지배 ……………………………… 246
ヨハネの黙示録 20:1 - 20:6

ヨハネの黙示 20:1 - 20:3 ……………………………… 246
サタンの幽閉(ゆうへい)
사탄의 유폐

ヨハネの黙示 20:4 - 20:6 ……………………………… 251
千年期(せんねんき)
천 년 기간

〔40〕終末(しゅうまつ)の戦(たたか)い 종말의 싸움 ……………… 256
ヨハネの黙示録 20:7 - 20:10

ヨハネの黙示 20:7 - 20:10 …………………………… 256
サタン硫黄(いおう)の池(いけ)に投(とう)ぜらる
사탄, 유황의 연못에 던져지다

〔41〕最後(さいご)の審判(しんぱん) 최후의 심판 ………………… 268
ヨハネの黙示録 20:11 - 20:15

ヨハネの黙示 20:11 - 20:15 ·· 268
全人類(ぜんじんるい)の復活(ふっかつ)と審判(しんぱん)
전 인류의 부활과 심판

■ 색인 / 291
■ 참고문헌 일람 / 294

ヨハネの黙示録(もくしろく)　第18章

〔 33 〕 バビロンの没落(ぼつらく)
바빌론의 몰락[2)]
ヨハネの黙示録 18:1 - 18:3

ヨハネの黙示 18:1 - 18:3
刑罰(けいばつ)の布告(ふこく) - 第一(だいいち)の天使(てんし)の宣言(せんげん)

형벌의 포고 - 첫 번째 천사의 선언

> [1]この後(のち)、わたしは、もうひとりの御使(みつかい)が、大(おお)いなる権威(けんい)を持(も)って、天(てん)から降(お)りて来(く)るのを見(み)た。[2]地(ち)は彼(かれ)の栄光(えいこう)によって明(あか)るくされた。[ヨハネの黙示録 18:1]
> (이후, 나는 또 다른 천사가 큰 권세를 가지고 하늘에서 내려오는 것을 보았다. 땅은 그의 영광으로 밝아졌다.) [18:1]

[1]この後(のち)、わたしは、もうひとりの御使(みつかい)が、: 이후, 나는 또 다른 천사가, 「この後(のち)[×此の後]」는 시간 부사로서 「이제부터 뒤에(=これからのち)」, 「이후(=以後(いご))」, 「금후(=今後(こんご))」에 상당하는 뜻을 나타낸다.

[2)] 본 장은 다음과 같이 구분된다. 천사는 로마를 의미하는 바빌론에 대한 심판을 선언하고, 마치 이미 멸망한 것처럼 서술한다(18:1~18:3). 하늘에서의 음성은 하나님의 백성에게 이 도읍에서 도망치도록 권한다. 그리고 하나님의 심판을 행하는 사람들에게 로마에 대해서는 그 행위에 부합하는 올바른 벌을 주도록 명령한다(18:4~18:8). 로마 지배하에 있는 왕들(18:9~18:10)도, 지상의 상인들(18:11~18:17a)도, 바다에서 일하는 사람(18:17b~18:1)도, 도읍의 멸망을 한탄한다. 이 도읍에 내려온 하나님의 벌에 대한 하늘의 기쁨(18:20), 그리고 마지막에는 도읍의 멸망은 영원한 것이라는 것이 선언된다(18:21~18:24). 이상은 フランシスコ会聖書研究所(1984)『新約聖書』サンパウロ. p. 953 주(18-1)에 의함.

[例] この後(のち)、そのうちの二人(ふたり)が、いなかの方(ほう)へ歩(ある)いていると、イエスは違(ちが)った姿(すがた)で御自身(ごじしん)を現(あら)わされた。[マルコによる福音書 16:12]
(이후, 그들 중의 두 사람이 시골을 향해 걷고 있었는데 예수께서 다른 모습으로 자신을 드러내셨다.) [마가복음 16:12]

この後(のち)、イエスは弟子(でし)たちとユダヤの地(ち)に行(い)き、彼(かれ)らと一緒(いっしょ)にそこに滞在(たいざい)して、バプテスマを授(さず)けておられた。[ヨハネによる福音書 3:22]
(이후, 예수께서는 제자들과 유대 지방에 가서, 그들과 함께 거기에 체재하며 세례를 주고 계셨다.) [요한복음 3:22]

この後(のち)、ユダヤ人(じん)の祭(まつり)があったので、イエスはエルサレムに上(のぼ)られた。[ヨハネによる福音書 5:1]
(이후, 유대인의 축제가 있어서 예수께서는 예루살렘에 올라가셨다.)[요한복음 5:1]

「この後(のち)」의「この」는 일종의 문맥지시 용법으로 사용되고 있는데, 타 번역본에서는「その後(のち)」도 등장한다.

[例] この (異象(いしょう)の) 後(のち)私(わたし)はもう一人(ひとり) (他(た))の、~見(み)た。[塚本訳1963]
(이 (이상한 현상의) 후), 나는 또 한 사람의 (다른) ~보았다.)

この後(のち)、私(わたし)は、もうひとりの御使(みつか)いが、~見(み)た。[新改訳1970]
(이후, 나는 또 다른 사람의 천사가 ~보았다.)

この後(のち)、わたしは~見(み)た。[フランシスコ会訳1984]
(이후, 나는 ~보았다.)

これらの後(のち)に、~見(み)た。[岩波翻訳委員会訳1995]
(이들 이후, ~보았다.)

その後(のち)わたしは見(み)た。[前田訳1978]
(그 후 나는 보았다.)

その後(のち)、わたしは、~見(み)た。[新共同訳1987]
(그 후, 나는 ~보았다.)

「そののち[×其の後]」는 시간부사로서「그 후(=その時(とき)からあと)」의 뜻을 나타낸다.「この後(のち)」「その後(のち)」둘 다 문맥지시의 용법으로 쓰이는데, 전자는 화자 쪽에서 볼 때 시간적으로 가까운 개념을, 후자는 다소 거리감이 있는 개념을 나타내는 것으로 해석된다. 그리고「そのあと」「その後(ご)」도 의미적으로는「その後(のち)」와 동가인데,「そのあと」가 일상적인 어휘라면,「その後(ご)」「その後(のち)」순으로 격식을 차리는 말씨라는 화체적(話體的) 차이가 지적된다.

[例] 其(そ)の後(のち)二人(ふたり)の運命(うんめい)は大(おお)きく変(か)わっていった。
(그 후, 두 사람의 운명은 크게 변했다.)

その後(のち)、イエスは十一弟子(じゅうにでし)が食卓(しょくたく)に着(つ)いている所(ところ)に現(あらわ)れ、彼(かれ)らの不信仰(ふしんこう)と、心(こころ)の頑(かたく)ななことをお責(せ)めになった。彼(かれ)らは、甦(よみがえ)られたイエスを見(み)た人々(ひとびと)の言(い)うことを、信(しん)じなかったからである。[マルコによる福音書 16:14]
(그 이후 예수께서는 12제자가 식탁에 앉아 있는 곳에 나타나서 그들이 믿음이 없고 마음이 완고한 것을 책망하셨다. 그들이 부활하신 예수님을 본 사람들이 하는

말을 믿지 않았기 때문이다.) [마가복음 16:14]

その後(のち)やもめぐらしをし、八十四歳(はちじゅうよんさい)になっていた。そして宮(みや)を離(はな)れずに夜(よる)も昼(ひる)も断食(だんじき)と祈(いのり)とをもって神(かみ)に仕(つか)えていた。[ルカによる福音書 2:37]
(그 후, 과부 생활을 해서, 여든네 살이 되어 있었다. 그리고 성전을 떠나지 않고, 밤낮으로 단식과 기도로 하나님을 섬기고 있었다.) [누가복음 2:37]

その後(のち)、主(しゅ)は別(べつ)に七十二人(しちじゅうににん)を選(えら)び、行(い)こうとしておられたすべての町(まち)や村(むら)へ、二人(ふたり)ずつ先(さき)にお遣(つか)わしになった。[ルカによる福音書 10:1]
(그 후, 주께서는 달리 72명을 선택하여 가려고 하신 모든 도시나 마을에 두 사람씩 먼저 보내셨다.)[누가복음 10:1]

その後(のち)、イエスは、その母(はは)、兄弟(きょうだい)たち、弟子(でし)たちと一緒(いっしょ)に、カペナウムに下(くだ)って、幾日(いくにち)かそこにとどまられた。[ヨハネによる福音書 2:12]
(그 후, 예수께서는 어머니, 형제들, 제자들과 함께 가버나움에 내려가서 거기에 며칠 머무셨다.) [요한복음 2:12]

その後(のち)、イエスは宮(みや)でその人(ひと)に出会(であ)ったので、彼(かれ)に言(い)われた、「ごらん、あなたはよくなった。もう罪(つみ)を犯(おか)してはいけない。何(なに)かもっと悪(わる)いことが、あなたの身(み)に起(お)こるかも知(し)れないから」。[ヨハネによる福音書 5:14]
(그 후, 예수께서 성전에서 그 사람을 우연히 만나서, 그에게 말씀하셨다. "그것 봐라! 너는 좋아졌다. 이제 죄를 지어서는 안 된다. 무엇인가 더 나쁜 일이 네 신상에 일어날지도 모르니까.") [요한복음 5:14]

その後(のち)、イエスはガリラヤの海(うみ)、すなわち、テベリヤ湖(こ)の向(む)こう岸(ぎし)へ渡(わた)られた。[ヨハネによる福音書 6:1]
(그 후, 예수께서는 갈릴리 바다, 즉 디베랴호[디베랴 바다] 건너편으로 건너가셨다.) [요한복음 6:1]

その後(のち)、イエスはガリラヤを巡回(じゅんかい)しておられた。ユダヤ人(じん)たちが自分(じぶん)を殺(ころ)そうとしていたので、ユダヤを巡回(じゅんかい)しようとはされなかった。[ヨハネによる福音書 7:1]
(그 후, 예수께서는 갈릴리를 순회하고 계셨다. 유대인들이 자기를 죽이려고 하고 있었기에 유대를 순회하려고 하시지는 않았다.) [요한복음 7:1]

それから、さらに仰(おお)せになった、『彼(かれ)らを奴隷(どれい)にする国民(こくみん)を、わたしは裁(さば)くであろう。その後(のち)、彼(かれ)らはそこから逃(のが)れ出(で)て、この場所(ばしょ)でわたしを禮拜(れいはい)するであろう』。[使徒行伝 7:7]
(그리고 또 말씀하셨다. '그들을 노예로 삼는 백성을 나는 심판할 것이다. 그 후 그들은 거기에서 도망쳐 나와 이곳에서 나를 예배할 것이다.') [사도행전 7:7]

[2] 地(ち)は彼(かれ)の栄光(えいこう)によって明(あか)るくされた。: 땅은 그의 영광으로 밝아졌다.

상기 문은「彼(かれ)の栄光(えいこう)が地(ち)を明(あか)るくした」와 같은 능동 타동사문에서 파생된 수동문으로「彼(かれ)の栄光(えいこう)によって」는 동작주 또는 원인 성분으로 간주된다. 동작주나 원인 표지로「~によって」가 쓰인 수동문의 예를 구어역 신약성서에서 들면 다음과 같다.

[例] さて、イエスは御霊(みたま)によって荒野(あらの)に導(みちび)かれた。悪魔(あくま)に試(こころ)みられるためである。[マタイによる福音書 4:1]
(그런데 예수께서는 성령에 의해 광야로 인도되었다. 악마에게 시험을 받기 위해

서이다.)[마태복음 4:1]

神(かみ)が御子(みこ)を世(よ)に遣(つか)わされたのは、世(よ)を裁(さば)くためではなく、御子(みこ)によって、この世(よ)が救(すく)われるためである。[ヨハネによる福音書 3:17]
(하나님께서 아드님을 세상에 보내신 것은, 세상을 심판하기 위해서가 아니라, 아드님에 의해 이 세상이 구원받기 위해서다.) [요한복음 3:17]

道(みち)ばたに落(お)ちたのは、聞(き)いたのち、信(しん)じることも救(すく)われることもないように、悪魔(あくま)によってその心(こころ)から御言(みことば)が奪(うば)い取(と)られる人(ひと)たちのことである。[ルカによる福音書 8:12]
(길가에 떨어지는 것은, 들은 후, 믿지도 못하고 구원받지도 못하는 것처럼 악마에 의해 그 마음으로부터 말씀을 빼앗겨 버리는 사람들을 말한다.) [누가복음 8:12]

彼(かれ)らは、価(あたい)なしに、神(かみ)の恵(めぐ)みにより、キリスト・イエスによるあがないによって義(ぎ)とされるのである。[ローマ人への手紙 3:24]
(그들은 대가없이 하나님의 은혜에 의해, 그리스도 예수에 의한 속죄에 의해 의가 되는 것이다.) [로마서 3:24]

塩(しお)はよいものである。しかし、もしその塩(しお)の味(あじ)が抜(ぬ)けたら、何(なに)によってその味(あじ)が取(と)りもどされようか。[マルコによる福音書 9:50]
(소금은 좋은 것이다. 그러나 만일 그 소금의 맛을 잃으면 무엇으로 그 맛을 되찾을 것인가?) [마가복음 9:50]

あなたがたは、わたしが語(かた)った言葉(ことば)によって既(すで)に清(きよ)くされている。[ヨハネによる福音書 15:3]
(너희는 내가 이야기한 말씀에 의해 이미 깨끗하게 되었다.) [요한복음 15:3]

それと同(おな)じように、今(いま)の時(とき)にも、恵(めぐ)みの選(えら)びによって残(のこ)された者(もの)がいる。[ローマ人への手紙 11:5]
(그것과 마찬가지로 지금과 같은 때에도 은혜의 선택에 의해 남겨진 자가 있다.) [로마서 11:5]

では、律法(りっぽう)は神(かみ)の約束(やくそく)と相容(あいい)れないものか。断(だん)じてそうではない。もし人(ひと)を生(い)かす力(ちから)のある律法(りっぽう)が与(あた)えられていたとすれば、義(ぎ)はたしかに律法(りっぽう)によって実現(じつげん)されたであろう。[ガラテヤ人への手紙 3:21]
(그러면 율법은 하나님의 약속과 서로 양립되지 않는 것인가? 결코 그렇지 않다. 만일 사람을 살리는 힘이 있는 율법이 주어져 있다고 한다면, 의는 틀림없이 율법에 의해 실현되었을 것이다.) [갈라디아서 3:21]

もしあなたがたが、いたずらに信(しん)じないで、わたしの宣(の)べ伝(つた)えたとおりの言葉(ことば)を固(かた)く守(まも)っておれば、この福音(ふくいん)によって救(すく)われるのである。[コリント人への第一の手紙 15:2]
(만일 너희가 헛되이 믿지 않고, 내가 선포한 대로의 말씀을 굳게 지키고 있으면, 이 복음으로 구원을 받는다.) [고린도전서 15:2]

また彼(かれ)らが真理(しんり)によって聖別(せいべつ)されるように、彼(かれ)らのためわたし自身(じしん)を聖別(せいべつ)いたします。[ヨハネによる福音書 17:19]
(그리고 그들이 진리에 의해 성별되는 것과 같이 그들을 위해 나 자신을 성별하겠습니다.) [요한복음 17:19]

> 彼(かれ)は力強(ちからづよ)い声(こえ)で叫(さけ)んで言(い)った、「[1]倒(たお)れた、大(おお)いなるバビロンは倒(たお)れた。そして、[2]それは悪魔(あくま)の住(す)む所(ところ)、[3]あらゆる汚(けが)れた霊(れい)の巣窟(そうくつ)、また、あらゆる汚(けが)れた憎(にく)むべき鳥(とり)の巣窟(そうくつ)となった。[ヨハネの黙示録 18:2]
> (그는 힘찬 소리로 외치며 말했다. "무너졌다, 큰 바빌론은 무너졌다. 그리고 그것은 악마가 사는 곳, 모든 더러운 영의 소굴, 또 모든 더러운 가증스러운 새들의 거처가 되었다.) [18:2]

[1] 倒(たお)れた、大(おお)いなるバビロンは倒(たお)れた。: 무너졌다, 큰 바빌론은 무너졌다.

[フランシスコ会聖書研究所(1984)『新約聖書』サンパウロ. p. 955 주(18-2)]에 따르면, 「倒(たお)れた、大(おお)いなるバビロンは倒(たお)れた」에 관해서는 14:8의 [1]을 참조할 것.

[2] それは悪魔(あくま)の住(す)む所(ところ)、[3]あらゆる汚(けが)れた霊(れい)の巣窟(そうくつ)、また、あらゆる汚(けが)れた憎(にく)むべき鳥(とり)の巣窟(そうくつ)となった。: 그것은 악마가 사는 곳, 모든 더러운 영의 소굴, 또 모든 더러운 가증스러운 새들의 거처가 되었다.

「悪魔(あくま)の住(す)む所(ところ)、あらゆる汚(けが)れた霊(れい)の巣(そう)くつ、また、あらゆる汚(けが)れた憎(にく)むべき鳥(とり)の巣(そう)くつとなった」에 관해서는 [フランシスコ会聖書研究所(1984)『新約聖書』サンパウロ. p. 955 주(18-2)]에서는 다음의 [이사야 13:21, 34:11], [예레미야 50:39], [바룩서 4:35]를 참조하라고 설명하고 있다.

[예] ただ、野(の)の獣(けもの)がそこに伏(ふ)し、ほえる獣(けもの)がその家(いえ)に満(み)ち、だちょうがそこに住(す)み、鬼神(きしん)がそこに踊(おど)る。[イザヤ書 13:21]
(단지 들짐승들이 거기에 엎드리고, 으르렁거리는 짐승이 그 집에 가득하며, 타조들이 거기에 살며, 귀신이 거기에서 춤을 춘다.) [이사야 13:21]

たかと、やまあらしとがそこをすみかとし、ふくろうと、からすがそこに住(す)む。主(しゅ)はその上(うえ)に荒廃(こうはい)をきたらせる測(はか)りなわを張(は)り、尊(たっと)い人々(ひとびと)の上(うえ)に混乱(こんらん)を起(お)す下(さ)げ振(ふ)りをさげられる。[イザヤ書 34:11]
(매와 호저가 거기를 주거로 삼고, 부엉이와 까마귀가 거기에 산다. 주께서는 그 위에 '황폐를 가져오게 하는 줄'을 치고, 존귀한 사람들 위에 '혼란을 일으키는 추'를 드리우신다.) [이사야 34:11]

それゆえ、野(の)の獣(けもの)と山犬(やまいぬ)とは共(とも)にバビロンにおり、だちょうもそこに住(す)む。しかし、いつまでもその地(ち)に住(す)む人(ひと)はなく、世々(よよ)ここに住(す)む人(ひと)はない。[エレミヤ書 50:39]
(그러므로 들개와 승냥이는 함께 바빌론에 있고, 타조도 거기에 산다. 그러나 언제까지나 그 땅에 사는 사람은 없고, 대대로 여기에 사는 사람은 없다.) [예레미야 50:39]

火(ひ)が永遠(えいえん)なる者(もの)からそこに下(くだ)って幾日(いくにち)も燃(も)え続(つづ)け、/そこは長(なが)い間(あいだ)悪霊(あくれい)どもの住(す)みかとなる。[新共同訳 / 旧約聖書続編 / バルク書 4:35]
(불이 영원한 사람에게서 거기로 내려와서 며칠이나 계속해서 타고, / 거기는 오랫동안 악령들의 거처가 된다.) [신공동역 / 구약성서속편 / 바룩서 4:35]

[3] あらゆる汚(けが)れた霊(れい)の巣窟(そうくつ)、また、あらゆる汚(けが)れた

憎(にく)むべき鳥(とり)の巣窟(そうくつ)となった。: 모든 더러운 영의 소굴, 또 모든 더러운 가증스러운 새들의 거처가 되었다.

상기 예에서는 「汚(けが)れた霊(れい)の巣窟(そうくつ)」(더러운 영의 소굴)뿐만 아니라 「汚(けが)れた憎(にく)むべき鳥(とり)の巣窟(そうくつ)」(더러운 가증스러운 새들의 거처)의 「鳥(とり)の巣窟(そうくつ)」에까지 「巣窟(そうくつ)」쓰이고 있다. 일본어의 「巣窟(そうくつ)」는 ①「거주하는 곳, 거처」, ②「악당들의 거처, 악인들의 은신처, 소굴」의 나타내는데, 본 절에서는 ②의 의미로 쓰이고 있고 구어역 성서에서는 본 절의 예가 유일하다.

그러면, [신공동역성서]의 예를 들면 다음과 같다.

[例] わたしの名(な)によって呼(よ)ばれるこの神殿(しんでん)は、お前(まえ)たちの目(め)に強盗(ごうとう)の巣窟(そうくつ)と見(み)えるのか。そのとおり。わたしにもそう見(み)える、と主(しゅ)は言(い)われる。[新共同訳 / エレミヤ書 7:11]
(내 이름으로 불리는 이 성전이 너희 눈에 강도들의 소굴로 보이느냐? 맞다. 내게도 그렇게 보인다, 라고 주께서 말씀하신다.) [신공동역 / 예레미야 7:11]

天使(てんし)は力強(ちからづよ)い声(こえ)で叫(さけ)んだ。「倒(たお)れた。大(だい)バビロンが倒(たお)れた。そして、そこは悪霊(あくれい)どもの住(す)みか、/ あらゆる汚(けが)れた霊(れい)の巣窟(そうくつ)、/ あらゆる汚(けが)れた鳥(とり)の巣窟(そうくつ)、/ あらゆる汚(けが)れた忌(い)まわしい獣(けもの)の巣窟(そうくつ)となった。[新共同訳 / ヨハネの黙示録 18:2]
(천사는 힘찬 소리로 외쳤다. "무너졌다. 큰 도시 바빌론이 무너졌다. 그리고 거기는 악령들의 거처, / 온갖 더러운 영의 소굴, / 온갖 더러운 새들의 소굴, / 온갖 더럽고 흉한 짐승의 소굴이 되었다.) [신공동역 / 요한묵시록 18:2]

罪人(つみびと)の子(こ)らは忌(い)み嫌(きら)われる。彼(かれ)らは不信仰(ふしんこう)な者(もの)の巣窟(そうくつ)で育(そだ)てられる。[新共同訳 /

シラ書[集会の書] 41:5]
(죄인들의 자녀들은 혐의를 당한다. 그들은 믿음이 없는 사람들의 소굴에서 큰다.)
[신공동역 / 집회서 41:5]

[1]すべての国民(こくみん)は、彼女(かのじょ)の姦淫(かんいん)に対(たい)する激(はげ)しい怒(いか)りのぶどう酒(しゅ)を飲(の)み、[2]地(ち)の王(おう)たちは彼女(かのじょ)と姦淫(かんいん)を行(おこな)い、[3]地上(ちじょう)の商人(しょうにん)たちは、彼女(かのじょ)の極度(きょくど)のぜいたくによって富(とみ)を得(え)たからである」。[ヨハネの黙示録 18:3]
(모든 백성들은 그녀의 간음에 대한 격노의 포도주를 마시고, 땅의 왕들은 그녀와 간음을 행하고, 지상의 상인들은 그녀의 극도의 사치에 의해 부를 얻었기 때문이다.) [18:3]

[1] すべての国民(こくみん)は、彼女(かのじょ)の姦淫(かんいん)に対(たい)する激(はげ)しい怒(いか)りのぶどう酒(しゅ)を飲(の)み、: 모든 백성들은 그녀의 간음에 대한 격노의 포도주를 마시고,

이 부분에 대해 타 번역본에서는 다음과 같이 기술하고 있다.

[例] 何故(なぜ)なら、万国(ばんこく)の民(たみ)は彼女(かのじょ)の淫行(いんこう)の憤怒(ふんど)の葡萄酒(ぶどうしゅ)を飲(の)み、[塚本訳1963]
(왜냐하면, 모든 나라의 백성들은 그녀의 음행의 분노의 포도주를 마시고,)

それは、すべての国々(くにぐに)の民(たみ)が、彼女(かのじょ)の不品行(ふひんこう)に対(たい)する激(はげ)しい御怒(みいか)りのぶどう酒(しゅ)を飲(の)み、[新改訳1970]
(그것은 모든 나라의 백성들이 그녀의 음행에 대한 격노의 포도주를 마시고,)

すべての民(たみ)が彼女(かのじょ)の姦淫(かんいん)の憤(いきどお)りの酒

(さけ)を飲(の)み、[前田訳1978]
(그것은 모든 백성들이 그녀의 간음의 분노의 술을 마시고,)

もろもろの国民(こくみん)は、み怒(いか)りを引(ひ)き起(お)こす姦淫(かんいん)のぶどう酒(しゅ)を飲(の)み、[フランシスコ会訳1984]
(여러 나라의 백성들은 진노를 일으키는 간음의 포도주를 마시고,)

すべての国(くに)の民(たみ)は、/ 怒(いか)りを招(まね)く彼女(かのじょ)のみだらな行(おこな)いのぶどう酒(しゅ)を飲(の)み、[新共同訳1987]
(모든 나라의 백성들은 / 분노를 부르는 그녀의 음란한 행위의 포도주를 마시고,)

なぜなら、すべての民族(みんぞく)は、かの女(おんな)の[淫(みだ)らな]激情(げきじょう)を呼(よ)び起(お)こす淫行(いんこう)の葡萄酒(ぶどうしゅ)を飲(の)み、[岩波翻訳委員会訳1995]
(왜냐하면, 모든 종족들은 그녀의 [음란한] 격정을 불러일으키는 음행의 포도주를 마시고,)

[2] 地(ち)の王(おう)たちは彼女(かのじょ)と姦淫(かんいん)を行(おこな)い、: 땅의 왕들은 그녀와 간음을 행하고,「姦淫(かんいん)を行(おこ)なう」와 같은 표현을 타 번역본에서는 다음과 같이 묘사하고 있다.

[例] 地(ち)の王達(おうたち)は (皆(みな)) 彼女(かのじょ)と淫行(いんこう)をなし、[塚本訳1963]
(땅의 왕들은 (모두) 그녀와 음행을 하고,)

地上(ちじょう)の王(おう)たちは、彼女(かのじょ)と不品行(ふひんこう)を行(おこ)ない、[新改訳1970]
(지상의 왕들은 그녀와 나쁜 품행을 행하고,)

地(ち)の王(おう)たちが彼女(かのじょ)と姦淫(かんいん)を行(おこ)ない、

[前田訳1978]
(땅의 왕들은 그녀와 간음을 행하고,)

地(ち)の王(おう)たちは彼女(かのじょ)と姦淫(かんいん)を行(おこ)ない、[フランシスコ会訳1984]
(땅의 왕들은 그녀와 간음을 행하고,)

地上(ちじょう)の王(おう)たちは、彼女(かのじょ)とみだらなことをし、[新共同訳1987]
(지상의 왕들은 그녀와 음란한 짓을 하고,)

地上(ちじょう)の王(おう)たちは、かの女(おんな)と淫行(いんこう)を行ない、地上(ちじょう)の商人(しょうにん)たちは、[岩波翻訳委員会訳1995]
(지상의 왕들은 그녀와 음행을 행하고, 지상의 상인들은,)

[3] 地上(ちじょう)の商人(しょうにん)たちは、彼女(かのじょ)の極度(きょくど)のぜいたくによって富(とみ)を得(え)たからである」。: 지상의 상인들은 그녀의 극도의 사치에 의해 부를 얻었기 때문이다.

「彼女(かのじょ)の極度(きょくど)のぜいたくによって富(とみ)を得(え)た」에서 「彼女(かのじょ)の極度(きょくど)のぜいたくによって」의 「~によって」는 수단・방법을 나타내고 있는데, 타 번역본에서는 다음과 같이 서술하고 있다.

[例] 地(ち)の商人達(しょうにんたち)は彼女(かのじょ)の豪勢(ごうせい)な奢侈(しゃし)によって富(と)んだからである。[塚本訳1963]
(땅의 상인들은 그녀의 호사스러운 사치에 의해 부자가 되었기 때문이다.)

地上(ちじょう)の商人(しょうにん)たちは、彼女(かのじょ)の極度(きょくど)の好色(こうしょく)によって富(とみ)を得(え)たからである。」[新改訳1970]

(지상의 상인들은 그녀의 극도의 호색에 의해 부를 얻었기 때문이다.)

地(ち)の商人(しょうにん)が彼女(かのじょ)の奢(おごり)の力(ちから)で富(と)んだからである」と。[前田訳1978]
(땅의 상인들이 그녀의 사치의 힘으로 부자가 되었기 때문이다." 라고.)

地(ち)の商人(しょうにん)たちは彼女(かのじょ)の極度(きょくど)の贅沢(ぜいたく)によって、富(とみ)を得(え)たからである。[フランシスコ会訳1984]
(땅의 상인들은 그녀의 극도의 사치에 의해, 부를 얻었기 때문이다.)

地上(ちじょう)の商人(しょうにん)たちは、/ 彼女(かのじょ)の豪勢(ごうせい)なぜいたくによって / 富(とみ)を築(きず)いたからである。」[新共同訳1987]
(지상의 상인들은 / 그녀의 호사스러운 사치에 의해 / 부를 쌓았기 때문이다.)

地上(ちじょう)の商人(しょうにん)たちは、かの女(おんな)の途方(とほう)もない贅沢(ぜいたく)によって金持(かねも)ちになったからである」。[岩波翻訳委員会訳1995]
(지상의 상인들은 그녀의 터무니없는 사치에 의해 부자가 되었기 때문이다.)

〔34〕 神(かみ)の民(たみ)への勧告(かんこく)
하나님의 백성에 대한 권고
ヨハネの黙示録 18:4 - 18:8

ヨハネの黙示 18:4 - 18:8
刑罰(けいばつ)の布告(ふこく) - 第二(だいに)の天使(てんし)の宣言(せんげん)

형벌의 포고 - 두 번째 천사의 선언

> わたしはまた、もうひとつの声(こえ)が天(てん)から出(で)るのを聞(き)いた、「わたしの民(たみ)よ。[1]彼女(かのじょ)から離(はな)れ去(さ)って、[2]その罪(つみ)にあずからないようにし、[3]その災害(さいがい)に巻(ま)き込(こ)まれないようにせよ。[ヨハネの黙示録 18:4]
> (나는 다시 또 다른 음성이 하늘에서 나오는 것을 들었다. "내 백성들아, 그녀에게서 떠나가서, 그 죄에 관여하지 않도록 하고, 그 재해에 휩쓸려 들지 않도록 하라.) [18:4]

[1] 彼女(かのじょ)から離(はな)れ去(さ)って、: 그녀에게서 떠나가서,

「離(はな)れ去(さ)る」는 「離(はな)れる」의 연용형에 후항동사 「~去(さ)る」가 결합한 복합동사로, 〈어떤 장소에서 떨어져 다른 방향으로 향하다〉 또는 〈그곳에 있었던 또는 따르고 있었던 것이 떠나가다〉의 뜻을 나타내는데 여기에서는 「떠나가다」로 번역해 둔다.

[例] そこで、悪魔(あくま)はイエスを離(はな)れ去(さ)り、そして、御使(みつかい)

たちがみもとにきて仕(つか)えた。[マタイによる福音書 4:11]
(그래서 악마는 예수를 떠나가고, 그리고 천사들이 예수 곁에 와서 섬겼다.) [마태복음 4:11]

このふたりがイエスを離(はな)れ去(さ)ろうとしたとき、ペテロは自分(じぶん)が何(なに)を言(い)っているのかわからないで、イエスに言(い)った、「先生(せんせい)、わたしたちがここにいるのは、すばらしいことです。それで、わたしたちは小屋(こや)を三(みっ)つ建(た)てましょう。一(ひと)つはあなたのために、一(ひと)つはモーセのために、一(ひと)つはエリヤのために」。[ルカによる福音書 9:33]
(이 두 사람이 예수에게서 떠나가려고 했을 때, 베드로는 자기가 무슨 말을 하고 있는지 몰라서, 예수께 말하였다. "선생님, 우리가 여기에 있는 것은 멋진 일입니다. 그래서 우리는 오두막을 세 개 짓겠습니다. 하나는 선생님을 위해, 하나는 모세를 위해, 하나는 엘리야를 위해서.") [누가복음 9:33]

それは、ラザロのことで、多(おお)くのユダヤ人(じん)が彼(かれ)らを離(はな)れ去(さ)って、イエスを信(しん)じるに至(いた)ったからである。[ヨハネによる福音書 12:11]
(그것은 나사로 일로 많은 유대인이 그들을 떠나가서 예수를 믿게 되었기 때문이다.) [요한복음 12:11]

彼(かれ)らは第一(だいいち)、第二(だいに)の衛所(えいしょ)を通(とお)りすぎて、町(まち)に抜(ぬ)ける鉄門のところに来(く)ると、それがひとりでに開(ひら)いたので、そこを出(で)て一(ひと)つの通路(つうろ)に進(すす)んだとたんに、御使(みつかい)は彼(かれ)を離(はな)れ去(さ)った。[使徒行伝 12:10]
(그들은 첫째, 둘째 위병소를 지나서, 시내로 통하는 철문에 오자, 그것이 저절로 열렸기 때문에 그곳을 나와 통로 하나로 나아가자마자, 천사는 떠나갔다.) [사도행전 12:10]

このことについて、わたしは彼(かれ)を離(はな)れ去(さ)らせて下(くだ)さるようにと、三度(さんど)も主(しゅ)に祈(いの)った。[コリント人への第二の手紙 12:8]
(이것에 관해 나는 그들을 내게서 떠나가게 해 주시도록 세 번이나 주님께 기도했다.) [고린도후서 12:8]

しかし、御霊(みたま)は明(あき)らかに告(つ)げて言(い)う。後(のち)の時(とき)になると、ある人々(ひとびと)は、惑(まど)わす霊(れい)と悪霊(あくりょう)の教(おしえ)とに気(き)をとられて、信仰(しんこう)から離(はな)れ去(さ)るであろう。[テモテへの第一の手紙 4:1]
(그러나 성령은 분명히 알리며 말한다. 나중이 되면, 어떤 사람들은 미혹하는 영과 악령의 가르침에 마음을 빼앗겨서, 믿음에서 떠나갈 것이다.) [디모데전서 4:1]

兄弟(きょうだい)たちよ。気(き)をつけなさい。あなたがたの中(なか)には、あるいは、不信仰(ふしんこう)な悪(わる)い心(こころ)をいだいて、生(い)ける神(かみ)から離(はな)れ去(さ)る者(もの)があるかも知(し)れない。[ヘブル人への手紙 3:12]
(형제들이여, 조심하라. 여러분 중에는 혹 믿지 않는 악한 마음을 품고, 살아 있는 하나님을 떠나가는 사람이 있을지도 모른다.) [히브리서 3:12]

그리고 이 표현은 [フランシスコ会聖書研究所(1984)『新約聖書』サンパウロ. p. 955 주(18-3)]에 의하면, [이사야 48:20], [예레미야 50:8, 51:6, 51:9, 51:45]에 의거한 것이다.

[例] あなたがたはバビロンから出(で)、カルデヤからのがれよ。喜(よろこ)びの声(こえ)をもってこれをのべ聞(き)かせ、地(ち)の果(はて)にまで語(かた)り伝(つた)え、「主(しゅ)はそのしもべヤコブをあがなわれた」と言(い)え。[イザヤ書 48:20]

(너희는 바벨론에서 나와 갈대아 사람들로부터 도망치라. 즐거움의 소리로 이것을 말해 들려주고, 땅 끝까지 전하고, "주께서는 그분의 종 야곱을 속량하셨다." 라고 말해라.) [이사야 48:20]

バビロンのうちから逃(に)げよ。カルデヤびとの地(ち)から出(で)よ。群(む)れの前(まえ)に行(い)く雄(お)やぎのようにせよ。[エレミヤ書 50:8]
(바벨론 가운데서 도망쳐라. 갈대아 사람들의 땅에서 나와라. (양) 떼 앞에 가는 숫염소같이 하라.) [예레미야 50:8]

バビロンのうちからのがれ出(で)て、おのおのその命(いのち)を救(すく)え。その罰(ばつ)にまきこまれて断(た)ち滅(ほろ)ぼされてはならない。今(いま)は主(しゅ)があだを返(かえ)される時(とき)だから、それに報復(ほうふく)をされるのである。[エレミヤ書 51:6]
(바벨론 한가운데서 도망쳐서, 각자 그 목숨을 구하라. 그 벌에 휩쓸려서 멸망당해서는 안 된다. 지금은 주께서 원수를 갚으실 때이니, 그에게 보복을 하실 것이다.) [예레미야 51:6]

われわれはバビロンをいやそうとしたが、これはいえなかった。われわれはこれを捨(す)てて、おのおの自分(じぶん)の国(くに)に帰(かえ)ろう。その罰(ばつ)が天(てん)に達(たっ)し、雲(くも)にまで及(およ)んでいるからだ。[エレミヤ書 51:9]
(우리는 바빌로니아를 치료하려고 하였으나, 이것은 낫지 않았다. 우리는 이것(바빌로니아)을 버리고, 각자 고향 땅으로 돌아가자. 그 벌이 하늘에 닿았고, 구름에까지 이르렀기 때문이다.) [예레미야 51:9]

わが民(たみ)よ、あなたがたはその中(なか)から出(で)て、おのおの主(しゅ)の激(はげ)しい怒(いか)りを免(まぬか)れ、その命(いのち)を救(すく)え。[エレミヤ書 51:45]
(나의 백성아, 너희는 그 안(바빌로니아)에서 나와, 각자 주님의 격한 진노에서 벗어나고, 그 목숨을 건져라.) [예레미야 51:45]

[2] その罪(つみ)にあずからないようにし、: 그 죄에 관여하지 않도록 하라.

「あずかる[与る]」는 ①「관여하다, 관계하다」, ②「(호의·친절 등을) 받다」의 뜻을 나타내는데, 본 절의 「その罪(つみ)にあずからない」(그 죄에 관여하지 않다)는 ①의 용법으로 쓰이고 있다.

[例] 御子(みこ)を信(しん)じる者(もの)は永遠(えいえん)の命(いのち)をもつ。御子(みこ)に従(したが)わない者(もの)は、命(いのち)にあずかることがないばかりか、神(かみ)の怒(いか)りがその上(うえ)にとどまるのである」。[ヨハネによる福音書 3:36]
(아들을 믿는 사람은 영원한 생명을 갖는다. 아들을 따르지 않는 사람은 생명을 얻지 못할 뿐만 아니라 하나님의 분노가 그 위에 머무른다.) [요한복음 3:36]

わたしは、あなたがたを遣(つか)わして、あなたがたがそのために労苦(ろうく)しなかったものを刈(か)り取(と)らせた。ほかの人々(ひとびと)が労苦(ろうく)し、あなたがたは、彼(かれ)らの労苦(ろうく)の実(み)に与(あずか)っているのである」。[ヨハネによる福音書 4:38]
(나는 너희를 보내서 너희가 그 때문에 수고하지 않았던 것을 수확하게 했다. 다른 사람들이 수고하고 너희는 그들의 수고의 결실에 참여하고 있는 것이다.) [요한복음 4:38]

おまえの心(こころ)が神(かみ)の前(まえ)に正(ただ)しくないから、おまえは、とうてい、この事(こと)にあずかることができない。[使徒行伝 8:21]
(너의 마음이 하나님 앞에 바르지 못하니, 너는 도저히 이 일을 관여할 수가 없다.) [사도행전 8:21]

わたしたちは、さらに彼(かれ)により、いま立(た)っているこの恵(めぐ)みに信仰(しんこう)によって導(みちび)き入(い)れられ、そして、神(かみ)の栄光(えいこう)にあずかる希望(きぼう)をもって喜(よろこ)んでいる。[ローマ

人への手紙 5:2]
(우리는 또한 그(그리스도)에 의해, 지금 서 있는 이 은혜에 믿음에 의해, 인도되고 그리고 하나님의 영광의 자리에 참여할 희망으로 기뻐한다.) [로마서 5:2]

すなわち、わたしたちは、その死(し)にあずかるバプテスマによって、彼(かれ)と共(とも)に葬(ほうむ)られたのである。それは、キリストが父(ちち)の栄光(えいこう)によって、死人(しにん)の中(なか)からよみがえらされたように、わたしたちもまた、新(あたら)しいいのちに生(い)きるためである。
[ローマ人への手紙 6:4]
(즉 우리는 그분의 죽음에 참여하는 세례에 의해, 그와 함께 묻혔다. 그것은, 그리스도께서 아버지의 영광에 의해 죽은 사람들 가운데서 살아난 것과 같이, 우리도 또 새로운 생명 안에 살아가기 위해서이다.) [로마서 6:4]

しかし、もしある枝(えだ)が切(き)り去(さ)られて、野生(やせい)のオリブであるあなたがそれにつがれ、オリブの根(ね)の豊(ゆた)かな養分(ようぶん)にあずかっているとすれば、[ローマ人への手紙 11:17]
(그러나 만일 어떤 가지가 잘려 없어지고, 야생의 올리브 나무인 그대가 그것에 접붙여졌고, 올리브 나무의 뿌리에서 올라오는 풍부한 양분을 받고 있다고 한다면,) [로마서 11:17]

「だれが、主(しゅ)の心(こころ)を知(し)っていたか。だれが、主(しゅ)の計画(けいかく)にあずかったか。[ローマ人への手紙 11:34]
("누가 주의 마음을 알고 있었느냐? 누가 주의 계획에 관여했느냐?) [로마서 11:34]

福音(ふくいん)のために、わたしはどんな事(こと)でもする。わたしも共(とも)に福音(ふくいん)にあずかるためである。[コリント人への第一の手紙 9:23]
(복음을 위해, 나는 어떤 일도 하겠다. 나도 함께 복음에 관여하기 위해서이다.) [고린도전서 9:23]

わたしたちが祝福(しゅくふく)する祝福(しゅくふく)の杯(さかずき)、それ

はキリストの血(ち)にあずかることではないか。わたしたちがさくパン、それはキリストのからだにあずかることではないか。[コリント人への第一の手紙 10:16]
(우리가 축복하는 축복의 잔, 그것은 그리스도의 피에 참여하는 것이 아닌가? 우리가 떼는 빵, 그것은 그리스도의 몸에 참여하는 것이 아닌가?) [고린도전서 10:16]

肉(にく)によるイスラエルを見(み)るがよい。供(そな)え物(もの)を食(た)べる人(ひと)たちは、祭壇(さいだん)にあずかるのではないか。[コリント人への第一の手紙 10:18]
(육에 의한 이스라엘을 보아라. 제물을 먹는 사람들은, 제단에 참여하는 것이 아닌가?) [고린도전서 10:18]

主(しゅ)の杯(さかずき)と悪霊(あくれい)どもの杯(さかずき)とを、同時(どうじ)に飲(の)むことはできない。主(しゅ)の食卓(しょくたく)と悪霊(あくれい)どもの食卓(しょくたく)とに、同時(どうじ)にあずかることはできない。[コリント人への第一の手紙 10:21]
(주님의 잔과 악령들의 잔을 동시에 마실 수는 없다. 주님의 식탁과 악령들의 식탁에 동시에 참여할 수는 없다.) [고린도전서 10:21]

だから、あなたがたに対(たい)していだいているわたしたちの望(のぞ)みは、動(うご)くことがない。あなたがたが、わたしたちと共(とも)に苦難(くなん)にあずかっているように、慰(なぐさ)めにも共(とも)にあずかっていることを知(し)っているからである。[コリント人への第二の手紙 1:7]
(따라서 여러분에 대해 거는 우리의 소망은 흔들이지 않는다. 여러분이 우리와 함께 고난에 참여하고 있는 것과 같이 위로에도 함께 참여하고 있는 것을, 알기 때문이다.) [고린도후서 1:7]

聖徒(せいと)たちへの奉仕(ほうし)に加(くわ)わる恵(めぐ)みにあずかりたいと、わたしたちに熱心(ねっしん)に願(ねが)い出(で)て、[コリント人への第二の手紙 8:4]

(성도들에 대한 봉사에 참가하는 은혜에 참여하고 싶다고, 우리에게 열심히 간청하고,) [고린도후서 8:4]

あなたがたが最初(さいしょ)の日(ひ)から今日(こんにち)に至(いた)るまで、福音(ふくいん)にあずかっていることを感謝(かんしゃ)している。[ピリピ人への手紙 1:5]
(여러분이 첫날부터 지금에 이르기까지, 복음에 참여하고 있는 것을 감사드리고 있다.) [빌립보서 1:5]

わたしが、あなたがた一同(いちどう)のために、そう考(かんが)えるのは当然(とうぜん)である。それは、わたしが獄(ごく)に捕(とら)われている時(とき)にも、福音(ふくいん)を弁明(べんめい)し立証(りっしょう)する時(とき)にも、あなたがたをみな、共(とも)に恵(めぐ)みにあずかる者(もの)として、わたしの心(こころ)に深(ふか)く留(と)めているからである。[ピリピ人への手紙 1:7]
(내가 여러분 모두를 위해 그렇게 생각하는 것은 당연하다. 그것은 내가 옥에 갇혀 있을 때에도, 복음을 변호하고 입증할 때에도, 여러분을 모두 함께 은혜에 참여하는 사람들로서, 나의 마음에 깊이 붙박아 움직이지 않게 하기 위해서이다.) [빌립보서 1:7]

すなわち、キリストとその復活(ふっかつ)の力(ちから)とを知(し)り、その苦難(くなん)にあずかって、その死(し)のさまとひとしくなり、[ピリピ人への手紙 3:10]
(즉, 그리스도와 그 부활의 힘을 알고, 그 고난에 참여하여 그분의 죽음의 양상과 같게 되고,) [빌립보서 3:10]

肉親(にくしん)の父(ちち)は、しばらくの間(あいだ)、自分(じぶん)の考(かんが)えに従(したが)って訓練(くんれん)を与(あた)えるが、たましいの父(ちち)は、わたしたちの益(えき)のため、そのきよさにあずからせるために、そうされるのである。[ヘブル人への手紙 12:10]
(육신의 아버지는 잠시 동안 자기 생각에 따라, 훈련을 가하지만, 영의 아버지께서

는 우리의 유익을 위해, 그 거룩함에 참여하게 하기 위해 그렇게 하시는 것이다.)
[히브리서 12:10]

むしろ、キリストの苦(くる)しみにあずかればあずかるほど、喜(よろこ)ぶ
がよい。それは、キリストの栄光(えいこう)が現(あらわ)れる際(さい)に、よ
ろこびにあふれるためである。[ペテロの第一の手紙 4:13]
(오히려 그리스도의 고통에 참여하면 참여할수록 기뻐하라. 그것은 그리스도의 영
광이 나타날 때, 즐거움이 넘치기 위해서이다.) [베드로전서 4:13]

また、それらのものによって、尊(たっと)く、大(おお)いなる約束(やくそく)
が、わたしたちに与(あた)えられている。それは、あなたがたが、世(よ)にあ
る欲(よく)のために滅(ほろ)びることを免(まぬか)れ、神(かみ)の性質(せい
しつ)にあずかる者(もの)となるためである。[ペテロの第二の手紙 1:4]
(또 그것들(그 영광과 덕)에 의해, 귀중하고 큰 약속들을 우리가 받았다. 그것은
여러분이 세상에 있는 정욕 때문에 멸망하는 것을 면해, 신적 성질에 참여하는 사
람이 되기 위해서이다.) [베드로후서 1:4]

心(こころ)の苦(くる)しみは心(こころ)みずからが知(し)る、その喜(よろこ)
びには他人(たにん)はあずからない。[箴言 14:10]
(마음의 고통은 마음 자신이 알고 있다, 마음의 기쁨에는 다른 사람은 관여하지
못한다.) [잠언 14:10]

[3] その災害(さいがい)に巻(ま)き込(こ)まれないようにせよ。: 그 재해에 휩쓸
려 들지 않도록 하라.

「巻(ま)き込(こ)まれない」는 복합동사「巻(ま)き込(こ)む ; 말려들게 하다, 휩
쓸리게 하다, 연루되게 하다, 끌어넣다」의 수동「巻(ま)き込(こ)まれる」의 부
정으로「その災害(さいがい)に巻(ま)き込(こ)まれない」는「그 재해에 휩쓸려 들
지 않다」의 뜻을 나타낸다.「巻(ま)き込(こ)まれない」는 구어역 성서에서 본

절의 예가 유일하다.

[例] 彼(かれ)らが、主(しゅ)また救主(すくいぬし)なるイエス・キリストを知(し)ることにより、この世(よ)の汚(けが)れからのがれた後(のち)、またそれに巻(ま)き込(こ)まれて征服(せいふく)されるならば、彼(かれ)らの後(のち)の状態(じょうたい)は初(はじ)めよりも、もっと悪(わる)くなる。[ペテロの第二の手紙 2:20]
　(그들이 주님 또는 구세주이신 예수 그리스도를 앎으로써, 이 세상의 더러움으로부터 벗어난 후, 다시 그것에 말려들어 정복을 당한다면, 그들의 나중의 상태는 처음보다도 더욱 나빠진다.) [베드로후서 2:20]

[1]彼女(かのじょ)の罪(つみ)は積(つ)もり積(つ)って天(てん)に達(たっ)しており、[2]神(かみ)はその不義(ふぎ)の行(おこな)いを覚(おぼ)えておられる。[ヨハネの黙示録 18:5]
(그녀의 죄는 쌓이고 쌓여 하늘에 닿았고, 하나님께서는 그 불의의 행위를 기억하고 계신다.) [18:5]

[1] 彼女(かのじょ)の罪(つみ)は積(つ)もり積(つ)って天(てん)に達(たっ)しており、
: 그녀의 죄는 쌓이고 쌓여 하늘에 닿았고,
「罪(つみ)は積(つ)もり積(つ)もって」의 「積(つ)もり積(つ)もって」는 동일 동사의 반복에 의한 강조 어형인 「積(つ)もり積(つ)もる」(쌓이고 쌓이다, 겹쳐 쌓이다)의 「テ형」으로 여기에서는 단순 연결의 용법으로 쓰이고 있다.
　이 부분을 타 번역본에서는 다음과 같이 묘사하고 있다.

[例] 彼女(かのじょ)の罪(つみ)は天(てん)に達(たっ)し、[塚本訳1963]
　　(그녀의 죄는 하늘에 닿았고,)

彼女(かのじょ)の罪(つみ)は天(てん)にまでとどき、[前田訳1978]
(그녀의 죄는 하늘에까지 다다르고,)

彼女(かのじょ)の罪(つみ)は積(つ)もり積(つ)もって天(てん)にまで届(とど)き、[フランシスコ会訳1984]
(그녀의 죄는 쌓이고 쌓여 하늘에까지 다다르고,)

なぜなら、彼女(かのじょ)の罪(つみ)は積(つ)み重(かさ)なって天(てん)にまで届(とど)き、[新改訳1970]
(왜냐하면 그녀의 죄는 겹쳐 쌓여 하늘에까지 다다르고,)

彼女(かのじょ)の罪(つみ)は積(つ)み重(かさ)なって天(てん)まで届(とど)き、[新共同訳1987]
(그녀의 죄는 겹쳐 쌓여 하늘까지 다다르고,)

なぜなら、かの女(おんな)の罪(つみ)は積(つ)み重(かさ)なって天(てん)にまで届(とど)き、[岩波翻訳委員会訳1995]
(왜냐하면 그녀의 죄는 겹쳐 쌓여 하늘에까지 다다르고,)

[18:5]의 전반부 표현은 [フランシスコ会聖書研究所(1984)『新約聖書』サンパウロ. p. 955 주(18-4)]에 의하면, [창세기 18:20~18:21], [예레미야 51:9]와 유사하다고 설명하고 있다.

[例] 主(しゅ)はまた言(い)われた、「ソドムとゴモラの叫(さけ)びは大(おお)きく、またその罪(つみ)は非常(ひじょう)に重(おも)いので、[創世記 18:20]
(주께서는 또 말씀하셨다. "소돔과 고모라의 울부짖는 소리는 크고, 또 그 죄는 대단히 중해,) [창세기 18:20]

わたしはいま下(くだ)って、わたしに届(とど)いた叫(さけ)びのとおりに、すべて彼(かれ)らがおこなっているかどうかを見(み)て、それを知(し)ろ

う」。[創世記 18:21]
(나는 지금 내려가서 내가 내려가서, 내게 이른 울부짖음대로, 그들이 모두 행하고 있는지 어떤지를 보고, 그것을 알겠다.") [창세기 18:21]

われわれはバビロンをいやそうとしたが、これはいえなかった。われわれはこれを捨(す)てて、おのおの自分(じぶん)の国(くに)に帰(かえ)ろう。その罰(ばつ)が天(てん)に達(たっ)し、雲(くも)にまで及(およ)んでいるからだ。[エレミヤ書 51:9]
(우리는 바빌로니아를 고치려고 하였으나, 이것이 낫지 않았다. 우리는 이것을 버리고 각자 고향 땅으로 돌아가자. 그 벌이 하늘에 닿았고, 구름에까지 이르고 있기 때문이다.) [예레미야 51:9]

[2] 神(かみ)はその不義(ふぎ)の行(おこな)いを覚(おぼ)えておられる。 : 하나님께서는 그 불의의 행위를 기억하고 계신다.

「覚(おぼ)えておられる」는 「覚(おぼ)えている」의 レル형 경어로 〈神(かみ)〉를 높이는 데에 쓰이고 있는데 구어역 성서에서는 본 절의 예가 유일하다. 한편 신공동역 성서에서는 다음과 같은 예가 등장한다.

[例] 彼女(かのじょ)の罪(つみ)は積(つ)み重(かさ)なって天(てん)にまで届(とど)き、/ 神(かみ)はその不義(ふぎ)を覚(おぼ)えておられるからである。[新共同訳 / ヨハネの黙示録 18:5]
(그녀의 죄는 겹쳐 쌓여 하늘에까지 다다르고, / 하나님께서는 그 불의를 기억하고 계시기 때문이다.) [신공동역 / 요한묵시록 18:5]

「お前(まえ)たちは、父祖(ふそ)たちや歴代(れきだい)の王(おう)と高官(こうかん)、国(くに)の民(たみ)と同様(どうよう)、ユダの町々(まちまち)やエルサレムの巷(ちまた)で香(こう)をたいたが、そのことを主(しゅ)が覚(おぼ)えておられず、心(こころ)に留(と)めておられないことがありえようか。[新共

同訳 / エレミヤ書 44:21]

("너희는 부조들과 역대 왕들과 고관, 그 땅의 백성과 마찬가지로, 유다의 성읍들과 예루살렘의 거리에서 희생제물을 태웠지만 그것을 주께서 기억하지 계시지 않고, 마음에 담아두시지 않는 것이 있을 수 있을까?) [신공동역 / 예레미야 44:21]

子(こ)らよ、勇気(ゆうき)を出(だ)し、神(かみ)に向(む)かって叫(さけ)びなさい。あなたたちを連(つ)れ去(さ)った方(かた)は / あなたたちを覚(おぼ)えておられます。[新共同訳 / 旧約聖書続編 / バルク書 4:27]

(아이들아, 용기를 내어 하느님을 향해, 외쳐라. 너희를 데리고 간 분께서는 / 너희를 기억하고 계십니다.) [신공동역 / 바룩서 4:27]

[1]彼女(かのじょ)がしたとおりに彼女(かのじょ)にし返(かえ)し、そのしわざに応(おう)じて二倍(にばい)に報復(ほうふく)をし、[2]彼女(かのじょ)が混(ま)ぜて入(い)れた杯(さかずき)の中(なか)に、その倍(ばい)の量(りょう)を、入(い)れてやれ3)。[ヨハネの黙示録 18:6]

(그녀가 한 대로 그녀에게 돌려주고, 그 행위에 따라 두 배로 보복을 하고, 그녀가 섞어 넣은 술잔 속에 그 배의 양을 넣어 주어라.) [18:6]

[1] 彼女(かのじょ)がしたとおりに彼女(かのじょ)にし返(かえ)し、 : 그녀가 한 대로 그녀에게 돌려주고,

「しかえす[仕返す]」는 형태적으로는 복합동사인데 의미적으로는 단일동사화한 것으로 한국어의 ①「보복하다, 앙갚음하다」, ②「다시 하다」에 상당하는 뜻을 나타내는데, 본 절에서는 ①의 용법으로 쓰이고 있으며, 여기에서는「돌려주다」로 번역해 둔다.

그리고 구어역 성서에서는「し返(かえ)す」는 본 절에서의 예가 유일하다.

---

3) 이것은 동죄형법(同罪刑法)(레위기 24:17~24:20, 시편 137:8, 예레미야 50:29 참조)과「배(倍)」로서 보복하는 형법(출애굽기 22:4, 22:7, 22:9, 예레미야 16:18 참조)의 적용이다. 이상은 フランシスコ会聖書研究所(1984)『新約聖書』サンパウロ. p. 955 주(18-5)에 의함.

이 부분을 타 번역본에서는 다음과 같이 다루고 있다.

[例] 彼女(かのじょ)が (自分(じぶん)で他人(たにん)に) 為(し)たように彼女(かのじょ)にもせよ。[塚本訳1963]
(그녀가 (직접 다른 사람에게) 한 것처럼 그녀에게도 해라.)

あなたがたは、彼女(かのじょ)が支払(しはら)ったものをそのまま彼女(かのじょ)に返(かえ)し、[新改訳1970]
(너희는 그녀가 치른 것을 그대로 그녀에게도 돌려주어라.)

彼女(かのじょ)も報(むく)いたように、彼女(かのじょ)に報(むく)いよ。[前田訳1978]
(그녀도 대갚음한 것처럼, 그녀에게 대갚음하라.)

彼女(かのじょ)があなたに支払(しはら)ったとおり、彼女(かのじょ)に払(はら)い戻(もど)せ。[フランシスコ会訳1984]
(그녀가 너에게 치른 대로, 그녀에게도 돌려주어라.)

彼女(かのじょ)がしたとおりに、/ 彼女(かのじょ)に仕返しせよ、[新共同訳1987]
(그녀가 한 대로, / 그녀에게 돌려주어라.)

かの女(おんな)がお前(まえ)たちに報(むく)いた通(とお)りに、かの女(おんな)に報(むく)い返(かえ)してやれ。[岩波翻訳委員会訳1995]
(그녀가 너희에게 대갚음한 대로, 그녀에게 다시 대갚음해 주어라.)

[2] 彼女(かのじょ)が混(ま)ぜて入(い)れた杯(さかずき)の中(なか)に、その倍(ばい)の量(りょう)を、入(い)れてやれ。: 그녀가 섞어 넣은 술잔 속에 그 배의 양을 넣어 주어라.

「入(い)れてやれ」는「入(い)れる」에 자기 쪽에서 상대나 제3자로의 수수행위를 나타내는「～てやる」가 접속된「入(い)れてやる」의 명령형인데, 수수표현「～てやる」는 일반적으로 경어적 상위자가 경어적 하위자에게 또는 경어적 동위자 상호 간의 수수행위에 대해 사용한다.

요한묵시록에서는「解(と)いてやれ」[9:13],「入(い)れてやれ」[18:6],「苦(くる)しみと悲(かな)しみとを味(あじ)わわせてやれ」[18:7]과 같이 쓰이고 있다. 그럼 구어역 신약성서에서「～てやる」계열의 예를 들면 다음과 같다.

[例] しかし、わたしはあなたがたに言(い)う。悪人(あくにん)に手向(てむ)かうな。もし、だれかがあなたの右(みぎ)の頬(ほお)を打(う)つなら、ほかの頬(ほお)をも向(む)けてやりなさい。[マタイによる福音書 5:39]
(그러나 나는 너희에게 말한다. 악한 사람에게 대항하지 마라. 만일 누가 네 오른쪽 뺨을 치면, 왼쪽 뺨도 돌려 대어라.) [마태복음 5:39]

イエスは彼(かれ)らに言(い)われた、「あなたがたのうちに、一匹(いっぴき)の羊(ひつじ)を持(も)っている人(ひと)があるとして、もしそれが安息日(あんそくにち)に穴(あな)に落(お)ちこんだなら、手(て)をかけて引(ひ)き上(あ)げてやらないだろうか。[マタイによる福音書 2:11]
(예수께서 그들에게 말씀하셨다. "너희 중에 양 한 마리를 가지고 있는 사람이 있다고 하고, 만일 그것이 안식일에 구덩이에 빠진다면, 손을 대서 끌어올려 주지 않을까?) [마태복음 2:11]

イエスは答(こた)えて言(い)われた、「子供(こども)たちのパンを取(と)って小犬(こいぬ)に投(な)げてやるのは、よろしくない」。[マタイによる福音書 15:26]
(예수께서는 대답하여 말씀하셨다. "아이들의 빵을 집어서, 강아지에게 던져 주는 것은 옳지 않다.") [마태복음 15:26]

聖(せい)なるものを犬(いぬ)にやるな。また真珠(しんじゅ)を豚(ぶた)に投

(な)げてやるな。恐(おそ)らく彼(かれ)らはそれらを足(あし)で踏(ふ)みつけ、向(む)きなおってあなたがたにかみついてくるであろう。[マタイによる福音書 7:6]
(거룩한 것을 개에게 주지 마라. 또 진주를 돼지에게 던져 주지 마라. 아마 그들은 그것을 발로 짓밟고, 돌아서서 너희에게 달려들어 물러 올 것이다.) [마태복음 7:6]

僕(しもべ)の主人(しゅじん)はあわれに思(おも)って、彼(かれ)をゆるし、その負債(ふさい)を免(めん)じてやった。[マタイによる福音書 18:27]
(종의 주인은 가엾게 여겨, 그를 용서하고, 그 부채를 삭쳐 주었다.) [마태복음 18:27]

そこでこの主人(しゅじん)は彼(かれ)を呼(よ)びつけて言(い)った、『悪(わる)い僕(しもべ)、わたしに願(ねが)ったからこそ、あの負債(ふさい)を全部(ぜんぶ)ゆるしてやったのだ。[マタイによる福音書 18:32]
(그러자 그 주인은 그(종)를 불러다 놓고 말하였다. '악한 종아, 내게 간청했기에, 그 부채를 전부 삭쳐 준 것이다.) [마태복음 18:32]

さて、夕方(ゆうがた)になって、ぶどう園(えん)の主人(しゅじん)は管理人(かんりにん)に言(い)った、『労働者(ろうどうしゃ)たちを呼(よ)びなさい。そして、最後(さいご)にきた人々(ひとびと)からはじめて順々(じゅんじゅん)に最初(さいしょ)にきた人々(ひとびと)にわたるように、賃銀(ちんぎん)を払(はら)ってやりなさい』。[マタイによる福音書 20:8]
(그런데, 저녁 무렵이 되어, 포도원 주인은 관리인에게 말했다. '일꾼들을 불러라. 그리고 맨 나중에 온 사람들부터 시작하여 순서대로 맨 먼저 온 사람들에 이르기까지, 임금을 지불해 주어라.') [마태복음 20:8]

自分(じぶん)の賃銀(ちんぎん)をもらって行(い)きなさい。わたしは、この最後(さいご)の者(もの)にもあなたと同様(どうよう)に払(はら)ってやりたいのだ。[マタイによる福音書 20:14]
(자기 임금을 받아 가거라. 나는 이 마지막 사람에게도 너와 마찬가지로 지불해 주고 싶다.) [마태복음 20:14]

さて、祭(まつり)のたびごとに、総督(そうとく)は群衆(ぐんしゅう)が願(ね
が)い出(で)る囚人(しゅうじん)ひとりを、ゆるしてやる慣例(かんれい)に
なっていた。[マタイによる福音書 27:15]
(그런데, 명절 때마다 총독이 군중이 청원하는 수인(죄수) 한 사람을 사면해 주는
것이 관례로 되어 있었다.) [마태복음 27:15]

そこで、ピラトはバラバをゆるしてやり、イエスをむち打(う)ったのち、十
字架(じゅうじか)につけるために引(ひ)きわたした。[マタイによる福音書
27:26]
(그래서 빌라도는 바라바를 사면해 주고, 예수를 채찍질한 뒤에, 십자가에 매달기
위해 넘겨주었다.) [마태복음 27:26]

彼(かれ)らは、ひとかたならず驚(おどろ)いて言(い)った、「この方(かた)の
なさった事(こと)は、何(なに)もかも、すばらしい。耳(みみ)の聞(きこ)えな
い者(もの)を聞(きこ)えるようにしてやり、口(くち)のきけない者(もの)を
きけるようにしておやりになった」。[マルコによる福音書 7:37]
(그들은 적잖이 놀라서 말했다. "이 분이 하신 일은 죄다 훌륭하다. 귀가 들리지
않는 사람을 듣게 해 주고, 말을 못하는 사람을 말할 수 있게 해 주셨다.") [마가복
음 7:37]

また立(た)って祈(いの)るとき、だれかに対(たい)して、何(なに)か恨(うら)
み事(ごと)があるならば、許(ゆる)してやりなさい。そうすれば、天(てん)に
いますあなたがたの父(ちち)も、あなたがたの過(あやま)ちを、許(ゆる)し
てくださるであろう。[マルコによる福音書 11:25]
(또 서서 기도할 때 누군가에 대해 무엇인가 원망할 일이 있다고 한다면, 용서해
주어라. 그렇게 하면 하늘에 계신 너희 아버지께서도 너희의 잘못을 용서해 주실
것이다.) [마가복음 11:25]

貧(まず)しい人(ひと)たちはいつもあなたがたと一緒(いっしょ)にいるか
ら、したいときにはいつでも、よい事(こと)をしてやれる。しかし、わたしは

あなたがたといつも一緒(いっしょ)にいるわけではない。[マルコによる福音書 14:7]
(가난한 사람들은 언제나 너희와 함께 있으니, 하고 싶을 때에는 언제라도 좋은 일을 해 줄 수 있다. 그러나 나는 너희와 늘 함께 있는 것은 아니다.) [마가복음 14:7]

さて、祭(まつり)のたびごとに、ピラトは人々(ひとびと)が願(ねが)い出(で)る囚人(しゅうじん)一人(ひとり)を、許(ゆる)してやることにしていた。[マルコによる福音書 15:6]
(그런데 명절 때마다 빌라도는 사람들이 청원하는 죄수 한 사람을 사면해 주는 것을 관습으로 하고 있었다.) [마가복음 15:6]

それで、ピラトは群衆(ぐんしゅう)を満足(まんぞく)させようと思(おも)って、バラバを許(ゆる)してやり、イエスを鞭打(むちう)ったのち、十字架(じゅうじか)につけるために引(ひ)き渡(わた)した。[マルコによる福音書 15:15]
(그래서 빌라도는 군중을 만족시키려고 생각하여 바라바를 사면해 주고, 예수를 채찍질한 다음 십자가에 매달기 위해 넘겨주었다.) [마가복음 15:15]

彼(かれ)は答(こた)えて言(い)った、「下着(したぎ)を二枚(まい)もっている者(もの)は、持(も)たない者(もの)に分(わ)けてやりなさい。食物(しょくもつ)を持(も)っている者(もの)も同様(どうよう)にしなさい」。[ルカによる福音書 3:11]
(그는 (요한은) 대답하여 말했다. "속옷을 두 벌 가지고 있는 사람은 가지고 있지 않은 사람에게 나누어 주어라. 먹을 것을 가지고 있는 사람도 똑같이 하라.") [누가복음 3:11]

そこで彼(かれ)らは激(はげ)しく怒(いか)って、イエスをどうかしてやろうと、互(たが)いに話合(はなしあ)いをはじめた。[ルカによる福音書 6:11]
(그래서 그들은 몹시 화가 나서, 예수를 어떻게 할까 하고 서로 이야기하였다.) [누가복음 6:11]

あなたの頬(ほお)を打(う)つ者(もの)にはほかの頬(ほお)をも向(む)けてやり、あなたの上着(うわぎ)を奪(うば)い取(と)る者(もの)には下着(したぎ)をも拒(こば)むな。[ルカによる福音書 6:29]
(네 뺨을 치는 사람에게는, 다른 뺨도 돌려대고, 네 겉옷을 빼앗는 사람에게는 속옷도 거절하지 마라.) [누가복음 6:29]

あなたに求(もと)める者(もの)には与(あた)えてやり、あなたの持(も)ち物(もの)を奪(うば)う者(もの)からは取(と)りもどそうとするな。[ルカによる福音書 6:30]
(너에게 달라는 사람에게는 주고, 네 소유물을 빼앗는 사람으로부터는 되찾으려고 하지 마라.) [누가복음 6:30]

しかし、あなたがたは、敵(てき)を愛(あい)し、人(ひと)によくしてやり、また何(なに)も当(あ)てにしないで貸(か)してやれ。そうすれば受(う)ける報(むく)いは大(おお)きく、あなたがたはいと高(たか)き者(もの)の子(こ)となるであろう。いと高(たか)き者(もの)は、恩(おん)を知(し)らぬ者(もの)にも悪人(あくにん)にも、なさけ深(ぶか)いからである。[ルカによる福音書 6:35]
(그러나 너희는 원수를 사랑하고, 남에게 잘 해 주고, 또 아무것도 믿지 말고 빌려 주어라. 그러면 받는 보답은 크고, 너희는 가장 높은 사람의 자녀가 될 것이다. 가장 높은 사람은 은혜를 모르는 자들에게도 악한 자들에게도 인정이 많기 때문이다.) [누가복음 6:35]

人(ひと)をさばくな。そうすれば、自分(じぶん)もさばかれることがないであろう。また人(ひと)を罪(つみ)に定(さだ)めるな。そうすれば、自分(じぶん)も罪(つみ)に定(さだ)められることがないであろう。ゆるしてやれ。そうすれば、自分(じぶん)もゆるされるであろう。[ルカによる福音書 6:37]
(남을 심판하지 마라. 그렇게 하면 자신도 심판받지 않을 것이다. 그리고 남을 정죄하지 마라. 그러면 자신도 정죄되지 않을 것이다. 용서해 주어라. 그러면 자신도 용서받을 것이다.) [누가복음 6:37]

ところが、返(かえ)すことができなかったので、彼(かれ)はふたり共(とも)ゆるしてやった。このふたりのうちで、どちらが彼(かれ)を多(おお)く愛(あい)するだろうか」。[ルカによる福音書 7:42]
(그런데 갚을 수가 없었기 때문에, 그는(돈놀이꾼은) 둘 다 탕감해주었다. 이 두 사람 중에서 어느 쪽이 그를 많이 사랑할까?') [누가복음 7:42]

すると突然(とつぜん)、ある人(ひと)が群衆(ぐんしゅう)の中(なか)から大声(おおごえ)をあげて言(い)った、「先生(せんせい)、お願(ねが)いです。わたしのむすこを見(み)てやってください。この子(こ)はわたしのひとりむすこですが、[ルカによる福音書 9:38]
(그러자 갑자기 어떤 사람이 군중 중에서 큰소리를 내며 말했다. "선생님, 제발 부탁합니다. 제 아들을 보아 주십시오. 이 아이는 제 외아들입니다만,) [누가복음 9:38]

そして、その町(まち)にいる病人(びょうにん)をいやしてやり、『神(かみ)の国(くに)はあなたがたに近(ちか)づいた』と言(い)いなさい。[ルカによる福音書 10:9]
(그리고 그 성읍에 있는 병자들을 고쳐 주며 '하나님의 나라가 너희에게 가까이 왔다' 하고 말하라.) [누가복음 10:9]

近寄(ちかよ)ってきてその傷(きず)にオリブ油(ゆ)とぶどう酒(しゅ)とを注(そそ)いでほうたいをしてやり、自分(じぶん)の家畜(かちく)に乗(の)せ、宿屋(やどや)に連(つ)れて行(い)って介抱(かいほう)した。[ルカによる福音書 10:34]
(가까이 와서, 그 상처에 올리브유와 포도주를 붓고 붕대로 감아 주고, 자기 가축에 태워서, 여관으로 데리고 가서 돌보아 주었다.) [누가복음 10:34]

翌日(よくじつ)、デナリ二(ふた)つを取(と)り出(だ)して宿屋(やどや)の主人(しゅじん)に手渡(てわた)し、『この人(ひと)を見(み)てやってください。費用(ひよう)がよけいにかかったら、帰(かえ)りがけに、わたしが支払(しは

ら)います』と言(い)った。[ルカによる福音書 10:35]
(이튿날 데나리온을 두 개 꺼내서, 여관 주인에게 주고, '이 사람을 돌보아 주십시오. 비용이 더 들면, 돌아오는 길에 내가 갚겠습니다.' 라고 하였다.) [누가복음 10:35]

主(しゅ)はこれに答(こた)えて言(い)われた、「偽善者(ぎぜんしゃ)たちよ、あなたがたはだれでも、安息日(あんそくにち)であっても、自分(じぶん)の牛(うし)やろばを家畜(かちく)小屋(こや)から解(と)いて、水(みず)を飲(の)ませに引(ひ)き出(だ)してやるではないか。[ルカによる福音書13:15]
(주께서는 이것에(그에게) 대답하여 말씀하셨다. "위선자들아, 너희는 누구나 안식일이어도 자기의 소나 나귀를 외양간에서 풀어, 물을 먹이러 끌어내 주지 않겠느냐?) [누가복음 13:15]

それなら、十八年間(じゅうはちねんかん)もサタンに縛(しば)られていた、アブラハムの娘(むすめ)であるこの女(おんな)を、安息日(あんそくにち)であっても、その束縛(そくばく)から解(と)いてやるべきではなかったか」。[ルカによる福音書 13:16]
(그러면, 열여덟 해 동안이나 사탄에게 묶여 있었던, 아브라함의 딸인 이 여자를 안식일이어도 이 속박에서 풀어 주어야 하지 않겠느냐?") [누가복음 13:16]

彼(かれ)らは黙(だま)っていた。そこでイエスはその人(ひと)に手(て)を置(お)いていやしてやり、そしてお帰(かえ)しになった。[ルカによる福音書 14:4]
(그들은 잠자코 있었다. 그래서 예수께서는 그 사람(그 병자)에게 손을 대고, 고쳐 주고, 그리고 돌려보내셨다.) [누가복음 14:4]

それから彼(かれ)らに言(い)われた、「あなたがたのうちで、自分(じぶん)のむすこか牛(うし)が井戸(いど)に落(お)ち込(こ)んだなら、安息日(あんそくにち)だからといって、すぐに引(ひ)き上(あ)げてやらない者(もの)がいるだろうか」。[ルカによる福音書 14:5]
(그리고 그들에게 말씀하셨다. "너희 중에서 자기 아들이나 소가 우물에 빠지면,

안식일이라고 해서 당장 끌어올려 주지 않는 사람이 있겠느냐?") [누가복음 14:5]

ところが、弟(おとうと)が父親(ちちおや)に言(い)った、『父(ちち)よ、あなたの財産(ざいさん)のうちでわたしがいただく分(ぶん)をください』。そこで、父(ちち)はその身代(しんだい)をふたりに分(わ)けてやった。[ルカによる福音書 15:12]
(그런데 남동생이 아버지에게 말했다, '아버지, 아버지 재산 중에서 제가 받을 몫을 주십시오.' 그래서 아버지는 그 재산을 두 사람(두 아들)에게 나누어 주었다.) [누가복음 15:12]

あなたがたは、自分(じぶん)で注意(ちゅうい)していなさい。もしあなたの兄弟(きょうだい)が罪(つみ)を犯(おか)すなら、彼(かれ)をいさめなさい。そして悔(く)い改(あらた)めたら、ゆるしてやりなさい。[ルカによる福音書 17:3]
(너희는 스스로 주의하고 있어라. 만일 너희 형제가 죄를 짓는다면 그를 꾸짖어라. 그리고 회개한다면 용서하여 주어라.) [누가복음 17:3]

もしあなたに対(たい)して一日(いちにち)に七度(ななど)罪(つみ)を犯(おか)し、そして七度(ななど)『悔(く)い改(あらた)めます』と言(い)ってあなたのところへ帰(かえ)ってくれば、ゆるしてやるがよい」。[ルカによる福音書 17:4]
(만일 너에 대해 하루에 일곱 번 죄를 짓고, 그리고 일곱 번 '회개합니다.' 라고 말하고 네게 돌아오면 용서해 주어라.") [누가복음 17:4]

このやもめがわたしに面倒(めんどう)をかけるから、彼女(かのじょ)のためになる裁判(さいばん)をしてやろう。そうしたら、絶(た)えずやってきてわたしを悩(なや)ますことがなくなるだろう」。[ルカによる福音書 18:5]
(이 과부가 나를 귀찮게 하니, 그녀를 위해 재판을 해 주겠다. 그렇게 하면, 끊임없이 찾아와서 나를 괴롭히는 일이 없어질 것이다.") [누가복음 18:5]

イエスはこれを聞(き)いて言(い)われた、「あなたのする事(こと)がまだ一

(ひと)つ残(のこ)っている。持(も)っているものをみな売(う)り払(はら)って、貧(まず)しい人々(ひとびと)に分(わ)けてやりなさい。そうすれば、天(てん)に宝(たから)を持(も)つようになろう。そして、わたしに従(したが)ってきなさい」。[ルカによる福音書 18:22]

(예수께서는 이것을 듣고 말씀하셨다. "네가 할 일이 아직 한 가지 남아 있다. 가지고 있는 것을 전부 팔아 버려서 가난한 사람들에게 나누어 주어라. 그러면 하늘에 재화를 갖게 될 것이다. 그리고 나를 따라오너라.") [누가복음 18:22]

しかし、わたしはあなたの信仰(しんこう)がなくならないように、あなたのために祈(いの)った。それで、あなたが立(た)ち直(なお)ったときには、兄弟(きょうだい)たちを力(ちから)づけてやりなさい」。[ルカによる福音書 22:32]

(그러나 나는 네 믿음이 없어지지 않도록, 너를 위해 기도하였다. 그래서 네가 다시 일어설 때에는, 형제들에게 기운을 내도록 북돋아 주어라.") [누가복음 22:32]

イエスのそばにいた人(ひと)たちは、事(こと)のなりゆきを見(み)て、「主(しゅ)よ、つるぎで切(き)りつけてやりましょうか」と言(い)って、[ルカによる福音書 22:49]

(예수의 옆에 있던 사람들은 일의 진행 상황을 보고 "주님, 칼로 칠까요?" 라고 말하고,) [누가복음 22:49]

だから、彼(かれ)をむち打(う)ってから、ゆるしてやることにしよう」。[ルカによる福音書 23:16]

(그러므로 그를 매질하고 나서 용서해 주는 것으로 하겠다.") [누가복음 23:16]

祭(まつり)ごとにピラトがひとりの囚人(しゅうじん)をゆるしてやることになっていた。[ルカによる福音書 23:17]

(명절 때마다 빌라도가 수인 한 사람을 사면해 주는 것으로 되어 있었다.) [누가복음 23:17]

ピラトはイエスをゆるしてやりたいと思(おも)って、もう一度(いちど)かれらに呼(よ)びかけた。[ルカによる福音書 23:20]

(빌라도는 예수를 사면해 주고 싶다고 생각해서, 다시 한 번 그들을 설득하여 권했다.) [누가복음 23:20]

ピラトは三度目(さんどめ)に彼(かれ)らにむかって言(い)った、「では、この人(ひと)は、いったい、どんな悪事(あくじ)をしたのか。彼(かれ)には死(し)に当(あた)る罪(つみ)は全(まった)くみとめられなかった。だから、むち打(う)ってから彼(かれ)をゆるしてやることにしよう」。[ルカによる福音書 23:22]

(빌라도가 세 번째로 그들을 향해 말하였다. "그럼, 이 사람이 도대체 어떤 나쁜 짓을 하였느냐? 그에게서 사형에 해당하는 죄를 전혀 발견되지 않았다. 따라서 매질하고 나서 그를 사면해 주는 것으로 하겠다.") [누가복음 23:22]

そして、暴動(ぼうどう)と殺人(さつじん)とのかどで獄(ごく)に投(とう)ぜられた者(もの)の方(ほう)を、彼(かれ)らの要求(ようきゅう)に応(おう)じてゆるしてやり、イエスの方(ほう)は彼(かれ)らに引(ひ)き渡(わた)して、その意(い)のままにまかせた。[ルカによる福音書 23:25]

(그리고 폭동과 살인의 죄목으로 감옥에 갇힌 자는 그들의 요구에 응해 용서해 주고, 예수는 그들에게 넘겨주어서 그들의 의향에 맡겼다.) [누가복음 23:25]

もし、モーセの律法(りっぽう)が破(やぶ)られないように、安息日(あんそくにち)であっても割禮(かつれい)を受(う)けるのなら、安息日(あんそくにち)に人(ひと)の全身(ぜんしん)を丈夫(じょうぶ)にしてやったからといって、どうして、そんなに怒(おこ)るのか。[ヨハネによる福音書 7:23]

(만일 모세의 율법이 깨지지 않도록 안식일이어도 할례를 받는다면 안식일에 사람의 전신을 튼튼하게 해 주었다고 해서, 어째서 그렇게 화를 내느냐?) [요한복음 7:23]

すると、死人(しにん)は手足(てあし)を布(ぬの)で巻(ま)かれ、顔(かお)も顔(かお)覆(おお)いで包(つつ)まれたまま、出(で)てきた。イエスは人々(ひとびと)に言(い)われた、「彼(かれ)をほどいてやって、帰(かえ)らせなさい」。[ヨ

ハネによる福音書 11:44]
(그러자, 죽은 사람은 손발을 천으로 감겨 있고, 얼굴도 얼굴 덮개로 싸인 채, 나왔다. 예수께서는 사람들에게 말씀하셨다. "그를 풀어 주어서 돌아가게 해라!") [요한복음 11:44]

しかし、ペテロは外(そと)で戸口(とぐち)に立(た)っていた。すると大祭司(だいさいし)の知(し)り合(あ)いであるその弟子(でし)が、外(そと)に出(で)て行(い)って門番(もんばん)の女(おんな)に話(はな)し、ペテロを内(うち)に入(い)れてやった。[ヨハネによる福音書 18:16]
(그러나 베드로는 문밖에 서 있었다. 그러자 대제사장과 잘 아는 사이인 그 제자가 밖에 나가서 문을 지키는 여자에게 이야기하여 베드로를 안에 들어가게 해 주었다.) [요한복음 18:16]

過越(すぎこし)の時(とき)には、わたしがあなたがたのために、一人(ひとり)の人(ひと)を許(ゆる)してやるのが、あなたがたのしきたりになっている。ついては、あなたがたは、このユダヤ人(じん)の王(おう)を許(ゆる)してもらいたいのか」。[ヨハネによる福音書 18:39]
(유월절에는 내가 너희를 위해, 사람 한 명을 사면해 주는 것이 너희의 관례로 되어 있다. 이에 너희는 이 유대인 왕을 사면해 주기를 원하느냐?) [요한복음 18:39]

こう言(い)って彼(かれ)の右手(みぎて)を取(と)って起(おこ)してやると、足(あし)と、くるぶしとが、立(た)ちどころに強(つよ)くなって、[使徒行伝 3:7]
(이렇게 말하고, 그(앉은뱅이)의 오른손을 잡아 일으켜 주자, 다리와 복사뼈에 즉시 힘이 들어가서,) [사도행전 3:7]

ただ、これ以上(いじょう)このことが民衆(みんしゅう)の間(あいだ)にひろまらないように、今後(こんご)はこの名(な)によって、いっさいだれにも語(かた)ってはいけないと、おどしてやろうではないか」。[使徒行伝 4:17]
(다만 더 이상 이 일이 민중들 사이에 퍼지지 않도록, 앞으로는 이 이름으로 일체 누구에게도 말해서는 안 된다고, 으르러 주지 않겠는가?) [사도행전 4:17]

そこで、彼(かれ)らはふたりを更(さら)におどしたうえ、ゆるしてやった。みんなの者(もの)が、この出来事(できごと)のために、神(かみ)をあがめていたので、その人々(ひとびと)の手前(てまえ)、ふたりを罰(ばっ)するすべがなかったからである。[使徒行伝 4:21]
(그래서 그들은 두 사람을 다시 위협한 후에, 용서해 주었다. 사람들이 모두 이 일로 인해 하나님을 우러러 받들고 있었기에, 그 사람들의 체면 상, 두 사람을(사도들을) 처벌할 방도가 없었기 때문이다.) [사도행전 4:21]

彼(かれ)は真夜中(まよなか)にもかかわらず、ふたりを引(ひ)き取(と)って、その打(う)ち傷(きず)を洗(あら)ってやった。そして、その場(ば)で自分(じぶん)も家族(かぞく)も、ひとり残(のこ)らずバプテスマを受(う)け、[使徒行伝 16:33]
(그는 한밤중임에도 불구하고, (간수는) 두 사람을 데려다가 그 타박상을 씻어 주었다. 그리고 그 자리에서 자기도 가족도 한 사람 남김없이 세례를 받고,) [사도행전 16:33]

この人(ひと)たちを連(つ)れて行(い)って、彼(かれ)らと共(とも)にきよめを行(おこな)い、また彼(かれ)らの頭(あたま)をそる費用(ひよう)を引(ひ)き受(う)けてやりなさい。そうすれば、あなたについて、うわさされていることは、根(ね)も葉(は)もないことで、あなたは律法(りっぽう)を守(まも)って、正(ただ)しい生活(せいかつ)をしていることが、みんなにわかるであろう。[使徒行伝 21:24]
(이 사람들을 데리고 가서, 그들과 함께 정결 의식을 행하고, 또 그들의 머리를 박박 깎는 비용을 떠맡아라. 그렇게 하면, 당신에 관해, 소문이 나 있는 것은 전혀 사실이 아니며, 당신은 율법을 지키며 바른 생활을 하고 있는 것을 모두 알게 될 것입니다.) [사도행전 21:24]

翌日(よくじつ)、彼(かれ)は、ユダヤ人(じん)がなぜパウロを訴(うった)え出(で)たのか、その真相(しんそう)を知(し)ろうと思(おも)って彼(かれ)を解(と)いてやり、同時(どうじ)に祭司長(さいしちょう)たちと全議会(ぜんぎか

い)とを召集(しょうしゅう)させ、そこに彼(かれ)を引(ひ)き出(だ)して、彼(かれ)らの前(まえ)に立(た)たせた。[使徒行伝 22:30]
(이튿날 그는(천부장은) 유대인이 왜 바울을 고소했는지, 그 진상을 알아보려고 하여, 그를(바울을) 풀어 주고, 동시에 대제사장들과 전 의회를 소집시키고, 거기에 그를(바울을) 데리고 내려가서, 그들 앞에 세웠다.) [사도행전 22:30]

たまたま、ポプリオの父(ちち)が赤痢(せきり)をわずらい、高熱(こうねつ)で床(とこ)についていた。そこでパウロは、その人(ひと)のところにはいって行(い)って祈(いの)り、手(て)を彼(かれ)の上(うえ)においていやしてやった。[使徒行伝 28:8]
(마침 보블리오의 아버지가 이질을 앓고, 고열로 병석에 누워 있었다. 그래서 바울은 그 사람이 있는 곳에 가서 기도하고, 손을 그 위에 얹어 낫게 해주었다.) [사도행전 28:8]

あなたがたはむしろ彼(かれ)をゆるし、また慰(なぐさ)めてやるべきである。そうしないと、その人(ひと)はますます深(ふか)い悲(かな)しみに沈(しず)むかも知(し)れない。[コリント人への第二の手紙 2:7]
(여러분은 오히려 그를 용서하고, 또 위로해 주어야 한다. 그렇게 하지 않으면, 그 사람은 더욱더 깊은 슬픔에 잠길지도 모른다.) [고린도후서 2:7]

実(み)を結(むす)ばないやみのわざに加(くわ)わらないで、むしろ、それを指摘(してき)してやりなさい。[エペソ人への手紙 5:11]
(열매를 맺지 않는 어둠의 일에 끼어들지 말고, 오히려 그것을 지적해 주어라.) [에베소서 5:11]

わたしと一緒(いっしょ)に捕(とら)われの身(み)となっているアリスタルコと、バルナバのいとこマルコとが、あなたがたによろしくと言(い)っている。このマルコについては、もし彼(かれ)があなたがたのもとに行(い)くなら、迎(むか)えてやるようにとのさしずを、あなたがたはすでに受(う)けているはずである。[コロサイ人への手紙 4:10]
(나와 함께 잡혀 있는 몸이 되어 있는 아리스다고와 바나바의 사촌 마가가 여러분

에게 문안 인사를 전해 달라고 합니다. 이 마가에 관해서는 만일 그가 여러분에게 간다면, 영접해 주라고 하는 지시를 여러분은 이미 받았을 것이다.) [골로새서 4:10]

火(ひ)の中(なか)から引(ひ)き出(だ)して救(すく)ってやりなさい。また、そのほかの人(ひと)たちを、おそれの心(こころ)をもってあわれみなさい。しかし、肉(にく)に汚(けが)れた者(もの)に対(たい)しては、その下着(したぎ)さえも忌(い)みきらいなさい。[ユダの手紙 1:23]
(불속에서 끌어내어 구원해 주어라. 또 그 밖의 사람들을 두려움의 마음으로 자비를 베풀어라. 그러나 욕정으로 더럽혀진 자들에 대해서는 그 속옷까지도 몹시 미워하라.) [유다서 1:23]

[1]彼女(かのじょ)が自(みずか)ら高(たか)ぶり、[2]ぜいたくをほしいままにしたので、それに対(たい)して、[3]同(おな)じほどの苦(くる)しみと悲(かな)しみとを味(あじ)わわせてやれ。彼女(かのじょ)は心(こころ)の中(なか)で[4]『わたしは女王(じょおう)の位(くらい)についている者(もの)であって、やもめではないのだから、悲(かな)しみを知(し)らない』と言(い)っている。[ヨハネの黙示録 18:7]
(그녀가 스스로 우쭐대며, 방자하게도 극도의 사치를 부렸기에 그것에 대해 똑같은 고통과 슬픔을 맛보게 해 주어라. 그녀는 마음속에서 '나는 여왕의 자리에 앉아 있는 자이고 과부가 아니기 때문에 슬픔을 모른다.' 고 말한다.) [18:7]

[1] 彼女(かのじょ)が自(みずか)ら高(たか)ぶり、: 그녀가 스스로 우쭐대며, 「高(たか)ぶり、」는 「高(たか)い」의 어간 「高(たか)—」에 동사화 접사「~ぶる[4)]」가 결합한 「高(たか)ぶる」(우쭐거리다, 뽐내다)의 연용 중지법으로, 본 절에

---

4) 「~ぶる」는 동사화 접사로서 명사나 형용사 어간 등에 붙어 〈그와 같이 행동하다, 그런 체하다, 그런 척하다〉에 상당하는 뜻을 나타낸다. 「学者(がくしゃ)ぶる」(학자인 체하다), 「先輩(せんぱい)ぶる」(선배인 척하다), 「えらぶる」(잘난 척하다).

서는 단순 연결의 용법으로 쓰이고 있다.

「高(たか)ぶる」의 예를 구어역 신약성서에서 들면 다음과 같다.

[例] まさに、そのとおりである。彼(かれ)らは不信仰(ふしんこう)のゆえに切(き)り去(さ)られ〈受動〉、あなたは信仰(しんこう)のゆえに立(た)っているのである。高(たか)ぶった思(おも)いをいだかないで、むしろ恐(おそ)れなさい。[ローマ人への手紙 11:20]
(정말 그렇다. 그들은 믿지 않은 탓으로 잘려 버려지고, 여러분은 믿음 때문에 서 있는 것이다. 교만한 생각을 품지 말고, 도리어 두려워하라.) [로마서 11:20]

互(たが)いに思(おも)うことをひとつにし、高(たか)ぶった思(おも)いをいだかず、かえって低(ひく)い者(もの)たちと交(まじ)わるがよい。自分(じぶん)が知者(ちしゃ)だと思(おも)いあがってはならない。[ローマ人への手紙 12:16]
(서로 생각하는 것을 하나로 하고, 교만한 마음을 품지 말고, 오히려 낮은 사람들과 사귀어라. 자기가 지자라고 우쭐해서 자부해서는 안 된다.) [로마서 12:16]

兄弟(きょうだい)たちよ。これらのことをわたし自身(じしん)とアポロとに当(あ)てはめて言(い)って聞(き)かせたが、それはあなたがたが、わたしたちを例(れい)にとって、「しるされている定(さだ)めを越(こ)えない」ことを学(まな)び、ひとりの人(ひと)をあがめ、ほかの人(ひと)を見(み)さげて高(たか)ぶることのないためである。[コリント人への第一の手紙 4:6]
(형제들아. 이 모든 일을 나 자신과 아볼로에게 적용해서 설명하고 들려주었지만, 그것은 여러분이 우리를 예로 삼아, "기록되어 있는 법규를 넘지 않는" 것을 배우고, 어느 한 사람을 존중하고, 다른 사람을 얕보고 우쭐대지 않기 위해서이다.) [고린도전서 4:6]

しかしある人々(ひとびと)は、わたしがあなたがたの所(ところ)に来(く)ることはある〈存在2-11〉まいとみて、高(たか)ぶっているということである。[コリント人への第一の手紙 4:18]

(그러나 어떤 사람들은 내가 여러분에게 오는 것이 없을 것이라고 생각하고, 교만해진 사람들이 있다는 것이다.) [고린도전서 4:18]

しかし主(しゅ)のみこころであれば、わたしはすぐにでもあなたがたの所(ところ)に行(い)って、高(たか)ぶっている者(もの)たちの言葉(ことば)ではなく、その力(ちから)を見(み)せてもらおう。[コリント人への第一の手紙 4:19]

(그러나 주님의 뜻이라면, 나는 금방이라도 여러분에게 가서, 교만해진 사람들의 말이 아니라, 그 능력을 보겠다.) [고린도전서 4:19]

それだのに、なお、あなたがたは高(たか)ぶっている。むしろ、そんな行(おこな)いをしている者(もの)が、あなたがたの中(なか)から除(のぞ)かれねばならないことを思(おも)って、悲(かな)しむべきではないか。[コリント人への第一の手紙 5:2]

(그럼에도 불구하고, 여전히 여러분은 우쭐거리고 있다. 오히려 그런 행위를 하고 있는 사람이, 여러분 가운데서 제거해야 하는 것을 생각하고, 슬퍼해야 하지 않겠느냐?) [고린도전서 5:2]

愛(あい)は寛容(かんよう)であり、愛(あい)は情深(なさけぶか)い。また、ねたむことをしない。愛(あい)は高(たか)ぶらない、誇(ほこ)らない、[コリント人への第一の手紙 13:4]

(사랑은 관용이며, 사랑은 관대하다. 또 시기하지 않는다. 사랑은 교만하지 않고, 자랑하지 않는다.) [고린도전서 13:4]

しかし神(かみ)は、いや増(ま)しに恵(めぐ)みを賜(たま)う。であるから、「神(かみ)は高(たか)ぶる者(もの)をしりぞけ、へりくだる者(もの)に恵(めぐ)みを賜(たま)う」とある。[ヤコブの手紙 4:6]

(그러나 하나님께서는 더욱 더 은혜를 주신다. 그러므로 "하나님께서는 교만한 자를 물리치고, 겸손한 사람에게 은혜를 주신다."라고 되어 있다.) [야고보서 4:6]

同(おな)じように、若(わか)い人(ひと)たちよ。長老(ちょうろう)たちに従(し

たが)いなさい。また、みな互(たがい)に謙遜(けんそん)を身(み)につけなさい。神(かみ)は高(たか)ぶる者(もの)をしりぞけ、へりくだる者(もの)に恵(めぐ)みを賜(たま)うからである。[ペテロの第一の手紙 5:5]
(마찬가지로 젊은이여. 장로들에게 순종하라. 또 모두 서로 겸손의 옷을 입어라. 하나님께서는 교만한 자를 물리치고, 겸손한 사람에게 은혜를 주시기 때문이다.) [베드로전서 5:5]

主(しゅ)はみ腕(うで)をもって力(ちから)をふるい、心(こころ)の思(おも)いのおごり高(たか)ぶる者(もの)を追(お)い散(ち)らし、[ルカによる福音書 1:51]
(주께서는 팔로 권능을 휘두르고, 마음속에 생각하고 있는 것이 타인을 모욕하고, 교만한 사람들을 쫓아 흩어버리고,) [누가복음 1:51]

しかし、もしあなたがたの心(こころ)の中(なか)に、苦々(にがにが)しいねたみや党派心(とうはしん)をいだいているのなら、誇(ほこ)り高(たか)ぶってはならない。また、真理(しんり)にそむいて偽(いつわ)ってはならない。[ヤコブの手紙 3:14]
(그러나 만일 여러분의 마음속에 대단히 불쾌한 시기심과 당파심을 품고 있다면, 우쭐대면서 자랑해서는 안 된다. 그리고 진리에 거슬러 거짓말을 해서는 안 된다.) [야고보서 3:14]

ところが、あなたがたは誇(ほこ)り高(たか)ぶっている。このような高慢(こうまん)は、すべて悪(あく)である。[ヤコブの手紙 4:16]
(그런데 여러분은 우쭐대면서 자랑하고 있다. 이와 같은 교만은 모두 악이다.) [야고보서 4:16]

[2] ぜいたくをほしいままにしたので、: 방자하게도 극도의 사치를 부렸기에,

「ほしいまま[縱·恣]」(제멋대로 하는 것, 방자하게 구는 것)는 「ほしいままに

する」와 같이 연어(連語 ; れんご) 형태로 쓰이면 「제멋대로 하다, 방자하게 굴다」에 상당하는 의미를 나타낸다. 「ほしいままにする」는 요한묵시록에서 본 절 [18:17]과 [18:19]에 쓰이고 있는데 그 밖의 예를 구어역 성서에서 들면 다음과 같다.

[例] 神(かみ)を知(し)らない異邦人(いほうじん)のように情欲(じょうよく)をほしいままにせず、[テサロニケ人への第一の手紙 4:5]
(하나님을 알지 못하는 이방인처럼 색정을 저지르지 말고,) [데살로니가전서 4:5]

その妹(いもうと)アホリバはこれを見(み)て、姉(あね)よりも情欲(じょうよく)をほしいままにし、姉(あね)の淫行(いんこう)よりも多(おお)く淫行(いんこう)をなし、[エゼキエル書 23:11]
(그 여동생 오홀리바는 이것을 보고, 언니보다도 방자할 정도로 색정을 저지르고, 언니의 음행보다도 많이 음행을 행하고,) [에스겔 23:11]

[3] 同(おな)じほどの苦(くる)しみと悲(かな)しみとを味(あじ)わわせてやれ。: 똑같은 고통과 슬픔을 맛보게 해 주어라.

「味(あじ)わわせてやれ」는 「味(あじ)わう」의 사역 「味(あじ)わわせる」에 수수표현 「~てやる」의 명령형이 접속된 것이다. 같은 유형의 예를 들면 다음과 같다.

[例] エリシャはかつて、その子(こ)を生(い)きかえらせてやった女(おんな)に言(い)ったことがある。「あなたは、ここを立(た)って、あなたの家族(かぞく)と共(とも)に行(い)き、寄留(きりゅう)しようと思(おも)う所(ところ)に寄留(きりゅう)しなさい。主(しゅ)がききんを呼(よ)び下(くだ)されたので、七年(しちねん)の間(あいだ)それがこの地(ち)に臨(のぞ)むから」。[列王紀下 8:1]
(엘리사는 이전에 그 아이를 살려 준 여자에게 말한 적이 있다. "부인은 이곳을

떠나, 가족을 데리고 이곳을 떠나서, 가족과 함께 가서 기류하려고 생각하는 곳에 기류하라. 주께서 기근을 불러들이셨기에, 일곱 해 동안 그것이 이 땅에 임하기 때문에,") [열왕기하 8:1]

[4]『わたしは女王(じょおう)の位(くらい)についている者(もの)であって、やもめではないのだから、悲(かな)しみを知(し)らない』と言(い)っている。: '나는 여왕의 자리에 앉아 있는 자이고 과부가 아니기 때문에 슬픔을 모른다.'고 말한다. 이 부분을 타 번역본에서는 다음과 같이 묘사하고 있다.

[例]『私(わたし)は女王(じょおう)として (王座(おうざ)に) 坐(すわ)っている。私(わたし)は寡婦(かふ)ではない。決(けっ)して悲嘆(ひたん)に遭(あ)わないであろう』と言うからである。[塚本訳1963]
('나는 여왕으로서 (왕좌에) 앉아 있다. 나는 과부가 아니다. 결코 비탄을 경험하지 않을 것이다.' 라고 말하기 때문이다.)

『私(わたし)は女王(じょおう)の座(ざ)についており、寡掃(かふ)ではなく、悲(かな)しい目(め)になど、決(けっ)して会(あ)うことはない』。[岩波翻訳委員会訳1995]
('나는 여왕의 자리에 앉아 있고, 과부가 아니고, 슬픈 지경 등을 결코 경험하지 않는다.')

『私(わたし)は女王(じょおう)の座(ざ)に着(つ)いている者(もの)であり、やもめではないから、悲(かな)しみを知(し)らない。』と言(い)うからです。[新改訳1970]
('나는 여왕의 좌에 앉아 있는 사람이고, 과부가 아니니까, 슬픔을 모른다.' 라고 말하기 때문이다.)

『わたしは女王(じょおう)として座(ざ)し、やもめではなく、悲(かな)しみを見(み)ない』と。[前田訳1978]

('나는 여왕으로서 왕좌에 앉아 있고, 과부가 아니고, 슬픔을 보지 않는다.' 라고.)

『わたしは女王(じょおう)の座(ざ)についている者(もの)、やもめではなく、けっして悲(かな)しみを知(し)らない』と言(い)う。[フランシスコ会訳1984]
('나는 여왕의 자리에 앉아 있는 사람, 과부가 아니고, 결코 슬픔을 모른다.' 라고 말한다.)

『わたしは、女王(じょおう)の座(ざ)に着(つ)いており、／やもめなどではない。決(けっ)して悲(かな)しい目(め)に遭(あ)いはしない。』[新共同訳1987]
('나는 여왕의 자리에 앉아 있고, ／과부가 아니다. 결코 슬픈 지경을 경험하지는 않는다.')

[1]それゆえ、さまざまの災害(さいがい)が、死(し)と悲(かな)しみと飢饉(ききん)とが、一日(にち)のうちに彼女(かのじょ)を襲(おそ)い、そして、[2]彼女(かのじょ)は火(ひ)で焼(や)かれてしまう。[3]彼女(かのじょ)を裁(さば)く主(しゅ)なる神(かみ)は、力強(ちからづよ)いかたなのである。[ヨハネの黙示録 18:8]
(그러므로 여러 가지 재해가 죽음과 슬픔과 기근이 하루 사이에 그녀를 덮치고 또 그녀는 불에 타 버린다. 그녀를 심판하는 주님이신 하나님께서는 강한 분이기 때문이다.) [18:8]

[1] それゆえ、さまざまの災害(さいがい)が、死(し)と悲(かな)しみと飢饉(ききん)とが、一日(にち)のうちに彼女(かのじょ)を襲(おそ)い、: 그러므로 여러 가지 재해가 죽음과 슬픔과 기근이 하루 사이에 그녀를 덮치고

[フランシスコ会聖書研究所(1984)『新約聖書』サンパウロ. p. 955 주(18-6)]에 의하면, 전절의 [ヨハネの黙示録 18:7]의 「心(こころ)の中(なか)で『わたしは女王(じょおう)の位(くらい)についている者(もの)であって、やもめではないのだから、悲(かな)しみを知(し)らない』と言(い)っている。」와 본 절의「それゆえ、さまざま

の災害(さいがい)が、死(し)と悲(かな)しみと飢饉(ききん)とが、一日(にち)のうちに彼女(かのじょ)を襲(おそ)い、[ヨハネの黙示録 18:8]」은 바빌론에 대한 이사야의 말 즉 [이사야 47:7~47:9]를 연상시킨다고 설명하고 있다.

[예] あなたは言(い)った、「わたしは、とこしえに女王(じょおう)となる」と。そして、あなたはこれらの事(こと)を心(こころ)にとめず、またその終(おわ)りを思(おも)わなかった。[イザヤ書 47:7]
(너는 말했다, "나는 영원히 여왕이 된다." 라고. 그리고 너는 이런 일들을 마음에 두지 않았고, 또 그 끝을 생각하지 않았다.) [이사야 47:7]

楽(たの)しみにふけり、安(やす)らかにおり、心(こころ)のうちに「ただわたしだけで、わたしのほかにだれもなく、わたしは寡婦(かふ)となることはない、また子(こ)を失(うしな)うことはない」と言(い)う者(もの)よ、今(いま)この事(こと)を聞(き)け。[イザヤ書 47:8]
(즐거움에 빠지고, 편안하게 보내고, 마음속에 "오직 나뿐이고, 나 이외에 아무도 없고 나는 과부가 되지 않는다. 또 자식을 잃는 일도 없다." 라고 말하는 사람아, 지금 이것을 들어라.) [이사야 47:8]

これらの二(ふた)つの事(こと)は一日(いちにち)のうちに、またたくまにあなたに臨(のぞ)む。すなわち子(こ)を失(うしな)い、寡婦(かふ)となる事(こと)はたといあなたが多(おお)くの魔術(まじゅつ)を行(おこな)い、魔法(まほう)の大(おお)いなる力(ちから)をもってしてもことごとくあなたに臨(のぞ)む。[イザヤ書 47:9]
(이들 두 가지 일은 한 날에 눈 깜짝할 사이에 너에게 닥쳐온다. 즉 자식을 잃고 과부가 되는 것은 설령 네가 많은 마술을 행하고, 마법의 큰 힘으로 하더라도, 모두 너에게 닥친다.) [이사야 47:9]

「さまざまの災害(さいがい)」에서는 「さまざま」가 명사로 쓰이고 있는데, 「さまざま[様様]」는 명사성과 형용동사성을 겸비한 단어이기 때문에 후속명사를 수식할 경우에는 「さまざまの~」와 「さまざまな~」가 모두 가능하다.

1. 「さまざまの~」로 쓰이는 경우

[例] イエスは、さまざまの病(やまい)をわずらっている多(おお)くの人々(ひとびと)をいやし、また多(おお)くの悪霊(あくれい)を追(お)い出(だ)された。また、悪霊(あくれい)どもに、物言(ものい)うことをお許(ゆる)しにならなかった。彼(かれ)らがイエスを知(し)っていたからである。[マルコによる福音書 1:34]
(예수께서는 온갖 병을 앓고 있는 많은 사람들을 고치고, 또 많은 악령들을 내쫓으셨다. 그리고 악령들에게 말하는 것을 허락하지 않으셨다. 그들이 예수를 알고 있었기 때문이다.) [마가복음 1:34]

こうしてヨハネはほかにもなお、さまざまの勧(すす)めをして、民衆(みんしゅう)に教(おしえ)を説(と)いた。[ルカによる福音書 3:18]
(이렇게 요한은 그 밖에도 또한 다양한 것을 권하고, 민중에게 가르침을 설명했다.) [누가복음 3:18]

そのとき、イエスはさまざまの病苦(びょうく)と悪霊(あくれい)とに悩(なや)む人々(ひとびと)をいやし、また多(おお)くの盲人(もうじん)を見(み)えるようにしておられたが、[ルカによる福音書 7:21]
(그 때, 예수께서는 온갖 병고와 악령에 시달리는 사람을 고치고, 또 많은 눈먼 사람을 볼 수 있도록 해 주셨지만,) [누가복음 7:21]

パウロが姿(すがた)をあらわすと、エルサレムから下(くだ)ってきたユダヤ人(じん)たちが、彼(かれ)を取(と)りかこみ、彼(かれ)に対(たい)してさまざまの重(おも)い罪状(ざいじょう)を申(もう)し立(た)てたが、いずれもその証拠(しょうこ)をあげることはできなかった。[使徒行伝 25:7]
(바울이 모습을 나타내자, 예루살렘에서 내려온 유대인들이 그를 에워싸고, 그에 대해 여러 가지 무거운 죄상을 들어 고발하였지만, 모두 그 증거를 대지는 못하였다.) [사도행전 25:7]

さて、マケドニヤに着(つ)いたとき、わたしたちの身(み)に少(すこ)しの休(やす)みもなく、さまざまの患難(かんなん)に会(あ)い、外(そと)には戦(たたか)い、内(うち)には恐(おそ)れがあった。[コリント人への第二の手紙 7:5]
(그런데 마케도니아에 도착했을 때, 우리의 육체는 조금도 쉬지 못하고, 여러 가지 환난을 겪고, 밖에서는 싸웠고, 안에서는 두려움이 있었다.) [고린도후서 7:5]

富(と)むことを願(ねが)い求(もと)める者(もの)は、誘惑(ゆうわく)と、わなとに陥(おちい)り、また、人(ひと)を滅(ほろ)びと破壊(はかい)とに沈(しず)ませる、無分別(むふんべつ)な恐(おそ)ろしいさまざまの情欲(じょうよく)に陥(おちい)るのである。[テモテへの第一の手紙 6:9]
(부자가 되기를 바라고 원하는 사람은, 유혹과 올무에 빠지고, 또 사람을 멸망과 파괴에 빠지게 하는, 무분별하고 무서운 온갖 정욕에 빠지는 것이다.) [디모데전서 6:9]

彼(かれ)らの中(なか)には、人(ひと)の家(いえ)にもぐり込(こ)み、そして、さまざまの欲(よく)に心(こころ)を奪(うば)われて、多(おお)くの罪(つみ)を積(つ)み重(かさ)ねている愚(おろ)かな女(おんな)どもを、とりこにしている者(もの)がある。[テモテへの第二の手紙 3:6]
(그들 중에는 남의 집에 몰래 들어가서, 그리고 여러 가지 욕망에 마음을 빼앗겨서, 많은 죄를 겹쳐 쌓고 있는 어리석은 여자들을, 포로로 삼고 있는 사람이 있다.) [디모데후서 3:6]

わたしたちも以前(いぜん)には、無分別(むふんべつ)で、不従順(ふじゅうじゅん)な、迷(まよ)っていた者(もの)であって、さまざまの情欲(じょうよく)と快楽(かいらく)との奴隷(どれい)になり、悪意(あくい)とねたみとで日(ひ)を過(す)ごし、人(ひと)に憎(にく)まれ、互(たが)いに憎(にく)み合(あ)っていた。[テトスへの手紙 3:3]
(우리도 전에는 무분별하고, 순종하지 않고, 미혹을 당했던 사람으로, 온갖 정욕과 쾌락의 노예가 되고, 악의와 질투로 소일하고, 남에게 미움을 받고, 서로 미워하고 있었다.) [디도서 3:3]

彼(かれ)は御子(みこ)であられたにもかかわらず、さまざまの苦(くる)しみによって従順(じゅうじゅん)を学(まな)び、[ヘブル人への手紙 5:8]
(그는 아드님이셨음에도 불구하고, 온갖 고난으로 순종을 배우고,) [히브리서 5:8]

2.「さまざまな~」로 쓰이는 경우

[例] わたしたちの戦(たたか)いの武器(ぶき)は、肉(にく)のものではなく、神(かみ)のためには要塞(ようさい)をも破壊(はかい)するほどの力(ちから)あるものである。わたしたちはさまざまな議論(ぎろん)を破(やぶ)り、[コリント人への第二の手紙 10:4]
(우리의 싸움 무기는, 육체의 것이 아니라, 하나님을 위해서는 요새도 파괴할 정도의 힘이 있는 것이다. 우리는 온갖 논란을 깨뜨리고,) [고린도후서 10:4]

さらに神(かみ)も、しるしと不思議(ふしぎ)とさまざまな力(ちから)あるわざとにより、また、御旨(みむね)に従(したが)い聖霊(せいれい)を各自(かくじ)に賜(たま)うことによって、あかしをされたのである。[ヘブル人への手紙 2:4]
(또한 하나님께서도 표적과 기이한 일과 여러 가지 기적에 의해, 또 하나님의 뜻에 따라 성령을 각자에 주심으로써, 증언하신 것이다.) [히브리서 2:4]

さて、初(はじ)めの契約(けいやく)にも、礼拝(れいはい)についてのさまざまな規定(きてい)と、地上(ちじょう)の聖所(せいじょ)とがあった。[ヘブル人への手紙 9:1]
(그런데 첫 번째 언약에도, 예배에 관한 각종 규정과 지상의 성소가 있다.). [히브리서 9:1]

さまざまな違(ちが)った教(おしえ)によって、迷(まよ)わされてはならない。食物(しょくもつ)によらず、恵(めぐ)みによって、心(こころ)を強(つよ)くするがよい。食物(しょくもつ)によって歩(ある)いた者(もの)は、益(えき)

を得(え)ることがなかった。[ヘブル人への手紙 13:9]
(여러 가지 다른 가르침에 의해, 미혹을 당해서는 안 된다. 먹는 것에 의하지 않고, 은혜에 의해 마음을 강하게 하라. 먹는 것에 의해 살아온 사람은 유익함을 얻지 못하였다.) [히브리서 13:9]

そのことを思(おも)って、今(いま)しばらくのあいだは、さまざまな試錬(しれん)で悩(なや)まねばならないかも知(し)れないが、あなたがたは大(おお)いに喜(よろこ)んでいる。[ペテロの第一の手紙 1:6]
(그것을 생각하고 지금 잠시 동안은 여러 가지 시련으로 번민해야 할지도 모르지만, 여러분은 크게 기뻐하고 있다.) [베드로전서 1:6]

あなたがたは、それぞれ賜物(たまもの)をいただいているのだから、神(かみ)のさまざまな恵(めぐ)みの良(よ)き管理人(かんりにん)として、それをお互(たが)いのために役(やく)立(た)てるべきである。[ペテロの第一の手紙 4:10]
(여러분은 각자 은사를 받고 있으니까, 하나님의 여러 가지 은혜의 선한 관리인으로서, 그것을 서로를 위해 도움이 되도록 써야 한다.) [베드로전서 4:10]

그리고 요한묵시록 [21:19]에서도「さまざまな宝石(ほうせき)で飾(かざ)られていた。: 각가지 보석으로 장식되어 있었다.」와 같이「さまざまな」형태가 쓰이고 있다.

[2] 彼女(かのじょ)は火(ひ)で焼(や)かれてしまう。: 그녀는 불에 타 버린다.
「火(ひ)で焼(や)かれてしまう」의「火(ひ)で」는 수단・방법을 나타내고,「焼(や)かれてしまう」는「焼(や)く」의 수동「焼(や)かれる」에 심리적 종결이나 완료를 나타내는「〜てしまう」가 접속한 것이다.
「焼(や)かれる」의 예를 구어역 성서에서 들면 다음과 같다.

[例] だから、毒麦(どくむぎ)が集(あつ)められて火(ひ)で焼(や)かれるように、世(よ)の終(おわ)りにもそのとおりになるであろう。[マタイによる福音書 13:40]
(따라서 독보리가 모아져서 불에 타는 것 같이, 세상의 종말에도 그렇게 될 것이다.) [마태복음 13:40]

たといまた、わたしが自分(じぶん)の全財産(ぜんざいさん)を人(ひと)に施(ほどこ)しても、また、自分(じぶん)のからだを焼(や)かれるために渡(わた)しても、もし愛(あい)がなければ、いっさいは無益(むえき)である。[コリント人への第一の手紙 13:3]
(설령 다시 내가 내 모든 재산을 남에게 베풀어도 또 내 몸을 태우기 위해 넘겨주어도, 만일 사랑이 없으면, 모든 것이 무익하다.) [고린도전서 13:3]

しかし、いばらやあざみをはえさせるなら、それは無用(むよう)になり、やがてのろわれ、ついには焼(や)かれてしまう。[ヘブル人への手紙 6:8]
(그러나 가시나무나 엉겅퀴를 자라게 하면, 그것은 쓸모가 없어지고, 이윽고 저주받아, 마침내 불에 타고 버린다.) [히브리서 6:8]

なぜなら、大祭司(だいさいし)によって罪(つみ)のためにささげられるけものの血(ち)は、聖所(せいじょ)のなかに携(たずさ)えて行(い)かれるが、そのからだは、営所(えいしょ)の外(そと)で焼(や)かれてしまうからである。[ヘブル人への手紙 13:11]
(왜냐하면, 대제사장에 의해 속죄를 위해 바쳐지는 짐승의 피는 지성소 안에 가지고 들어가는데, 그 몸은 진영 밖에서 타 버리기 때문이다.) [히브리서 13:11]

舌(した)は火(ひ)である。不義(ふぎ)の世界(せかい)である。舌(した)は、わたしたちの器官(きかん)の一(ひと)つとしてそなえられたものであるが、全身(ぜんしん)を汚(けが)し、生存(せいぞん)の車輪(しゃりん)を燃(も)やし、自(みずか)らは地獄(じごく)の火(ひ)で焼(や)かれる。[ヤコブの手紙 3:6]

(혀는 불이다. 불의의 세계이다. 혀는 우리 몸 기관의 하나로서 준비된 것이지만, 전신을 더럽히고, 생존의 수레바퀴를 태우고, 스스로는 지옥의 불에 타 버린다.) [야고보서 3:6]

しかし、今(いま)の天(てん)と地(ち)とは、同(おな)じ御言(みことば)によって保存(ほぞん)され、不信仰(ふしんこう)な人々(ひとびと)がさばかれ、滅(ほろ)ぼさるべき日(ひ)に火(ひ)で焼(や)かれる時(とき)まで、そのまま保(たも)たれているのである。[ペテロの第二の手紙 3:7]
(그러나 지금 있는 하늘과 땅은, 똑같은 하나님의 말씀으로 보존되어, 믿음이 없는 사람들이 심판받아서 멸망당하야 할 날에 불로 타 버릴 때까지 그대로 보존되어 있는 것이다.) [베드로후서 3:7]

[3] 彼女(かのじょ)を裁(さば)く主(しゅ)なる神(かみ)は、力強(ちからづよ)いかたなのである。: 그녀를 심판하는 주님이신 하나님께서는 강한 분이기 때문이다.

본 절의 「彼女(かのじょ)を裁(さば)く主(しゅ)なる神(かみ)は、力強(ちからづよ)いかたなのである」(그녀를 심판하는 주님이신 하나님께서는 강한 분이기 때문이다)의 표현은 다음의 [예레미야 50:34]에 기초한 것이라고 한다.

[例] 彼(かれ)らをあがなう者(もの)は強(つよ)く、その名(な)は万軍(ばんぐん)の主(しゅ)といわれる。彼(かれ)は必(かなら)ず彼(かれ)らの訴(うった)えをただし、この地(ち)に安(やす)きを与(あた)えるが、バビロンに住(す)む者(もの)には不安(ふあん)を与(あた)えられる。[エレミヤ書 50:34]
(그들을 속량하는 자는 강하고 그 이름은 만군의 주라고 한다. 그는 반드시 그들의 소송을 바로 잡아서, 이 땅에 안식을 주지만, 바벨론에 사는 사람들에게는 불안을 주신다.) [예레미야 50:34]

〔35〕 バビロンの滅亡(めつぼう)の歌(うた)
바빌론 멸망의 노래5)
ヨハネの黙示録 18:9 - 18:24

ヨハネの黙示 18:9 - 18:10
王達(おうたち)の哀歌(あいか)
왕들의 애가

> 彼女(かのじょ)と姦淫(かんいん)を行(おこな)い、[1]ぜいたくをほしいままにしていた地(ち)の王(おう)たちは、彼女(かのじょ)が焼(や)かれる火(ひ)の煙(けむり)を見(み)て、[2]彼女(かのじょ)のために胸(むね)を打(う)って泣(な)き悲(かな)しみ、[ヨハネの黙示録 18:9]
> (그녀와 간음을 행하고 하고 싶은 대로 극도의 사치를 부린 땅의 왕들은 그녀가 타는 불의 연기를 보고, 그녀를 위해 가슴을 치며 울며 슬퍼하고,) [18:9]

[1] ぜいたくをほしいままにしていた地(ち)の王(おう)たちは、彼女(かのじょ)が焼(や)かれる火(ひ)の煙(けむり)を見(み)て、: 하고 싶은 대로 극도의 사치를 부린 땅의 왕들은 그녀가 타는 불의 연기를 보고,

이 부분을 타 번역본에서는 다음과 같이 표현하고 있다.

[例] (共(とも)に)奢(おご)っていた地(ち)の王達(おうたち)は、彼女(かのじょ)の焼(や)かれる煙(けむり)を見(み)た時(とき)、[塚本訳1963]
((함께) 사치를 부리고 있던 땅의 왕들은 그녀가 타는 연기를 보았을 때,)

---

5) [フランシスコ会聖書研究所(1984)『新約聖書』サンパウロ. p. 955 주(18-7)]에 의하면, [18:9]~[18:19]는 땅의 왕들과 상인과 바다의 상인들의, 바빌론인 로마에 대한 3개의 탄식의 노래로, 이들 노래는 에스겔이 두로 마을에 대해 말한 3개의 탄식 소리를 분명히 연상시킨다고 한다. (에스겔 26장~28장 참조).

好色(こうしょく)にふけった地上(ちじょう)の王(おう)たちは、彼女(かのじょ)が火(ひ)で焼(や)かれる煙(けむり)を見(み)ると、[新改訳1970]
(호색에 빠진 지상의 왕들은 그녀가 불로 타는 연기를 보자,)

おごった地(ち)の王(おう)たちは、彼女(かのじょ)の炎(ほのお)の煙(けむり)を見(み)て、[前田訳1978]
(사치를 부린 땅의 왕들은 그녀의 불꽃의 연기를 보고,)

ぜいたくをほしいままにした地上(ちじょう)の王(おう)たちは、彼女(かのじょ)が焼(や)かれる煙(けむり)を見(み)て、[フランシスコ会訳1984]
(하고 싶은 대로 극도의 사치를 부린 지상의 왕들은 그녀가 타는 연기를 보고,)

ぜいたくに暮(く)らした地上(ちじょう)の王(おう)たちは、彼女(かのじょ)が焼(や)かれる煙(けむり)を見(み)て、[新共同訳1987]
(사치스럽게 살던 지상의 왕들은 그녀가 타는 연기를 보고,)

贅沢三昧(ぜいたくざんまい)の生活(せいかつ)をおくった地上(ちじょう)の王(おう)たちは、かの女(おんな)が焼(や)かれる火(ひ)[から立(た)ちのぼる]煙(けむり)を見(み)て、[岩波翻訳委員会訳1995]
(극도의 사치스러운 생활을 보낸 지사의 왕들은, 그녀가 타는 불[에서 떠오르는] 연기를 보고,)

[2] 彼女(かのじょ)のために胸(むね)を打(う)って泣(な)き悲(かな)しみ、 : 그녀를 위해 가슴을 치며 울며 슬퍼하고,

「泣(な)き悲(かな)しみ、」는 「泣(な)く」의 연용형 「泣(な)き」에 후항동사 「~悲(かな)しむ」가 결합한 「泣(な)き悲(かな)しむ」의 연용 중지법으로 후속 절에 단순 연결하는 역할을 한다.

「泣(な)き悲(かな)しむ」의 예를 구어역 신약성서에서 들면 다음과 같다.

[例] マリヤは、イエスと一緒(いっしょ)にいた人々(ひとびと)が泣(な)き悲(かな)しんでいる所(ところ)に行(い)って、それを知(し)らせた。[マルコによる福音書 16:10]
(마리아는 예수와 함께 있었던 사람들이 울면서 슬퍼하고 있는 곳에 가서 그것을 알렸다.) [마가복음 16:10]

人々(ひとびと)はみな、娘(むすめ)のために泣(な)き悲(かな)しんでいた。イエスは言(い)われた、「泣(な)くな、娘(むすめ)は死(し)んだのではない。眠(ねむ)っているだけである」。[ルカによる福音書 8:52]
(사람들은 모두 딸아이 때문에 울면서 슬퍼하고 있었다. 예수께서는 말씀하셨다. "울지 마라. 그 아이는 죽은 것이 아니다. 자고 있을 뿐이다.") [누가복음 8:52]

よくよくあなたがたに言(い)っておく。あなたがたは泣(な)き悲(かな)しむが、この世(よ)は喜(よろこ)ぶであろう。あなたがたは憂(うれ)えているが、その憂(うれ)いは喜(よろこ)びに変(かわ)るであろう。[ヨハネによる福音書 16:20]
(분명히 너희에게 말해 둔다. 너희는 울면서 슬퍼하지만, 이 세상은 기뻐할 것이다. 너희는 걱정하지만, 그 근심은 기쁨으로 바뀔 것이다.) [요한복음 16:20]

[1]彼女(かのじょ)の苦(くる)しみに恐(おそ)れをいだき、遠(とお)くに立(た)って言(い)うであろう、『[2]ああ、禍(わざわい)だ、大(おお)いなる都(みやこ)、不落(ふらく)の都(みやこ)、バビロンは、禍(わざわい)だ。[3]おまえに対(たい)するさばきは、[4]一瞬(いっしゅん)にしてきた6)』。[ヨハネの黙示録 18:10]
(그녀의 고통에 두려움을 느끼고, 멀리 서서 말할 것이다. '아, 재앙이다, 큰 도읍, 난공불락의 도읍, 바빌론은 재앙이다. 너에 대한 심판은 한순간에 닥쳐왔다.') [18:10]

---

6) 첫째 탄식의 노래(18:9~18:10)는, 로마와 마찬가지로 우상 숭배에 빠진 왕들의 노래이다. 이 왕들은 [17:2]와 [18:3]에 나오는 왕들과 동일 인물이다(이사야 21:9, 예레미야 51:8, 에스겔 26:16~26:17, 27:30~27:35 참조). 이상은 フランシスコ会聖書研究所(1984)『新約聖書』サンパウロ. p. 955 주(18-8)에 의함.

[1] 彼女(かのじょ)の苦(くる)しみに恐(おそ)れをいだき、遠(とお)くに立(た)って言(い)うであろう、: 그녀의 고통에 두려움을 느끼고, 멀리 서서 말할 것이다.

「恐(おそ)れをいだき」는 「두려움을 느끼고」의 뜻으로 「いだき」는 「いだく」의 연용 중지법이다.

현대어의 「抱(だ)く」는 「いだく」의 음변화(音変化)의 결과 만들어진 문어적인 말씨로, 현재 「恋心(こいごころ)をいだく; 연심을 품다」「大志(たいし)をいだく; 큰 뜻을 품다」와 같이 감정 등 추상적인 것에는 「いだく」만 사용한다. 물리적인 것에 관해서는 보통 「恋人(こいびと)を抱(だ)く; 연인을 안다」「犬(いぬ)を抱(だ)く; 개를 안다」와 같이 「抱(だ)く」를 사용하는데, 소중한 것을 품고 있는 상태를 나타낼 때에는 「いだく」를 사용하는 경우가 있다.

[例] 赤(あか)ちゃんを抱(だ)く。[갓난아이를 손에 들고 가슴에 가까이 대는 동작]
赤(あか)ちゃんをいだく。[갓난아이를 가슴으로 소중히 떠받치고 있는 상태] 〈「抱(だ)いている」라고도 한다.〉

1. 구어역 성서에 있어서의 「抱(だ)く」의 예

[例] わたしがこのすべての民(たみ)を、はらんだのですか。わたしがこれを生(う)んだのですか。そうではないのに、あなたはなぜわたしに『養(やしな)い親(おや)が乳児(にゅうじ)を抱(だ)くように、彼(かれ)らをふところに抱(だ)いて、あなたが彼(かれ)らの先祖(せんぞ)たちに誓(ちか)われた地(ち)に行(い)け』と言(い)われるのですか。[民数記 11:12]
(제가 이 모든 백성을 잉태한 것입니까? 제가 이것을(이들을) 낳은 것입니까? 그렇지 않은데도, 주께서는 '양부모(유모)가 젖먹이를 품는 것처럼, 그들을 품에 품고, 주께서 그들의 선조들에게 맹세하신 땅에 가라.' 라고 말씀하십니까?) [민수기 11:12]

あなたがたはまた荒野(あらの)で、あなたの神(かみ)、主(しゅ)が、人(ひと)

のその子(こ)を抱(だ)くように、あなたを抱(だ)かれるのを見(み)た。あなたがたが、この所(ところ)に来(く)るまで、その道(みち)すがら、いつもそうであった』。[申命記 1:31]
(너희는 또 광야에서 너희의 하나님 주께서, 사람이 그 아들을 안는 것처럼 너를 안으시는 것을 보았다. 너희가 이 곳에 올 때까지, 그 길가는 도중 줄곧 항상 그러했다.) [신명기 1:31]

エリシャは言(い)った、「来年(らいねん)の今(いま)ごろ、あなたはひとりの子(こ)を抱(だ)くでしょう」。彼女(かのじょ)は言(い)った、「いいえ、わが主(しゅ)よ、神(かみ)の人(ひと)よ、はしためを欺(あざむ)かないでください」。[列王紀下 4:16]
(엘리사가 말하였다. "내년 이맘때, 부인께서는 한 아들을 안을 것입니다." 그녀는 말했다. "아니오, 선생님! 하나님의 사람이여! 하녀를 속이지 마십시오.") [열왕기하 4:16]

石(いし)を投(な)げるに時(とき)があり、石(いし)を集(あつ)めるに時(とき)があり、抱(だ)くに時(とき)があり、抱(だ)くことをやめるに時(とき)があり、[伝道の書 3:5]
(돌을 던질 때가 있고, 돌을 모을 때가 있고, 품을 때가 있고, 품는 것을 그만둘 때가 있고,) [전도서 3:5]

しゃこが自分(じぶん)が産(う)んだのではない卵(たまご)を抱(だ)くように、不正(ふせい)な財産(ざいさん)を得(え)る者(もの)がある。その人(ひと)は一生(いっしょう)の半(なか)ばにそれから離(はな)れて、その終(おわ)りには愚(おろ)かな者(もの)となる。[エレミヤ書 17:11]
(자고새가 자기가 낳은 것이 아닌 알을 품는 것처럼, 부정한 재산을 얻는 사람이 있다. 그 사람은 평생의 절반이 지나갈 때 그것에서 멀어지고, 그 끝에는 어리석은 사람이 될 것이다.) [예레미야 17:11]

II. 구어역 성서에 있어서의 「いだく」의 예

[例] もしある人(ひと)が、相手(あいて)のおとめに対(たい)して、情熱(じょうねつ)をいだくようになった場合(ばあい)、それは適当(てきとう)でないと思(おも)いつつも、やむを得(え)なければ、望(のぞ)みどおりにしてもよい。それは罪(つみ)を犯(おか)すことではない。ふたりは結婚(けっこん)するがよい。[コリント人への第一の手紙 7:36]

(만일 어떤 이가 상대 처자에 대해 정열을 품는 것처럼 된 경우, 그것은 적당하지 않다고 생각하면서도, 어쩔 수 없다면, 원하는 대로 해도 좋다. 그것은 죄를 짓는 것이 아니다. 두 사람은 결혼하라.) [고린도전서 7:36]

あなたがたはいささかもわたしと違(ちが)った思(おも)いをいだくことはないと、主(しゅ)にあって信頼(しんらい)している。しかし、あなたがたを動揺(どうよう)させている者(もの)は、それがだれであろうと、さばきを受(う)けるであろう。[ガラテヤ人への手紙 5:10]

(여러분은 조금도 나와 다른 생각을 품지 않으리라고 주님 안에서 신뢰하고 있다. 그러나 여러분을 동요시키는 사람은, 그것이 누구이든 심판을 받을 것이다.) [갈라디아서 5:10]

罪(つみ)を犯(おか)した者(もの)に対(たい)しては、ほかの人々(ひとびと)も恐(おそ)れをいだくに至(いた)るために、すべての人(ひと)の前(まえ)でその罪(つみ)をとがむべきである。[テモテへの第一の手紙 5:20]

(죄를 지은 사람에 대해서는 다른 사람들도 두려움을 가지게 되도록 모든 사람들 앞에서 그 죄를 책망해야 한다.) [디모데전서 5:20]

あなたがたは、真理(しんり)に従(したが)うことによって、たましいをきよめ、偽(いつわ)りのない兄弟愛(きょうだいあい)をいだくに至(いた)ったのであるから、互(たがい)に心(こころ)から熱(あつ)く愛(あい)し合(あ)いなさい。[ペテロの第一の手紙 1:22]

(여러분은 진리에 복종함으로써, 영혼을 정결하게 해서, 꾸밈없이 서로 사랑하기에 이르렀으니, 순결한 마음으로 서로 뜨겁게 사랑하십시오.) [베드로전서 1:22]

疑(うたが)いをいだく人々(ひとびと)があれば、彼(かれ)らをあわれみ、[ユダの手紙 1:22]
(의심을 품는 사람들이 있으면 그들을 동정해 주고,) [유다서 1:22]

あなたが心(こころ)にいだく恐(おそ)れと、目(め)に見(み)るものによって、朝(あさ)には『ああ夕(ゆう)であればよいのに』と言(い)い、夕(ゆう)には『ああ朝(あさ)であればよいのに』と言(い)うであろう。[申命記 28:67]
(너희가 마음에 품는 두려움과, 눈으로 보는 것에 의해, 아침에는 '아, 저녁이면 좋겠는데,' 라고 하고, 저녁에는 '아, 아침이면 좋겠는데,' 라고 말할 것이다.) [신명기 28:67]

悪(あ)しき者(もの)および悪(あく)を行(おこな)う者(もの)らと共(とも)にわたしを引(ひ)き行(ゆ)かないでください。彼(かれ)らはその隣(とな)り人(びと)とむつまじく語(かた)るけれども、その心(こころ)には害悪(がいあく)をいだく者(もの)です。[詩篇 28:3]
(악한 사람 및 악을 행하는 사람들과 함께 나를 끌고 가지 마십시오. 그들은 그 이웃에게 정답게 말하지만 그 마음에는 해악을 품는 사람입니다.) [시편 28:3]

わたしは朝(あさ)早(はや)く起(お)き出(で)て呼(よ)ばわります。わたしはみ言葉(ことば)によって望(のぞ)みをいだくのです。[詩篇 119:147]
(나는 아침 일찍 일어나서 울부짖습니다. 나는 주의 말씀에 의해 희망을 품습니다.) [시편 119:147]

それを尊(たっと)べ、そうすれば、それはあなたを高(たか)くあげる、もしそれをいだくならば、それはあなたを尊(たっと)くする。[箴言 4:8]
(그것을(지혜를) 존중하라. 그러면, 그것은 너를 높게 올린다. 만일 그것을 품는다면, 그것은 너를 존귀하게 한다.) [잠언 4:8]

わが子(こ)よ、どうして遊女(ゆうじょ)に迷(まよ)い、みだらな女(おんな)の胸(むね)をいだくのか。[箴言 5:20]
(내 아들아, 어찌하여 유녀에게 빠져, 음란한 여자의 가슴을 껴안겠느냐?) [잠언

5:20]

憎(にく)む者(もの)はくちびるをもって自(みずか)ら飾(かざ)るけれども、心(こころ)のうちには偽(いつわ)りをいだく。[箴言 26:24]
(남을 미워하는 사람은 입술로 몸소 꾸미지만 마음속에는 거짓을 품고 있다.) [잠언 26:24]

罪(つみ)びとで百度(ひゃくど)悪(あく)をなして、なお長生(ながい)きするものがあるけれども、神(かみ)をかしこみ、み前(まえ)に恐(おそ)れをいだく者(もの)には幸福(こうふく)があることを、わたしは知(し)っている。[伝道の書 8:12]
(죄인으로 백 번 악을 행하고 여전히 오래 사는 사람이 있지만, 하나님을 외경하며, 하나님 앞에 두려움을 품는 사람에게는 행복이 있는 것을 나는 안다.) [전도서 8:12]

しかし、わたしはこの事(こと)を心(こころ)に思(おも)い起(お)こす。それゆえ、わたしは望(のぞ)みをいだく。[哀歌 3:21]
(그러나 나는 이것을 마음에 생각해낸다. 그러므로 나는 소망을 품는다.) [예레미야애가 3:21]

主(しゅ)はねたみ、かつあだを報(むく)いる神(かみ)、主(しゅ)はあだを報(むく)いる者(もの)、また憤(いきどお)る者(もの)、主(しゅ)はおのがあだに報復(ほうふく)し、おのが敵(てき)に対(たい)して憤(いきどお)りをいだく。[ナホム書 1:2]
(주께서는 질투하고 또한 원수를 갚는 하나님, 주님께서는 원수를 갚는 사람, 또 진노하는 사람, 주님께서는 그 분의 원수에게 보복하고, 그 분의 적에 대해 분개를 품는다.) [나훔 1:2]

望(のぞ)みをいだく捕(とら)われ人(びと)よ、あなたの城(しろ)に帰(かえ)れ。わたしはきょうもなお告(つ)げて言(い)う、必(かなら)ず倍(ばい)して、あなたをもとに返(かえ)すことを。[ゼカリヤ書 9:12]

(희망을 품는, 사로잡힌 사람들아, 너희 성에 돌아가라. 나는 오늘 다시 알리고 말한다. 반드시 배로 해서 너를 원래 있는 곳으로 돌려줄 것을.) [스가랴 9:12]

[2] ああ、禍(わざわい)だ、大(おお)いなる都(みやこ)、不落(ふらく)の都(みやこ)、バビロンは、禍(わざわい)だ。: 아, 재앙이다, 큰 도읍, 난공불락의 도읍, 바빌론은 재앙이다.

본 절의 「不落(ふらく)の都(みやこ)」의 「不落(ふらく)」는 성 등이 공격해도 함락되지 않는 것. 즉 「難攻不落(なんこうふらく)」의 뜻으로 쓰이고 있다.

「大(おお)いなる都(みやこ)、不落(ふらく)の都(みやこ)、バビロンは、」가 타 번역본에서는 다음과 같이 서술되고 있다.

[例] 大(おお)なる都(みやこ)、堅固(けんご)なる都(みやこ)バビロン！[塚本訳1963]
(큰 도읍, 견고한 도읍 바빌론!)

大(おお)きな都(みやこ)よ。力強(ちからづよ)い都(みやこ)、バビロンよ。[新改訳1970]
(큰 도읍이여, 강력한 도읍 바빌론이여.)

偉大(いだい)な町(まち)、強(つよ)い町(まち)バビロン。[前田訳1978]
(위대한 성읍, 강한 도읍 바빌론.)

大(おお)きな都(みやこ)よ、力強(ちからづよ)い都(みやこ)バビロンよ、[フランシスコ会訳1984]
(큰 도읍이여, 강력한 도읍 바빌론이여.)

大(おお)いなる都(みやこ)、/ 強大な都(みやこ)バビロン、[新共同訳1987]
(큰 도읍, / 강대한 도읍 바빌론,)

大(おお)いなる都(みやこ)、強大なる都(みやこ)バビロンは、[岩波翻訳委員会訳1995]
(큰 도읍, 강대한 도읍 바빌론은.)

[3] おまえに対(たい)する裁(さば)きは、: 너에 대한 심판은,

「おまえ」는 2인칭 대명사로 현대어에서는 남성이 친밀한 사이에서 경어적 동위자나 하위자에게 사용하는 말인데, 구어역 신약성서에서는 다음과 같이 사용되고 있다.

Ⅰ.「おまえ」

[例]『ユダの地(ち)、ベツレヘムよ、おまえはユダの君(きみ)たちの中(なか)で、決(けっ)して最(もっと)も小(ちい)さいものではない。おまえの中(なか)からひとりの君(きみ)が出(で)て、わが民(たみ)イスラエルの牧者(ぼくしゃ)となるであろう』。[マタイによる福音書 2:6]
('유대 땅, 베들레헴아, 너는 유대 통치자들 가운데서 결코 가장 작은 것이 아니다. 너 중에서 한 통치자가 나와, 내 백성 이스라엘의 목자가 될 것이다.'") [마태복음 2:6]

ああ、カペナウムよ、おまえは天(てん)にまで上(あ)げられようとでもいうのか。黄泉(よみ)にまで落(お)とされるであろう。おまえの中(なか)でなされた力(ちから)あるわざが、もしソドムでなされたなら、その町(まち)は今日(きょう)までも残(のこ)っていたであろう。[マタイによる福音書 11:23]
(아, 가버나움아, 너는 하늘에까지 올라가려고 말하느냐? 지옥에까지 떨어질 것이다. 너 가버나움 안에서 행해진 기적들이 만일 소돔에서 이루어졌다면, 그 도시는 오늘까지도 남아 있었을 것이다.) [마태복음 11:23]

しかし、あなたがたに言(い)う。さばきの日(ひ)には、ソドムの地(ち)の方(ほう)がおまえよりは耐(た)えやすいであろう」。[マタイによる福音書 11:24]

(그러나 너희에게 말한다. 심판 날에는 소돔 땅이 너보다도 견디기 쉬울 것이다.")
[마태복음 11:24]

そして、道(みち)のかたわらに一本(いっぽん)のいちじくの木(き)があるのを見(み)て、そこに行(い)かれたが、ただ葉(は)のほかは何(なに)も見当(みあた)らなかった。そこでその木(き)にむかって、「今(いま)から後(のち)いつまでも、おまえには実(み)がならないように」と言(い)われた。すると、いちじくの木(き)はたちまち枯(か)れた。[マタイによる福音書 21:19]
(그리고 길가에 무화과나무 한 그루가 있는 것을 보고, 거기에 가셨지만, 단지 잎사귀 밖에는 아무것도 보이지 않았다. 거기에서 그 나무를 향해, "이제부터 나중에 언제까지나 너에는 열매를 열리지 마라." 라고 말씀하셨다. 그러자 무화과나무가 순식간에 말라 버렸다.) [마태복음 21:19]

ああ、エルサレム、エルサレム、預言者(よげんしゃ)たちを殺(ころ)し、おまえにつかわされた人(ひと)たちを石(いし)で打(う)ち殺(ころ)す者(もの)よ。ちょうど、めんどりが翼(つばさ)の下(した)にそのひなを集(あつ)めるように、わたしはおまえの子(こ)らを幾(いく)たび集(あつ)めようとしたことであろう。それだのに、おまえたちは応(おう)じようとしなかった。[マタイによる福音書 23:37]
(아, 예루살렘아, 예루살렘아, 예언자들을 죽이고, 네게 보내진 사람들을 돌로 쳐 죽이는 사람들아, 마치 암탉이 날개 아래에 그 병아리를 모으듯이 나는 네 자녀를 몇 번이나 모으려고 한 것인가? 그럼에도 너희는 응하려고 하지 않았다.) [마태복음 23:37]

イエスは群衆(ぐんしゅう)が駆(か)け寄(よ)って来(く)るのをごらんになって、けがれた霊(れい)をしかって言(い)われた、「おしとつんぼの霊(れい)よ、わたしがおまえに命(めい)じる。この子(こ)から出(で)て行(い)け。二度(にど)と、はいって来(く)るな」。[マルコによる福音書 9:25]
(예수께서는 군중이 달려들어 오는 것을 보시고, 더러운 악령을 꾸짖어 말씀하셨다. "벙어리와 귀머거리 악령아, 내가 너에게 명한다. 이 아이에게서 나가라. 두

번 다시 들어오지 마라.") [마가복음 9:25]

イエスは立(た)ちどまって「彼(かれ)を呼(よ)べ」と命(めい)じられた。そこで、人々(ひとびと)はその盲人(もうじん)を呼(よ)んで言(い)った、「喜(よろこ)べ、立(た)て、おまえを呼(よ)んでおられる」。[マルコによる福音書 10:49]
(예수께서는 걸음을 멈추고, "그를 불러라." 라고 명하셨다. 그래서 사람들은 그 눈먼 사람을 불러 말했다. "기뻐하라. 서서 너를 부르고 계신다.") [마가복음 10:49]

そこで、イエスはその木(き)にむかって、「今(いま)から後(のち)いつまでも、おまえの実(み)を食(た)べる者(もの)がないように」と言(い)われた。弟子(でし)たちはこれを聞(き)いていた。[マルコによる福音書 11:14]
(그러자 예수께서는 그 나무를 향해, "이제부터 나중에 언제까지나 네 열매를 먹는 사람이 없을 것이다." 라고 말씀하셨다. 제자들은 이것을 듣고 있었다.) [마가복음 11:14]

ああ、カペナウムよ、おまえは天(てん)にまで上(あ)げられようとでもいうのか。黄泉(よみ)にまで落(おと)されるであろう。[ルカによる福音書 10:15]
(아, 가버나움아, 너는 하늘에까지 올라가려고 하는 것이냐? 지옥에까지 떨어질 것이다.) [누가복음 10:15]

そして自分(じぶん)の魂(たましい)に言(い)おう。たましいよ、おまえには長年(ながねん)分(ぶん)の食糧(しょくりょう)がたくさんたくわえてある。さあ安心(あんしん)せよ、食(く)え、飲(の)め、楽(たの)しめ』。[ルカによる福音書 12:19]
(그리고 내 영혼에게 말하겠다. 영혼아, 너에게는 여러 해 동안 쓸 식량이 비축되어 있다. 자, 안심하라. 먹어라, 마셔라, 즐겨라.') [누가복음 12:19]

ああ、エルサレム、エルサレム、預言者(よげんしゃ)たちを殺(ころ)し、おまえにつかわされた人々(ひとびと)を石(いし)で打(う)ち殺(ころ)す者(もの)よ。ちょうどめんどりが翼(つばさ)の下(した)にひなを集(あつ)めるよう

に、わたしはおまえの子(こ)らを幾(いく)たび集(あつ)めようとしたことであろう。それだのに、おまえたちは応(おう)じようとしなかった。[ルカによる福音書 13:34]

(아, 예루살렘아, 예루살렘아, 예언자들을 죽이고, 네게 보내진 사람들을 돌로 쳐 죽이는 사람들아, 암탉이 날개 아래에 병아리를 모으듯이, 나는 네 자녀를 몇 번이나 모으려고 했느냐? 그럼에도 너희는 응하려고 하지 않았다.) [누가복음 13:34]

「もしおまえも、この日(ひ)に、平和(へいわ)をもたらす道(みち)を知(し)ってさえいたら……しかし、それは今(いま)おまえの目(め)に隠(かく)されている。[ルカによる福音書 19:42]

("만일 너도 이 날, 평화를 가져오는 길을 알고 있었더라면 얼마나 좋았겠느냐! 그러나 그것은 지금 너의 날에 숨겨져 있다.) [누가복음 19:42]

いつかは、敵(てき)が周囲(しゅうい)に塁(るい)を築(きず)き、おまえを取(と)りかこんで、四方(しほう)から押(お)し迫(せま)り、[ルカによる福音書 19:43]

(언젠가는 원수가 주위에 보루를 쌓고, 너를 포위하고, 사방에서 다가오고,) [누가복음 19:43]

おまえとその内(うち)にいる子(こ)らとを地(ち)に打(う)ち倒(たお)し、城内(じょうない)の一(ひと)つの石(いし)も他(た)の石(いし)の上(うえ)に残(のこ)して置(お)かない日(ひ)が来(く)るであろう。それは、おまえが神(かみ)のおとずれの時(とき)を知(し)らないでいたからである」。[ルカによる福音書 19:44]

(너와 그 안에 있는 자녀들을 땅에 쳐서 쓰러뜨리고, 성내의 돌 하나도 다른 돌 위에 남겨 두지 않는 날이 올 것이다. 그것은 네가 하나님께서 오실 때를, 모르고 있었기 때문이다.") [누가복음 19:44]

もうひとりは、それをたしなめて言(い)った、「おまえは同(おな)じ刑(けい)を受(う)けていながら、神(かみ)を恐(おそ)れないのか。[ルカによる福音書

23:40]
(또 한 사람은 그것을(그를) 꾸짖으며 말하였다. "너는 똑같은 형을 받고 있으면서 하나님을 두려워하지 않느냐?) [누가복음 23:40]

そこで人々(ひとびと)は彼(かれ)に言(い)った、「では、おまえの目(め)はどうして開(あ)いたのか」。[ヨハネによる福音書 9:10]
(그러자 사람들은 그에게 말했다. "그럼, 네 눈은 어떻게 보이게 되었느냐?") [요한복음 9:10]

そこで彼(かれ)らは、もう一度(いちど)この盲人(もうじん)に聞(き)いた、「おまえの目(め)を開(あ)けてくれたその人(ひと)を、どう思(おも)うか」。「預言者(よげんしゃ)だと思(おも)います」と彼(かれ)は言(い)った。[ヨハネによる福音書 9:17]
(그러자 그들은 다시 한 번 이 맹인에게 물었다. "네 눈을 뜨게 해 준 그 사람을 어떻게 생각하느냐?" "예언자라고 생각합니다." 라고 그는 말했다.) [요한복음 9:17]

そこで彼(かれ)らは言(い)った、「その人(ひと)はおまえに何(なに)をしたのか。どんなにしておまえの目(め)を開(あ)けたのか」。[ヨハネによる福音書 9:26]
(그러자 그들은 말했다. "그 사람은 네게 무엇을 했느냐? 어떻게 네 눈을 뜨게 하였느냐?") [요한복음 9:26]

そこで彼(かれ)らは彼(かれ)を罵(ののし)って言(い)った、「おまえはあれの弟子(でし)だが、わたしたちはモーセの弟子(でし)だ。[ヨハネによる福音書 9:28]
(그러자 그들은 그에게 욕을 퍼붓고 말했다. "너는 그 사람의 제자지만 우리는 모세의 제자이다.") [요한복음 9:28]

これを聞(き)いて彼(かれ)らは言(い)った、「おまえは全(まった)く罪(つみ)の中(なか)に生(うま)れていながら、わたしたちを教(おし)えようとするのか」。そして彼(かれ)を外(そと)へ追(お)い出(だ)した。[ヨハネによる福音書 9:34]

(이것을 듣고 그들은 말했다. "너는 정말 죄 가운데에 태어났으면서도 우리를 가르치려고 하느냐?" 그리고 그를 밖으로 내쫓았다.) [요한복음 9:34]

そこで、ペテロが彼(かれ)に言(い)った、「おまえの金(かね)は、おまえもろとも、うせてしまえ。神(かみ)の賜物(たまもの)が、金(かね)で得(え)られるなどと思(おも)っているのか。[使徒行伝 8:20]
(그래서 베드로가 그에게 말하였다. "네 돈은 너와 함께 없어져 버려. 하나님의 선물이 돈으로 얻을 수 있다는 식으로 생각하고 있느냐?) [사도행전 8:20]

おまえの心(こころ)が神(かみ)の前(まえ)に正(ただ)しくないから、おまえは、とうてい、この事(こと)にあずかることができない。[使徒行伝 8:21]
(네 마음이 하나님 앞에 바르지 못하니, 너는 도저히 이 일에 참여할 수가 없다.) [사도행전 8:21]

おまえには、まだ苦(にが)い胆汁(たんじゅう)があり、不義(ふぎ)のなわ目(め))がからみついている。それが、わたしにわかっている」。[使徒行伝 8:23]
(너에게는 아직 쓴 담즙이 있고, 불의의 새끼줄의 매듭이 달라붙어 있다. 그것을 나는 알고 있다.") [사도행전 8:23]

見(み)よ、主(しゅ)のみ手(て)がおまえの上(うえ)に及(およ)んでいる。おまえは盲(めくら)になって、当分(とうぶん)、日(ひ)の光(ひかり)が見(み)えなくなるのだ」。たちまち、かすみとやみとが彼(かれ)にかかったため、彼(かれ)は手(て)さぐりしながら、手(て)を引(ひ)いてくれる人(ひと)を捜(さが)しまわった。[使徒行伝 13:11]
(보아라, 주님의 손이 너 위에 미치고 있다. 너는 눈이 멀어서 당분간은 햇빛을 보지 못할 것이다." 순식간에 안개와 어둠이 그를 덮어서, 그는 손으로 더듬으면서, 손을 잡아 줄 사람을 찾아 다녔다.) [사도행전 13:11]

パウロが兵営(へいえい)の中(なか)に連(つ)れて行(い)かれようとした時(とき)、千卒長(せんそつちょう)に、「ひと言(こと)あなたにお話(はな)してもよろしいですか」と尋(たず)ねると、千卒長(せんそつちょう)が言(い)っ

た、「おまえはギリシヤ語(ご)が話(はな)せるのか」。[使徒行伝 21:37]
(바울이 병영 안으로 끌려가려고 할 때, 천부장에게 "한 마디 말씀을 드려도 됩니까?" 하고 묻자, 천부장이 말했다. "너는 그리스어를 할 줄 아느냐?) [사도행전 21:37]

では、もしかおまえは、先(さき)ごろ反乱(はんらん)を起(お)こした後(のち)、四千人(よんせんにん)の刺客(しかく)を引(ひ)き連(つ)れて荒野(あらの)へ逃(に)げて行(い)ったあのエジプト人(じん)ではないのか」。[使徒行伝 21:38]
(그럼, 만일 너는 얼마 전에 반란을 일으킨 다음, 사천 명의 자객을 이끌고 광야로 도망간 그 이집트 사람이 아니냐?") [사도행전 21:38]

「訴(うった)え人(びと)たちがきた時(とき)に、おまえを調(しら)べることにする」と言(い)った。そして、ヘロデの官邸(かんてい)に彼(かれ)を守(まも)っておくように命(めい)じた。[使徒行伝 23:35]
("고소하는 사람들이 왔을 때, 너를 조사하기로 하겠다.") 라고 말했다. 그리고 헤롯 관저에 그를 지키고 있으라고 명하였다.) [사도행전 23:35]

ところが、フェストはユダヤ人(じん)の歓心(かんしん)を買(か)おうと思(おも)って、パウロにむかって言(い)った、「おまえはエルサレムに上(のぼ)り、この事件(じけん)に関(かん)し、わたしからそこで裁判(さいばん)を受(う)けることを承知(しょうち)するか」。[使徒行伝 25:9]
(그런데, 베스도는 유대 사람의 환심을 사고자 하여, 바울을 향해 말했다. "너는 예루살렘으로 올라가서, 이 사건에 관해 나로부터 거기에서 재판을 받는 것을 아는가?") [사도행전 25:9]

そこでフェストは、陪席(ばいせき)の者(もの)たちと協議(きょうぎ)したうえ答(こた)えた、「おまえはカイザルに上訴(じょうそ)を申(もう)し出(で)た。カイザルのところに行(い)くがよい」。[使徒行伝 25:12]
(그 때, 베스도는 임석한 사람들과 협의한 다음 대답했다, "너는 황제에게 상소를 신청했다. 황제에게 가라.") [사도행전 25:12]

アグリッパはパウロに、「おまえ自身(じしん)のことを話(はな)してもよい」と言(い)った。そこでパウロは、手(て)をさし伸(の)べて、弁明(べんめい)をし始(はじ)めた。[使徒行伝 26:1]
(아그립바 왕이 바울에게 "네 자신에 관해 말해도 좋다." 라고 말했다. 그러자 바울은 손을 뻗어 변명을 하기 시작하였다.) [사도행전 26:1]

パウロがこのように弁明(べんめい)をしていると、フェストは大声(おおごえ)で言(い)った、「パウロよ、おまえは気(き)が狂(くる)っている。博学(はくがく)が、おまえを狂(くる)わせている」。[使徒行伝 26:24]
(바울이 이렇게 변명을 하고 있자, 베스도는 큰소리로 말했다. "바울아, 네가 미쳤구나. 네 많은 학문이 너를 미치게 하였구나.") [사도행전 26:24]

アグリッパがパウロに言(い)った、「おまえは少(すこ)し説(と)いただけで、わたしをクリスチャンにしようとしている」。[使徒行伝 26:28]
(아그립바 왕이 바울에게 말했다. "너는 조금 설명만 해서, 나를 크리스천으로 하려고 하고 있다.") [사도행전 26:28]

目(め)は手(て)にむかって、「おまえはいらない」とは言(い)えず、また頭(あたま)は足(あし)にむかって、「おまえはいらない」とも言(い)えない。[コリント人への第一の手紙 12:21]
(눈은 손을 향해, "너는 필요 없다." 라고는 말할 수 없고, 또 머리는 다리를 향해, "너는 필요 없다." 라고도 말할 수도 없다.) [고린도전서 12:21]

「死(し)は勝利(しょうり)にのまれてしまった。死(し)よ、おまえの勝利(しょうり)は、どこにあるのか。死(し)よ、おまえのとげは、どこにあるのか」。[コリント人への第一の手紙 15:55]
("죽음은 승리가 삼켜 버렸다. 죽음아, 너의 승리는 어디에 있느냐? 죽음아, 네 가시는 어디에 있느냐?") [고린도전서 15:55]

御使(みつかい)のかしらミカエルは、モーセの死体(したい)について悪魔(あくま)と論(ろん)じ争(あらそ)った時(とき)、相手(あいて)をののしりさば

くことはあえてせず、ただ、「主(しゅ)がおまえを戒(いまし)めて下(くだ)さるように」と言(い)っただけであった。[ユダの手紙 1:9]
(천사장 미가엘은 모세의 시체에 관해, 악마와 다투면서 논쟁했을 때, 차마 상대를 모욕하고 심판하는 것은 하지 않고, "주께서 너를 경고해 주시기를 바란다." 라고 말했을 뿐이었다.) [유다서 1:9]

II. 「おまえたち」

[例] ヨハネは、パリサイ人(びと)やサドカイ人(びと)が大(おお)ぜいバプテスマを受(う)けようとしてきたのを見(み)て、彼(かれ)らに言(い)った、「まむしの子(こ)らよ、迫(せま)ってきている神(かみ)の怒(いか)りから、おまえたちはのがれられると、だれが教(おし)えたのか。[マタイによる福音書 3:7]
(요한은 바리새파 사람과 사두개파 사람이 많이 세례를 받으려고 해서 온 것을 보고, 그들에게 말하였다. "살무사의 자식들아, 닥쳐올 하나님의 진노로부터 너희는 도망칠 수 있다고, 누가 가르쳤느냐?) [마태복음 3:7]

自分(じぶん)たちの父(ちち)にはアブラハムがあるなどと、心(こころ)の中(なか)で思(おも)ってもみるな。おまえたちに言(い)っておく、神(かみ)はこれらの石(いし)ころからでも、アブラハムの子(こ)を起(おこ)すことができるのだ。[マタイによる福音書 3:9]
(자기들 조상에는 아브라함이 있다는 등으로 마음속에서 생각해 보지도 마라. 너희에게 말해 둔다. 하나님께서는 이 돌멩이로도 아브라함의 자손을 일으킬 수가 있다.) [마태복음 3:9]

わたしは悔改(くいあらた)めのために、水(みず)でおまえたちにバプテスマを授(さず)けている。しかし、わたしのあとから来(く)る人(ひと)はわたしよりも力(ちから)のあるかたで、わたしはそのくつをぬがせてあげる値(ね)うちもない。このかたは、聖霊(せいれい)と火(ひ)とによっておまえたちにバプテスマをお授(さず)けになるであろう。[マタイによる福音書 3:11]

(나는 회개를 위해 물로 너희에게 세례를 준다. 그러나 내 뒤에 오는 사람은 나보다도 능력 있는 분으로 나는 그 신을 벗겨 드릴 자격조차 없다. 이 분은 성령과 불로 너희에게 세례를 주실 것이다.) [마태복음 3:11]

「わざわいだ、コラジンよ。わざわいだ、ベツサイダよ。おまえたちのうちでなされた力(ちから)あるわざが、もしツロとシドンでなされたなら、彼(かれ)らはとうの昔(むかし)に、荒布(あらぬの)をまとい灰(はい)をかぶって、悔(く)い改(あらた)めたであろう。[マタイによる福音書 11:21]
(“재앙이다, 고라신아, 재앙이다, 벳새다야. 너희 중에서 행해진 기적들이 만일 두로와 시돈에서 행해졌더라면, 오랜 옛날에 막치 천으로 만든 옷을 걸치고 재를 뒤집어쓰고, 회개하였을 것이다.) [마태복음 11:21]

しかし、おまえたちに言(い)っておく。さばきの日(ひ)には、ツロとシドンの方(ほう)がおまえたちよりも、耐(た)えやすいであろう。[マタイによる福音書 11:22]
(그러나 너희에게 말해 둔다. 심판 날에 두로와 시돈이 너희보다도 견디기 쉬울 것이다.) [마태복음 11:22]

見(み)よ、おまえたちの家(いえ)は見捨(みす)てられてしまう。[マタイによる福音書 23:38]
(보아라, 너희의 집은 버림을 받게 될 것이다.) [마태복음 23:38]

わたしは言(い)っておく、『主(しゅ)の御名(みな)によってきたる者(もの)に、祝福(しゅくふく)あれ』とおまえたちが言(い)う時(とき)までは、今後(こんご)ふたたび、わたしに会(あ)うことはないであろう」。[マタイによる福音書 23:39]
(나는 말해 둔다. '주님의 이름으로 오는 사람에게 축복이 있을지어라.' 라고 너희가 말할 때까지는 앞으로 다시 나를 만나지는 않을 것이다.") [마태복음 23:39]

それで、彼(かれ)らが集(あつ)まったとき、ピラトは言(い)った、「おまえたちは、だれをゆるしてほしいのか。バラバか、それとも、キリストといわれ

るイエスか」。[マタイによる福音書 27:17]
(그래서 그들이 모였을 때, 빌라도는 말하였다. "너희는 누구를 사면해 달라고 하는 것이냐? 바라바인가 그렇지 않으면 그리스도라고 하는 예수인가.") [마태복음 27:17]

ピラトは手(て)のつけようがなく、かえって暴動(ぼうどう)になりそうなのを見(み)て、水(みず)を取(と)り、群衆(ぐんしゅう)の前(まえ)で手(て)を洗(あら)って言(い)った、「この人(ひと)の血(ち)について、わたしには責任(せきにん)がない。おまえたちが自分(じぶん)で始末(しまつ)をするがよい」。[マタイによる福音書 27:24]
(빌라도는 어찌할 방법이 없이, 도리어 민란이 일어나려는 것을 보고, 물을 가져다가 군중 앞에서 손을 씻고 말했다. "이 사람의 피에 관해, 나에게는 책임이 없다. 너희가 직접 처리하라.") [마태복음 27:24]

ピラトは彼(かれ)らにむかって、「おまえたちはユダヤ人(じん)の王(おう)をゆるしてもらいたい〈希望〉のか」と言(い)った。[マルコによる福音書 15:9]
(빌라도는 그들을 향해, "너희는 유대인의 왕을 사면해 주기를 바라는 거냐?" 라고 말했다.) [마가복음 15:9]

そこでピラトはまた彼(かれ)らに言(い)った、「それでは、おまえたちがユダヤ人(じん)の王(おう)と呼(よ)んでいるあの人(ひと)は、どうしたらよいか」。[マルコによる福音書 15:12]
(그래서 빌라도는 그들에게 말하였다. "그러면, 너희가 유대인의 왕이라고 부르는 그 사람은 어떻게 하면 좋으냐?") [마가복음 15:12]

さて、ヨハネは、彼(かれ)からバプテスマを受(う)けようとして出(で)てきた群衆(ぐんしゅう)にむかって言(い)った、「まむしの子(こ)らよ、迫(せま)ってきている神(かみ)の怒(いか)りから、のがれられると、おまえたちにだれが教(おし)えたのか。[ルカによる福音書 3:7]
(그런데 요한은 그들로부터 세례를 받으려고 나온 군중들을 향해 말하였다. "살무

사의 자식들아, 다가올 하나님의 진노에서 피할 수 있다고 너희에게 누가 가르쳤느냐?) [누가복음 3:7]

だから、悔改(くいあらた)めにふさわしい実(み)を結(むす)べ。自分(じぶん)たちの父(ちち)にはアブラハムがあるなどと、心(こころ)の中(なか)で思(おも)ってもみるな。おまえたちに言(い)っておく。神(かみ)はこれらの石(いし)ころからでも、アブラハムの子(こ)を起(おこ)すことができるのだ。[ルカによる福音書 3:8]
(따라서 회개에 적합한 열매를 맺어라. 자기들 조상에는 아브라함이 있다는 등, 마음속에서 생각해 보지도 마라. 너희에게 말해 둔다. 하나님께서는 이 돌멩이로도 아브라함의 자손을 일으킬 수 있다.) [누가복음 3:8]

そこでヨハネはみんなの者(もの)にむかって言(い)った、「わたしは水(みず)でおまえたちにバプテスマを授(さず)けるが、わたしよりも力(ちから)のあるかたが、おいでになる。わたしには、そのくつのひもを解(と)く値(ね)うちもない。このかたは、聖霊(せいれい)と火(ひ)とによっておまえたちにバプテスマをお授(さず)けになるであろう。[ルカによる福音書 3:16]
(그래서 요한은 모든 사람을 향해 말하였다. "나는 물로 너희에게 세례를 주지만, 나보다도 능력이 있는 분이 오신다. 나에게는 그 신발 끈을 풀 자격조차 없다. 이 분은 성령과 불로 너희에게 세례를 주실 것이다.) [누가복음 3:16]

わざわいだ、コラジンよ。わざわいだ、ベツサイダよ。おまえたちの中(なか)でなされた力(ちから)あるわざが、もしツロとシドンでなされたなら、彼(かれ)らはとうの昔(むかし)に、荒布(あらぬの)をまとい灰(はい)の中(なか)にすわって、悔(く)い改(あらた)めたであろう。[ルカによる福音書 10:13]
("재앙이다, 고라신아, 재앙이다, 벳새다야. 너희 중에서 행해진 기적들이 만일 두로와 시돈에서 행해졌더라면, 오랜 옛날에 막치 천으로 만든 옷을 걸치고 재를 뒤집어쓰고, 회개하였을 것이다.) [누가복음 10:13]

しかし、さばきの日(ひ)には、ツロとシドンの方(ほう)がおまえたちよりも、耐(た)えやすいであろう。[ルカによる福音書 10:14]

(그러나 심판 날에는 두로와 시돈이 너희보다도 견디기 쉬울 것이다.) [누가복음 10:14]

見(み)よ、おまえたちの家(いえ)は見捨(みす)てられてしまう。わたしは言(い)って置(お)く、『主(しゅ)の名(な)によってきたるものに、祝福(しゅくふく)あれ』とおまえたちが言(い)う時(とき)の来(く)るまでは、再(ふたた)びわたしに会(あ)うことはないであろう」。[ルカによる福音書 13:35]
(보아라, 너희의 집은 버림을 받게 될 것이다. 나는 말해 둔다. '주의 이름으로 오는 이에게 축복이 있을지어다.' 라고 너희가 말할 때가 올 때까지는, 다시 나를 만나는 일은 없을 것이다.") [누가복음 13:35]

「おまえたちは、この人(ひと)を民衆(みんしゅう)を惑(まど)わすものとしてわたしのところに連(つ)れてきたので、おまえたちの面前(めんぜん)でしらべたが、訴(うった)え出(で)ているような罪(つみ)は、この人(ひと)に少(すこ)しもみとめられなかった。[ルカによる福音書 23:14]
("너희는 이 사람을 민중을 오도하는 자로서 나한테 끌고 왔기 때문에, 너희 면전에서 조사했지만, 고소한 것과 같은 죄는 이 사람에게 조금도 인정되지 않았다.) [누가복음 23:14]

尋(たず)ねて言(い)った、「これが、生(うま)れつき盲人(もうじん)であったと、おまえたちの言(い)っている息子(むすこ)か。それではどうして、いま目(め)が見(み)えるのか」。[ヨハネによる福音書 9:19]
(물으며 말했다. "이 사람이 태어나면서부터 맹인이었다고, 너희가 말하고 있는 아들이냐? 그러면 어떻게 지금 눈이 보이게 되었느냐?") [요한복음 9:19]

すると悪霊(あくれい)がこれに対(たい)して言(い)った、「イエスなら自分(じぶん)は知(し)っている。パウロもわかっている。だが、おまえたちは、いったい何者(なにもの)だ」。[使徒行伝 19:15]
(그러자 악령이 이것에 대해 말했다. "예수라면 나는 안다. 바울도 알고 있다. 하지만, 너희는 도대체 누구냐?) [사도행전 19:15]

ここでペリクスは、この道(みち)のことを相当(そうとう)わきまえていたので、「千卒長(せんそつちょう)ルシヤが下(くだ)って来(く)るのを待(ま)って、おまえたちの事件(じけん)を判決(はんけつ)することにする」と言(い)って、裁判(さいばん)を延期(えんき)した。[使徒行伝 24:22]
(여기에서 벨릭스는 그 '도'에 관해 상당히 분별하고 있어서, "천부장 루시아가 내려오는 것을 기다리고 너희 사건을 판결하기로 하겠다고 하며, 재판을 연기했다.) [사도행전 24:22]

そして言(い)った、「では、もしあの男(おとこ)に何(なに)か不都合(ふつごう)なことがあるなら、おまえたちのうちの有力(ゆうりょく)者(しゃ)らが、わたしと一緒(いっしょ)に下(くだ)って行(い)って、訴(うった)えるがよかろう」。[使徒行伝 25:5]
(그리고 말했다. "그럼, 만일 그 남자에게 무슨 옳지 않은 일이 있다면, 너희 중의 유력한 사람들이 나와 함께 내려가서, 고발하는 것이 좋겠지.") [사도행전 25:5]

[4] 一瞬(いっしゅん)にしてきた」。: 한순간에 닥쳐왔다.'
「一瞬(いっしゅん)」은 「일순, 그 순간, 일순간」와 같이 극히 짧은 시간을 뜻하는 명사인데, 단독으로 부사로 사용되는 경우도 있다.

[例] 一瞬(いっしゅん)の出来事(できごと)で何(なに)が起(お)きたのか把握(はあく)できなかった。
(한순간의 일로 무엇이 일어났는지 파악할 수 없었다.)

一瞬(いっしゅん)、彼女(かのじょ)が誰(だれ)かわからなかった。
(그 순간, 그녀가 누구인지 몰랐다.)

一瞬(いっしゅん)迷(まよ)ったけど、やっぱりケーキ食(た)べるのやめた。
(그 순간 망설였지만, 역시 케이크 먹는 것을 그만두었다.)

ほんの一瞬(いっしゅん)目(め)を閉(と)じたつもりだったけど10分(じゅっぷん)寝(ね)ちゃった。
(아주 잠깐 눈을 감았다고 생각했는데, 10분이나 자 버렸다.)

그리고「一瞬(いっしゅん)」을 부사로 사용할 때는 본 절의「一瞬(いっしゅん)にしてきた」의「一瞬(いっしゅん)にして」(한순간에, 순식간에)와 같이「~にして」나,「一瞬(いっしゅん)で」와 같이「~で」의 형태를 취한다.

[例] ビールを一瞬(いっしゅん)で飲(の)み干(ほ)した。
(맥주를 순식간에 다 마셔 버렸다.)

流(なが)れ星(ぼし)は一瞬(いっしゅん)にして消(き)えてしまった。
(유성은 한순간에 사라져 버렸다.)

一瞬(いっしゅん)にしてなくなる。
(한순간에 없어지다.)

구어역 성서의 요한묵시록에는 [18:10] [18:17] [18:19]와 같이 3회 등장하고, 나머지 1예는 다음과 같다.

[例] ここで、あなたがたに奥義(おうぎ)を告(つ)げよう。わたしたちすべては、眠(ねむ)り続(つづ)けるのではない。終(おわ)りのラッパの響(ひび)きと共(とも)に、またたく間(あいだ)に、一瞬(いっしゅん)にして変(か)えられる。[コリント人への第一の手紙 15:51]
(여기에서 여러분에게 비밀을 알리겠다. 우리 모두는 계속 잠드는 것은 아니다. 마지막 나팔의 울림과 함께 눈 깜짝할 사이에 순식간에 변한다.) [고린도전서 15:51]

ヨハネの黙示 18：11 - 18：19
商人達(しょうにんたち)の哀歌(あいか)
상인들의 애가

> また、地(ち)の商人(しょうにん)たちも彼女(かのじょ)のために泣(な)き悲(かな)しむ。[1]もはや、彼(かれ)らの商品(しょうひん)を買(か)う者(もの)が、一人(ひとり)もないからである。[ヨハネの黙示録 18:11]
> (그리고 땅의 상인들도 그녀를 위해 울며 슬퍼한다. 더 이상 그들의 상품을 사는 사람이 한 사람도 없기 때문이다.) [18:11]

[1] もはや、彼(かれ)らの商品(しょうひん)を買(か)う者(もの)が、一人(ひとり)もないからである。: 더 이상 그들의 상품을 사는 사람이 한 사람도 없기 때문이다.

본 절에서는「彼(かれ)らの商品(しょうひん)を買(か)う者(もの)が、一人(ひとり)もない」의「一人(ひとり)もない」와 같이 사람의 비존재에 대해「ない」가 쓰이고 있는데, 이것은 존재 유무를 강조하기 위해「ある」의 부정어가 사용된 것으로 해석된다.

「ひとりもいない」와 같이 사람이 존재하지 않는 것에 관해,「いる」의 부정「いない」가 쓰이는 경우도 있다.[7]

이에 대해 타 번역본에서는 다음과 같이 표현하고 있다.

[例] 最早(もはや)誰(だれ)もその商品(しょうひん)を<u>買(か)う者(もの)がない</u>か

---

[7] 먼저 개별적이고 구체적인 존재로 파악하는 경우에는「いる・いない」가 쓰이는데,「いない」계열의 번역본에는「神(かみ)を見(み)た者(もの)はいない；하나님을 본 사람은 없다」[新改訳1970]・「神(かみ)を見(み)た者(もの)はいない；하나님을 본 사람은 없다」[新共同訳1987]・「一人(ひとり)もいない；한 사람도 없다」[フランシスコ会訳1984]가 있다.
그리고 존재 유무를 강조하는 경우에는「ある・ない」가 쓰이는데,「ない」계열의 번역본에는「一人(ひとり)もない；한 사람도 없다」[塚本訳1963]・「ひとりもなかったが；한 사람도 없었지만」[前田訳1978]과 같이 앞에 강조의「ひとりも」가 선행하고 있다. 이상은 [ヨハネによる福音書 1:18]의 설명에서 인용.

らである──[塚本訳1963]
(더 이상 아무도 그 상품을 사는 사람이 없기 때문이다.)

もはやだれも彼(かれ)らの商品(しょうひん)を買(か)う者(もの)がないからである。[新共同訳1987]
(더 이상 아무도 그들의 상품을 사는 사람이 없기 때문이다.)

もはや、誰(だれ)一人(ひとり)、彼(かれ)らの積荷(つみに)の品(しな)を買(か)うものはないからである。[岩波翻訳委員会訳1995]
(더 이상 누가 한 사람, 그들의 적화 물건을 사는 사람은 없기 때문이다.)

もはや彼(かれ)らの商品(しょうひん)を買(か)う者(もの)がだれもいないからです。[新改訳1970]
(더 이상 그들의 상품을 사는 사람이 누구도 없기 때문입니다.)

もはや、彼(かれ)らの商品(しょうひん)を買(か)う者(もの)はだれもいないからである。[フランシスコ会訳1984]
(더 이상 그들 상품을 사는 사람은 아무도 없기 때문이다.)

もはやだれも彼(かれ)らの品(しな)を買(か)わぬから。[前田訳1978]
(더 이상 아무도 그들 물건을 사지 않기 때문.)

その商品(しょうひん)は、金(きん)、銀(ぎん)、宝石(ほうせき)、真珠(しんじゅ)、麻布(あさぬの)、紫(むらさき)布(ぬの)、絹(きぬ)、緋(ひ)布(ぬの)、各種(かくしゅ)の香木(こうぼく)、各種(かくしゅ)の象牙(ぞうげ)細工(ざいく)、[1]高価(こうか)な木材(もくざい)、銅(どう)、鉄(てつ)、大理石(だいりせき)などの器(うつわ)、[ヨハネの黙示録 18:12]
(그 상품은 금, 은, 보석, 진주, 아마포(세마포), 자주색 옷감, 비단, 진홍색 옷감, 각종 향나무, 각종 상아 세공, 고가의 목재, 동, 철, 대리석 등의 그릇.) [18:12]

[1] 高価(こうか)な木材(もくざい)、銅(どう)、鉄(てつ)、大理石(だいりせき)などの器(うつわ)、：고가의 목재, 동, 철, 대리석 등의 그릇,

「高価(こうか)」의 품사성에 있어서는, 사전류에서는 [名·形動] 과 같이 명사와 형용동사의 용법을 모두 인정하고 있고, 「高価(こうか)な品物(しなもの)；고가의 물건」「高価(こうか)な犠牲(ぎせい)を払(はら)う；값비싼 희생을 치루다」와 같은 예를 제시하고 있다.

그리고 본 절에서도 「高価(こうか)な木材(もくざい)」의「高価(こうか)な」와 같이 형용동사의 연체형이 쓰이고 있다. 만일 일본어의 「高価(こうか)」의 주된 용법이 형용동사라고 한다면 한국어의 「고가(高價)」가 통상 명사적으로 쓰인다는 점을 종합하면 양자 사이에 품사의 이동이 생기게 된다.

구어역 성서에서는 「高価(こうか)の」의 예는 전무하고, 다음과 같이 「高価(こうか)な」의 예만 등장하고 있고 요한묵시록에서는 [18:12] [21:11]와 같이 2회 등장하고 있다.

[例] 高価(こうか)な真珠(しんじゅ)一個(こ)を見(み)いだすと、行(い)って持(も)ち物(もの)をみな売(う)りはらい、そしてこれを買(か)うのである。[マタイによる福音書 13:46]
(고가의 진주 한 개를 발견하면, 가서 가진 것을 다 팔아치우고 그리고 그것을 사는 것이다.) [마태복음 13:46]

ひとりの女(おんな)が、高価(こうか)な香油(こうゆ)が入(い)れてある石膏(せっこう)のつぼを持(も)ってきて、イエスに近寄(ちかよ)り、食事(しょくじ)の席(せき)についておられたイエスの頭(あたま)に香油(こうゆ)を注(そそ)ぎかけた。[マタイによる福音書 26:7]
(한 여자가 고가의 향유가 들어 있는 석고 항아리를 가지고 와서 예수께 다가와서, 식사 자리에 앉아 계신 예수 머리에 향유를 쏟아 부었다.) [마태복음 26:7]

また、女(おんな)はつつましい身(み)なりをし、適度(てきど)に慎(つつし)み深(ぶか)く身(み)を飾(かざ)るべきであって、髪(かみ)を編(あ)んだり、金(きん)や真珠(しんじゅ)をつけたり、<u>高価(こうか)な</u>着物(きもの)を着(き)たりしてはいけない。[テモテへの第一の手紙 2:9]
(또 여자는 검소한 옷차림을 하고, 적당하게 조신하게 몸을 단장해야 하고, 머리를 땋거나, 금이나 진주를 달거나, 고가의 옷을 입거나 해서는 안 된다.) [디모데전서 2:9]

王(おう)は命(めい)じて<u>大(おお)きい高価(こうか)な石(いし)</u>を切(き)り出(だ)させ、切(き)り石(いし)をもって宮(みや)の基(もとい)をすえさせた。[列王紀上 5:17]
(왕은 명령을 내려서, 커다란, 고가의 돌을 잘라내게 해서, 다듬은 돌로 성전의 기초를 설치하게 했다.) [열왕기상 5:17]

これらはみな内外(ないがい)とも、土台(どだい)から軒(のき)まで、また主(しゅ)の宮(みや)の庭(にわ)から大庭(おおにわ)まで、寸法(すんぽう)に合(あ)わせて切(き)った石(いし)、すなわち、のこぎりでひいた<u>高価(こうか)な石(いし)</u>で造(つく)られた。[列王紀上 7:9]
(이것들은 안팎 모두, 기초에서 처마까지, 그리고 왕궁의 뜰에서 큰 정원까지, 치수에 맞추어, 절단한 돌, 즉 톱으로 자른 고가의 돌로 만들어졌다.) [열왕기상 7:9]

また土台(どだい)は<u>高価(こうか)な石(いし)</u>、大(おお)きな石(いし)、すなわち八(はち)キュビトの石(いし)、十(じゅっ)キュビトの石(いし)であった。[列王紀上 7:10]
(또 기초는 고가의 돌, 큰 돌, 즉 8규빗의 돌, 10규빗의 돌이었다.) [열왕기상 7:10]

その上(うえ)には寸法(すんぽう)に合(あ)わせて切(き)った<u>高価(こうか)な石(いし)</u>と香柏(こうはく)とがあった。[列王紀上 7:11]
(그 위에는 치수에 맞추어 절단한 고가의 돌과 백향목이 있었다.) [열왕기상 7:11]

그런데 실제 예에서는 다음과 같이 명사적 용법의 「高価(こうか)の~」도 등장한다.

[例] 販売(はんばい)中止(ちゅうし)制裁(せいさい)を通(つう)じて高価(こうか)の鋳貨(ちゅうか)はただ一個(いっこ)も販売(はんばい)されなかったし、
(판매 중지 제재를 통해 고가의 주화는 단 1개도 판매되지 않았고,)

高価(こうか)の為(ため)、迷(まよ)っています。高価(こうか)の為(ため)、迷(まよ)っています。
(고가라서 망설이고 있습니다. 고가라서 망설이고 있습니다.)

高価(こうか)のペ・ヨンジュン記念(きねん)鋳貨(ちゅうか)が論難(ろんなん)がおこると彼(かれ)の所属社(しょぞくしゃ)であるＢＯＦが積極(せっきょく)解明(かいめい)に出(で)た。
(고가의 배용준 기념 주화가 논란이 일어나자, 그의 소속사인 ＢＯＦ가 적극 해명에 나섰다.)

単(たん)に高価(こうか)の飾(かざ)り物(もの)という程度(ていど)なら、国民(こくみん)全員(ぜんいん)が窮乏(きゅうぼう)して明日(あす)の米(こめ)も買(か)えない時代(じだい)だ。
(단순히 고가의 장식품이라는 정도라면, 국민 전원이 궁핍해서 내일의 쌀도 살 수 없는 시대이다.)

肉桂(にっけい)、香料(こうりょう)、香(こう)、におい油(あぶら)、乳香(にゅうこう)、ぶどう酒(しゅ)、オリブ油(ゆ)、麦粉(むぎこ)、麦(むぎ)、牛(うし)、羊(ひつじ)、馬(うま)、車(くるま)、奴隷(どれい)、そして人身(じんしん)などである。[ヨハネの黙示録 18:13]
(육계, 향료, 향, 향유, 유향, 포도주, 올리브기름, 밀가루, 밀, 소, 양, 말, 수레, 노예, 그리고 인신 등이다.) [18:13]

[1] 牛(うし)、羊(ひつじ)、馬(うま)、車(くるま)、奴隷(どれい)、そして人身(じんしん)などである。：소, 양, 말, 수레, 노예, 그리고 인신 등이다.

이 부분에 대해 타 번역본에서는 다음과 같이 표현되고 있다.

[例] 牛(うし)、羊(ひつじ)、馬(うま)、車(くるま)、奴隷(どれい)、<u>人身(じんしん)</u>。[前田訳1978]
(소, 양, 말, 수레, 노예, 인신.)

羊(ひつじ)、馬(うま)、馬車(ばしゃ)、奴隷(どれい)、<u>人間(にんげん)</u>である。[新共同訳1987]
(양, 말, 마차, 노예, 사람이다.)

家畜(かちく)、羊(ひつじ)、馬(うま)、馬車(ばしゃ)、奴隷(どれい)、<u>人(ひと)の霊魂(れいこん) (も)</u>、凡(すべ)て最早(もはや)買(か)うことが出来(でき)ない。[塚本訳1963]
(가축, 양, 말, 마차, 노예, 사람의 영혼(도) 모두 더 이상 살 수가 없다.)

牛(うし)、羊(ひつじ)、それに馬(うま)、車(くるま)、奴隷(どれい)、また<u>人(ひと)のいのち</u>です。[新改訳1970]
(소, 양, 게다가 말, 수레, 노예, 또 사람의 목숨입니다.)

家畜(かちく)、羊(ひつじ)、馬(うま)、馬車(ばしゃ)、奴隷(どれい)、それに<u>人間(にんげん)のいのち</u>さえもあった。[岩波翻訳委員会訳1995]
(가축, 양, 말, 마차, 노예, 게다가 사람의 목숨조차도 있었다.)

牛(うし)と羊(ひつじ)、馬(うま)と車(くるま)、奴隷(どれい)と<u>人(ひと)の命(いのち)</u>。[フランシスコ会訳1984]
(소와 양, 말과 수레, 노예와 사람의 목숨.)

한편, 한국어 성경에서는 다음과 같이 표현되고 있다.

[例] 소와 양과 말과 수레와 종들과 사람의 영혼들이라 [개역개정 18:13]
　　소와 양과 말과 수레와 종들과 사람의 영혼들이라 [개역한글 18:13]
　　소, 양, 말, 수레 그리고 노예와 사람의 목숨 따위가 있습니다. [공동번역 18:13]
　　소와 양과 말과 병거와 노예와 사람의 목숨입니다. [표준새번역 18:13]
　　소와 양, 말과 사륜마차 종들과 사람들의 목숨들이다. [우리말성경 18:13]

> おまえの心(こころ)の喜(よろこ)びであったくだものはなくなり、[1]あらゆるはでな、はなやかな物(もの)はおまえから消(き)え去(さ)った。[2]それらのものはもはや見(み)られない8)。[ヨハネの黙示録 18:14]
> (네 마음의 즐거움이었던 과실은 없어지고, 모든 화려하고 화사한 것은 네게서 사라져 버렸다. 그런 것들은 다시는 볼 수 없다.) [18:14]

[1] あらゆるはでな、はなやかな物(もの)はおまえから消(き)え去(さ)った。: 모든 화려하고 화사한 것은 네게서 사라져 버렸다.

「はで[派手]だ」나 「はなやかだ[華やかだ]」는 둘 다 형용동사이고, 의미도 「화려한 모습」을 나타낸다는 점에서 공통점이 있다. 여기에서는 유의어 관계가 있는 2단어를 반복함으로써 의미를 강조하고 있다고 판단되며, 「あらゆるはでな、はなやかな物(もの)」에 관해 「모든 화려하고 화사한 것」으로 번역해 둔다.

---

8) 두 번째 탄식의 소리(18:11절~18:14)는 소매상인이 아니라, 도매상인의 노래이다. 그 취급 상품(18:12절~18:14)는 에스겔 27:12~27:13, 27:22와 같은 그런 품목이다. 또한 [18:14]는 문맥에서 보아(2인칭이 사용되고 있는 점), 22절과 23절과 관련이 있는 것이라고 생각된다. 이상은 フランシスコ会聖書研究所(1984)『新約聖書』サンパウロ. p. 957 주(18-9)에 의함.

이 부분을 타 번역본에서는 다음과 같이 묘사하고 있다.

[例] 高価(こうか)なもの、はなやかなものは皆(みな)、おまえから消(き)え去(さ)り、[フランシスコ会訳1984]
(값비싼 것, 화사한 것은 모두 네게서 사라져 버리고,)

あらゆる (お前(まえ)の) 華(はな)やかなもの、きらびやかなものもお前(まえ)から消(き)え失(う)せた。[塚本訳1963]
(모든 (너의) 화려하고 눈부시게 아름다운 것도 네게서 사라져 버렸다.)

あらゆるはでな物(もの)、はなやかな物(もの)は消(き)えうせて、[新改訳1970]
(모든 화려한 것, 화사한 것은 사라져 버리고,)

華美(かび)な物(もの)、きらびやかな物(もの)はみな、/ お前(まえ)のところから消(き)えうせて、[新共同訳1987]
(화미한 것, 화사한 것은 모두, / 네게서 사라져 버리고,)

あらゆる輝(かがや)きとはなやかさは失(う)せた。[前田訳1978]
(모든 빛나는 것과 화려한 것은 사라졌다.)

あらゆる優美(ゆうび)なものやきらびやかなものは、お前(まえ)のもとから失(うしな)われて、[岩波翻訳委員会訳1995]
(모든 우미한 것이랑 눈부시게 아름다운 것은 네 곁에서 없어지고,)

「おまえから消(き)え去(さ)った」의「消(き)え去(さ)った」는「消(き)える」의「消(き)え」의 연용형에「~去(さ)る」가 접속된 복합동사「消(き)え去(さ)る」의 과거형이다.「消(き)え去(さ)る」는「사라져 없어지다 = 消(き)えてなくなる」「사라져 버리다 = 消(き)えてしまう」의 뜻을 나타내는데 예를 들면 다음과 같다.

[例] しかし修道院(しゅうどういん)外部(がいぶ)の男(おとこ)たちによる疑(うたが)いが完全(かんぜん)に消(き)え去(さ)ったわけではない。
(그러나 수도원 외부의 남자들에 의한 혐의가 완전히 사라져 버린 것은 아니다.)

彼(かれ)が消(き)え去(さ)るのを見届(みとど)けたとき自分(じぶん)が息(いき)を止(と)めていたことに気(き)がついた。
(그가 사라져 버린 것을 마지막까지 지켜보았을 때, 숨이 멈춘 것을 알았다.)

馬車(ばしゃ)は坂(さか)を下(くだ)り遠(とお)ざかってそのまま過去(かこ)の時間(じかん)の中(なか)に消(き)え去(さ)っていった。
(마차는 고개에서 내려와서 멀어지고 그대로 과거 시간 속에 사라져 버렸다.)

一人(ひとり)の侍(さむらい)が手(て)にした鉄砲(てっぽう)をしまうと、屋敷(やしき)の外(そと)の闇(やみ)に消(き)え去(さ)って行(い)った。
(한 무사가 손에 쥔 총을 치우고, 저택 밖의 어둠에 사라져 버렸다.)

死体(したい)が湖(みずうみ)の底(そこ)から完全(かんぜん)に消(き)え去(さ)るには何年(なんねん)も、いや何十年(なんじゅうねん)もかかるだろう。9)
(시체가 호수 바닥에서 완전히 사라져 버리는 데에는 몇 년이나 아니 몇 십 년이나 걸릴까?)

[2] それらのものはもはや見(み)られない。: 그런 것들은 다시는 볼 수 없다.
「見(み)られない」는 「見(み)る」의 가능 「見(み)られる」의 부정으로 한국어의 「볼 수 없다」에 상당하는데, 요한묵시록에서는 [16:15] [18:14]와 같이 2회 등장한다.

그 밖의 예를 구어역 성서에서 들면 다음과 같다.

[例] しかし、この非難(ひなん)が真実(しんじつ)であって、その女(おんな)に処女

---

9) http://yourei.jp/%E6%B6%88%E3%81%88%E5%8E%BB%E3%82%8B에서 인용하여 적의 번역함.

(しょじょ)の証拠(しょうこ)が見(み)られない時(とき)は、[申命記 22:20]
(그러나 이 비난이 진실하고, 그 여자에게 처녀의 증거를 볼 수 없을 때는,) [신명기 22:20]

もし彼(かれ)がいずれかの町(まち)に退(しりぞ)くならば、全(ぜん)イスラエルはその町(まち)になわをかけ、われわれはそれを谷(たに)に引(ひ)き倒(たお)して、そこに一(ひと)つの小石(こいし)も見(み)られないようにするでしょう」。[サムエル記下 17:13]
(만일 그가 어느 성읍으로 물러난다면, 모든 이스라엘은 그 성읍을 밧줄로 묶어, 우리는 그것을 계곡에 잡아당겨 떨어뜨려서, 거기에 돌멩이 하나도 볼 수 없도록 할 것입니다.") [사무엘하 17:13]

時(とき)に、ヨナタンとアヒマアズはエンロゲルで待(ま)っていた。ひとりのつかえめが行(い)って彼(かれ)らに告(つ)げ、彼(かれ)らは行(い)ってダビデ王(おう)に告(つ)げるのが常(つね)であった。それは彼(かれ)らが町(まち)にはいるのを見(み)られないようにするためである。[サムエル記下 17:17]
(그런데, (아비아달의 아들) 요나단과 (사독의 아들) 아히마아스는, (예루살렘 바깥의) 에느로겔에서 기다리고 있었다. 여종 한 사람이 가서 그들에게 고하고, 그들은 가서 다윗 왕에게 고하는 것이 상례이었다. 그것은 그들이 성읍에 들어가는 것을 볼 수 없도록 하기 위해서이다.) [사무엘하 17:17]

悪(あ)しき者(もの)の魂(たましい)は悪(あく)を行(おこな)うことを願(ねが)う、その隣(とな)り人(びと)にも好意(こうい)をもって見(み)られない。[箴言 21:10]
(악한 사람의 영혼은 악을 행하는 것을 바란다, 그 이웃에게도 호의를 가지고 볼 수 없다.) [잠언 21:10]

彼(かれ)の口(くち)には、まことの律法(りっぽう)があり、そのくちびるには、不義(ふぎ)が見(み)られなかった。彼(かれ)は平安(へいあん)と公義(こうぎ)とをもって、わたしと共(とも)に歩(あゆ)み、また多(おお)くの人(ひと)を不義(ふぎ)から立(た)ち返(かえ)らせた。[マラキ書 2:6]

(그 입에는 참된 율법이 있고, 그 입술에는 불의를 찾아볼 수 없었다. 그는 평안과 공의로, 나와 함께 걸어가고, 또 많은 사람을 불의에서 돌아오게 했다.) [말라기 2:6]

한편「見(み)られない」는「見(み)る」의 レル형 경어로도 쓰인다.

[例] 時(とき)に彼(かれ)はわたしに言(い)われた、「人(ひと)の子(こ)よ、イスラエルの家(いえ)の長老(ちょうろう)たちが暗(くら)い所(ところ)で行(おこな)う事(こと)、すなわちおのおのその偶像(ぐうぞう)の室(しつ)で行(おこな)う事(こと)を見(み)るか。彼(かれ)らは言(い)う、『主(しゅ)はわれわれを見(み)られない。主(しゅ)はこの地(ち)を捨(す)てられた』と」。존경[エゼキエル書 8:12]

(그런데 그는 내게 말씀하셨다. "사람아, 이스라엘 족속의 장로들이 어두운 속에서 행하는 것, 즉 각자가 그 우상의 방에서 행하는 것을 보느냐? 그들은 말한다. '주께서는 우리를 보지 않으신다. 주께서는 이 땅을 버리셨다.' 라고.") [에스겔 8:12]

あなたは目(め)が清(きよ)く、悪(あく)を見(み)られない者(もの)、また不義(ふぎ)を見(み)られない者(もの)であるのに、何(なに)ゆえ不真実(ふしんじつ)な者(もの)に目(め)をとめていられるのですか。悪(あ)しき者(もの)が自分(じぶん)よりも正(ただ)しい者(もの)を、のみ食(く)らうのに、[ハバクク書 1:13]。

(주께서는 눈이 맑아서, 악을 보시지 않는 이, 또 불의를 보시지 않는 이인데, 무슨 연유로 진실하지 않는 사람을 보고 계십니까? 악한 사람이 자기보다도 올바른 사람을 삼켜 버리는데,)[하박국 1:13]

[1]これらの品々(しなじな)を売(う)って、彼女(かのじょ)から富(とみ)を得(え)た商人(しょうにん)は、[2]彼女(かのじょ)の苦(くる)しみに恐(おそ)れをいだい

> て遠(とお)くに立(た)ち、泣(な)き悲(かな)しんで言(い)う、[ヨハネの黙示録 18:15]
> (이들 상품을 팔아 그녀로부터 부를 얻은 상인들은 그녀의 고통에 두려움을 느끼고 멀리 서서 울며 슬퍼하면서 말한다.) [18:15]

[1] これらの品々(しなじな)を売(う)って、彼女(かのじょ)から富(とみ)を得(え)た商人(しょうにん)は、: 이들 상품을 팔아 그녀로부터 부를 얻은 상인들은,

「品々(しなじな)」는 동어 반복에 의한 복수형으로 본 절에서는 「여러 가지 종류의 물건, 물건들」의 뜻으로 쓰이고 있다.

구어역 구약성서에 쓰이는 「品々(しなじな)」의 예를 들면 다음과 같다.

[例] 彼(かれ)らはわたしたちを非常(ひじょう)に尊敬(そんけい)し、出帆(しゅっぱん)の時(とき)には、必要(ひつよう)な品々(しなじな)を持(も)ってきてくれた。[使徒行伝 28:10]
(그들은 우리를 대단히 존경해서, 출범 때에는 필요한 물건들을 가지고 와 주었다.) [사도행전 28:10]

そしてしもべは銀(ぎん)の飾(かざ)りと、金(きん)の飾(かざ)り、および衣服(いふく)を取(と)り出(だ)してリベカに与(あた)え、その兄(あに)と母(はは)とにも価(あたい)の高(たか)い品々(しなじな)を与(あた)えた。[創世記 24:53]
(그리고 종은 은 장신구과 금 장신구, 및 의복을 꺼내서, 리브가에게 주고, 그 오빠와 어머니에게도 값비싼 물건들을 주었다.) [창세기 24:53]

それであなたはその金(かね)をもって雄牛(おうし)、雄羊(おひつじ)、小羊(こひつじ)およびその素祭(そさい)と灌祭(かんさい)の品々(しなじな)を気(き)をつけて買(か)い、エルサレムにあるあなたがたの神(かみ)の宮(みや)の祭壇(さいだん)の上(うえ)に、これをささげなければならない。[エズラ記 7:17]

(그리고 당신은 그 돈으로 황소, 숫양, 어린 양 및 그 소제(곡식을 제물로 드리는 제사)와 관제(灌祭, (전제(奠祭)))의 물건들에 신경을 써서 사고, 예루살렘에 있는 여러분들의 하나님의 성전의 제단 위에 이것을 바쳐야 한다.) [에스라 7:17]

どうぞ王(おう)はこの国(くに)の各州(かくしゅう)において役人(やくにん)を選(えら)び、美(うつく)しい若(わか)い処女(しょじょ)をことごとく首都(しゅと)スサにある婦人(ふじん)の居室(きょしつ)に集(あつ)めさせ、婦人(ふじん)をつかさどる王(おう)の侍従(じじゅう)ヘガイの管理(かんり)のもとにおいて、化粧(けしょう)のための品々(しなじな)を彼(かれ)らに与(あた)えてください。[エステル記 2:3]

(부디 왕께서는 이 나라의 각 주(지방)에서 관리를 뽑고, 아름답고 젊은 처녀들을 모두 수도 수산에 있는 부인(후궁)의 거실에 모으게 해서, 부인을 관장하는 왕의 시종 헤개의 관리 하에 두고, 화장을 위한 물건들을 그들(그녀들)에게 주십시오.) [에스더 2:3]

このおとめはヘガイの心(こころ)にかなって、そのいつくしみを得(え)た。すなわちヘガイはすみやかに彼女(かのじょ)に化粧(けしょう)の品々(しなじな)および食物(しょくもつ)の分(わ)け前(まえ)を与(あた)え、また宮中(きゅうちゅう)から七人(しちにん)のすぐれた侍女(じじょ)を選(えら)んで彼女(かのじょ)に付(つ)き添(そ)わせ、彼女(かのじょ)とその侍女(じじょ)たちを婦人(ふじん)の居室(きょしつ)のうちの最(もっと)も良(よ)い所(ところ)に移(うつ)した。[エステル記 2:9]

(이 처자는 헤개의 마음에 들어, 그 은택을 얻었다. 즉 헤개는 신속하게 그녀(에스더)에게 화장품 및 음식의 배당을 주고, 또 궁중에서 뽑힌 일곱 명의 시녀를 골라 그녀에게 곁에서 시중들게 하고, 그녀와 그 시녀들은 부인(후궁)의 거실 중에서 가장 좋은 곳에 옮겨 주었다.) [에스더 2:9]

おとめたちはおのおの婦人(ふじん)のための規定(きてい)にしたがって十二か月(じゅうにかげつ)を経(へ)て後(のち)、順番(じゅんばん)にアハシュエロス王(おう)の所(ところ)へ行(い)くのであった。これは彼(かれ)らの化

粧(けしょう)の期間(きかん)として、没薬(もつやく)の油(あぶら)を用(もち)いること六か月(ろっかげつ)、香料(こうりょう)および婦人(ふじん)の化粧(けしょう)に使(つか)う品々(しなじな)を用(もち)いること六か月(ろっかげつ)が定(さだ)められていたからである。[エステル記 2:12]
(처자들은 각자 부인(후궁)을 위한 규정에 따라, 12개월을 거친 후에, 차례로 아하수에로 왕에게 가는 것이었다. 이것은 그들(그녀들)의 화장 기간으로서 몰약 기름을 사용하는 것 6개월, 향료 및 부인(후궁)의 화장에 쓰는 물건들을 사용하는 것 6개월이 정해져 있었기 때문이다.) [에스더 2:12]

[2] 彼女(かのじょ)の苦(くる)しみに恐(おそ)れをいだいて遠(とお)くに立(た)ち、
: 그녀의 고통에 두려움을 느끼고 멀리 서서,
이 부분을 타 번역본에서는 다음과 같이 묘사하고 있다.

[例] 彼女(かのじょ)の呵責の恐(おそ)ろしさのため遠(とお)くに立(た)ち、[塚本訳1963]
(그녀는 가책의 두려움 때문에 멀리 서서,)

彼女(かのじょ)の苦(くる)しみを恐(おそ)れたために、遠(とお)く離(はな)れて立(た)っていて、[新改訳1970]
(그녀의 고통을 두려워했기 때문에, 멀리 떨어져 서 있고,)

彼女(かのじょ)の苦(くる)しみをおそれて遠(とお)く立ち、[前田訳1978]
(그녀의 고통을 두려워서, 멀리 서서,)

彼女(かのじょ)の苦(くる)しみに恐(おそ)れを抱(いだ)いて遠(とお)くに立(た)ち、[フランシスコ会訳1984]
(그녀의 고통에 두려움을 느끼고 멀리 서서,)

彼女(かのじょ)の苦(くる)しみを見て恐(おそ)れ、遠(とお)くに立(た)って、

[新共同訳1987]
(그녀의 고통을 보고 두려워하여, 멀리 서서,)

かの女(おんな)の苦(くる)しみに恐(おそ)れをなして、ただ遠(とお)くに立(た)ったまま、[岩波翻訳委員会訳1995]
(그녀의 고통에 두려워하여, 그냥 멀리 선 채,)

『ああ、禍(わざわい)だ、麻布(あさぬの)と紫(むらさき)布(ぬの)と緋(ひ)布(ぬの)をまとい、[1]金(きん)や宝石(ほうせき)や真珠(しんじゅ)で身(み)を飾(かざ)っていた大(おお)いなる都(みやこ)は、禍(わざわい)だ。[ヨハネの黙示録18:16]
('아, 재앙이다, 아마포(세마포)삼베와 자주색 옷감과 진홍색 옷감을 두르고, 금이나 보석이나 진주로 몸을 꾸미고 있던 큰 도읍은 재앙이다.) [18:16]

[1] 金(きん)や宝石(ほうせき)や真珠(しんじゅ)で身(み)を飾(かざ)っていた大(おお)いなる都(みやこ)は : 금이나 보석이나 진주로 몸을 꾸미고 있던 큰 도읍은, 이 부분을 타 번역본에서 다음과 같이 표현하고 있다.

[예] 金(きん)と宝石(ほうせき)と真珠(しんじゅ)とにて(身(み)を)飾(かざ)っている者(もの)、[塚本訳1963]
(금과 보석과 진주로 (몸을) 꾸미고 있는 사람,)

金(きん)と宝石(ほうせき)と真珠(しんじゅ)で身(み)を装(よそお)うた者(もの)よ、[フランシスコ会訳1984]
(금과 보석과 진주로 몸을 치장한 사람아,)

金(きん)、宝石(ほうせき)、真珠(しんじゅ)を飾(かざ)りにしていた大(おお)きな都(みやこ)よ。[新改訳1970]

(금, 보석, 진주를 장식으로 하고 있던 큰 도읍아,)

金(きん)と宝石(ほうせき)と真珠(しんじゅ)の飾(かざ)りを着(つ)けた都(みやこ)。[新共同訳1987]
(금과 보석과 진주의 장식을 단 도읍.)

金(きん)や宝石(ほうせき)や真珠(しんじゅ)で飾(かざ)りたてられていた、かの大(おお)いなる都(みやこ)は。[岩波翻訳委員会訳1995]
(금이나 보석이나 진주로 화려하게 꾸며진, 그 큰 도읍은.)

金(きん)と宝石(ほうせき)と真珠(しんじゅ)で飾(かざ)られた町(まち)。[前田訳1978]
(금과 보석과 진주로 꾸며진 성읍.)

[1]これほどの富(とみ)が、一瞬(いっしゅん)にして無(む)に帰(き)してしまうとは10)』。また、[2]すべての船長(せんちょう)、航海者(こうかいしゃ)、水夫(すいふ)、すべて海(うみ)で働(はたら)いている人(ひと)たちは、遠(とお)くに立(た)ち、[ヨハネの黙示録 18:17]
(이렇게 많은 부가 한순간에 무로 돌아가고 말다니." 또 모든 선장, 항해자, 뱃사람, 바다에서 일하고 있는 사람들은 모두 멀리 서서,) [18:17]

[1] これほどの富(とみ)が、一瞬(いっしゅん)にして無(む)に帰(き)してしまうとは』。: 이렇게 많은 부가 한순간에 무로 돌아가고 말다니."

「無(む)に帰(き)す」는 「무로 돌아가다」의 뜻으로 뒤에 심리적 종결을 나타내는 「~てしまう」가 접속되어 해당 결과에 대해 화자의 불만, 불평 등이 내포되어 있다.

---

10) [18:15]~[18:17b]에 나오는 단어는 [에스겔 27:27~29:31, 29:36, 28:13]에도 보인다. 이상은 フランシスコ会聖書硏究所(1984) 『新約聖書』 サンパウロ. p. 957 주(18-10)에 의함.

「無(む)に帰(き)してしまう」는 요한묵시록에서 [18:17] [18:19]와 같이 2회 등장하고 있다. 그 밖의 예를 들면 다음과 같다.

[例] 主(しゅ)よ、わたしを懲(こ)らしてください。正(ただ)しい道(みち)にしたがって、怒(いか)らずに懲(こ)らしてください。さもないと、わたしは無(む)に帰(き)してしまうでしょう。[エレミヤ書 10:24]
(주여, 저를 징계해 주십시오. 오른 길을 따라, 진노하지 마시고 훈계해 주십시오. 그렇지 않으면, 저는 무로 돌아가고 말겠지요.) [예레미야 10:24]

再(ふたた)び地震(じしん)の被害(ひがい)に遭(あ)って、復旧(ふっきゅう)事業(じぎょう)が無(む)に帰(き)しました。
(다시 지진 피해를 입어, 복구 사업이 무에 돌아갔습니다.)

『何十年(なんじゅうねん)も先(さき)にこの事業(じぎょう)が無(む)に帰(き)することがあるにしても、今(いま)必要(ひつよう)な事業(じぎょう)であればやるべき価値(かち)があると思(おも)います。』
('몇 십 년이나 미래에 이 사업이 무로 돌아가는 일이 있다고 하더라도 지금 필요한 사업이면 할 만한 가치가 있다고 생각합니다.')

『本番(ほんばん)の試験(しけん)の時(とき)にガチガチに緊張(きんちょう)してしまい、それまでの勉強(べんきょう)の努力(どりょく)が無(む)に帰(き)するところでした。』
('진짜로 시험을 볼 때, 딱딱 긴장하는 바람에 그때까지의 공부 노력이 허사가 될 뻔했습니다.')

『不祥事(ふしょうじ)を起(お)こして仕事(しごと)も家庭(かてい)も子供(こども)も失(うしな)って途方(とほう)に暮(く)れていた私(わたし)の人生(じんせい)は、無(む)に帰(き)したも同然(どうぜん)の状態(じょうたい)にありました。』[11]

---

11) https://meaning-dictionary.com/%E3%80%8C%E7%84%A1%E3%81%AB%E5%B8%B0%E3%81%99%E3%

('불상사를 일으켜서 일도 가정도 아이도 잃고, 망연자실한 생활을 하고 있던 내 인생이 무에 돌아간 것과 마찬가지 상태에 있었습니다.')

「一瞬(いっしゅん)にして無(む)に帰(き)してしまうとは」의 「~とは」는 체언이나 용언에 두루 접속되어 화자의 놀라움・분노・감동 등의 기분을 나타내는데, 한국어로는 「~이라니」「~하다니」에 해당한다.

[例] こともあろうに彼(かれ)が真犯人(しんはんにん)だったとは。
(하필이면 그가 진범이었다니.)

まさか優勝(ゆうしょう)するとは思(おも)わなかった。
(설마 우승하리라고는 생각하지 않았다.)

あんなに勝手(かって)なことを言(い)うとは、彼(かれ)は全(まった)くリーダーらしくない。
(그렇게 제멋대로 말하다니 그는 전혀 리더답지 않다.)

まさかあんなブスに先(さき)に結婚(けっこん)されるとは、夢(ゆめ)にも思(おも)っていませんでした。
(설마 저런 못생긴 애가 나보다 먼저 결혼할 줄은 꿈에도 생각하지 못했어요.)[12]

そこで彼(かれ)が答(こた)えて言(い)った、「わたしの目(め)を開(あ)けて下(くだ)さったのに、その方(かた)がどこから来(き)たか、ご存(ぞん)じないとは、不思議(ふしぎ)千万(せんばん)です。[ヨハネによる福音書 9:30]
(그러자 그는 대답하여 말했다. "내 눈을 뜨게 해 주셨는데, 그 분이 어디에서 왔는지 모르시다니, 이상하기 짝이 없습니다.) [요한복음 9:30]

82%8B%E3%80%8D%E3%81%A8%E3%81%AF%EF%BC%9F%E6%84%8F%E5%91%B3%E3%82%84%E4%BD%BF%E3%81%84%E6%96%B9%E3%80%81%E4%BE%8B%E6%96%87%E3%82%84%E6%A6%82%E8%A6%81/에서 인용하여 적의 번역함.

12) 李成圭 等著(1997) 『홍익일본어독해2』 홍익미디어. pp. 61-63에서 인용하여 일부 수정함.

[2] すべての船長(せんちょう)、航海者(こうかいしゃ)、水夫(すいふ)、すべて海(うみ)で働(はたら)いている人(ひと)たちは、遠(とお)くに立(た)ち、: 모든 선장, 항해자, 뱃사람, 바다에서 일하고 있는 사람들은 모두 멀리 서서,

「すべて【全て / ▽凡て / ▽総て】」는 명사적 용법과 부사적 용법을 겸비하고 있는데, 본 절의 「すべての船長(せんちょう)」(모든 선장)의 「すべて」는 명사로 쓰인 것이고, 「すべて海(うみ)で働(はたら)いている人(ひと)たちは」(바다에서 일하고 있는 사람들은 모두)의 「すべて」는 문두에서 쓰여 문 전체를 수식하는 부사로 쓰인 것이다.

「すべて」가 부사로 쓰일 경우에는 「全部(ぜんぶ)」(전부), 「みな」(모두)와 유의어 관계가 성립한다.

[例] 植木(うえき)が{すべて・全部(ぜんぶ)・みな}枯(か)れてしまった。
   (정원수가 전부 말라 버렸다.)
   株(かぶ)で失敗(しっぱい)して財産(ざいさん)を{すべて・全部(ぜんぶ)・みな}失(うしな)った。
   (주식으로 실패해서 재산을 전부 잃었다.)
   島民(とうみん)は{すべて・全部(ぜんぶ)・みな}避難(ひなん)した。
   (도민들은 모두 피난했다.)

의 경우에는 「すべて・全部(ぜんぶ)・みな」는 상호 치환 가능하다.

1. 한편, 「すべて」「全部(ぜんぶ)」는

[例] 在庫(ざいこ)は{すべて・全部(ぜんぶ)}売(う)り切(き)れた。
   (재고는 {모두・전부} 다 팔렸다.)

   会員(かいいん){すべて・全部(ぜんぶ)}が反対(はんたい)だ。
   (회원 {모두・전부}가 반대다.)

와 같이 사물에 관해서도 사람에 대해서도 사용한다.

2. 「みな」는

[例] みな、出(で)かけようか。
　　(다 나갈까?)

와 같은 대명사로서의 용법이 있는 것처럼 특히 사람에 관해 많이 쓰인다.

[例] みなで協力(きょうりょく)しよう。
　　(다 같이 협력하자.)

　　みな帰(かえ)ってしまった。
　　(다 돌아가 버렸다.)

등의 문맥에서는 「すべて」「全部(ぜんぶ)」는 부적당하다.

3. 「すべて」는 문장체적이고, 「みな」「全部(ぜんぶ)」는 구어적인 말씨이다.[13]

> 彼女(かのじょ)が焼(や)かれる火(ひ)の煙(けむり)を見(み)て、叫(さけ)んで言(い)う、[1]『これほどの大(おお)いなる都(みやこ)は、[2]どこにあろう』。[ヨハネの黙示録 18:18]
> (그녀가 타는 불의 연기를 보고, 외치며 말한다. "이렇게 큰 도읍은 어디에 있을까?") [18:18]

---

13) https://www.weblio.jp/content/%E5%85%A8%E3%81%A6에서 인용하여 적의 번역함.

[1]『これほどの大(おお)いなる都(みやこ)は、どこにあろう』。: "이렇게 큰 도읍은 어디에 있을까?"

「これほどの大(おお)いなる都(みやこ)」는 직역하면「이 정도의 큰 도읍」인데, 여기에서는「이렇게 큰 도읍」으로 번역해 둔다.

「これほどの」는 요한묵시록에서 [18:17] [18:18]과 같이 2회 등장하는데 그 밖의 예를 들면 다음과 같다.

[例] イエスはこれを聞(き)いて非常(ひじょう)に感心(かんしん)され、ついてきた人々(ひとびと)に言(い)われた、「よく聞(き)きなさい。イスラエル人(びと)の中(なか)にも、これほどの信仰(しんこう)を見(み)たことがない。[マタイによる福音書 8:10]
(예수께서는 듣고, 대단히 놀라시고, 따라온 사람들에게 말씀하셨다. "잘 들어라. 이스라엘 사람 중에도, 이 정도의 믿음을 본 적이 없다.) [마태복음 8:10]

このために四十日(しじゅうにち)を費(ついや)した。薬(くすり)を塗(ぬ)るにはこれほどの日数(にっすう)を要(よう)するのである。エジプトびとは七十日(しちじゅうにち)の間(あいだ)、彼(かれ)のために泣(な)いた。[創世記 50:3]
(이를 위해 40일이 소요되었다. 약을 바르는 데에는 이 정도의 일수를 필요로 하는 것이다. 이집트 사람들은 70일 동안 그를 위해 울었다.) [창세기 50:3]

[2] どこにあろう』。: 어디에 있을까?"

「どこにあろう」의「あろう」는「ある」의 미연형「あろー」에 추측을 나타내는「~う」가 접속된 것이다. 그리고「どこにあろう」는「どこにあるだろう」의 문장체적 표현이다.

[例] あなたがたが自分(じぶん)を愛(あい)する者(もの)を愛(あい)したからと

て、なんの報(むく)いがあろうか。そのようなことは取税人(しゅぜいにん)でもするではないか。[マタイによる福音書 5:46]
(너희가 자기를 사랑하는 사람을 사랑했다고 해서, 무슨 보답이 있겠느냐? 그와 같은 일은 세리도 하지 않느냐?) [마태복음 5:46]

きょうは生(は)えていて、あすは炉(ろ)に投(な)げ入(い)れられる野(の)の草(くさ)でさえ、神(かみ)はこのように装(よそお)って下(くだ)さるのなら、あなたがたに、それ以上(いじょう)よくしてくださらないはずがあろうか。ああ、信仰(しんこう)の薄(うす)い者(もの)たちよ。[マタイによる福音書 6:30]
(오늘은 나와 있다가 내일은 화로에 던져 넣어지는 들의 풀조차, 하나님께서는 이와 같이 꾸며 주신다면, 너희들에게 그 이상 잘 해 주시지 않을 리가 있을까? 아, 믿음이 적은 사람들아.) [마태복음 6:30]

あなたがたのうちで、自分(じぶん)の子(こ)がパンを求(もと)めるのに、石(いし)を与(あた)える者(もの)があろうか。[マタイによる福音書 7:9]
(너희 중에서 자기 아이가 빵을 달라고 하는데 돌을 줄 사람이 있겠느냐?) [마태복음 7:9]

魚(うお)を求(もと)めるのに、へびを与(あた)える者(もの)があろうか。[マタイによる福音書 7:10]
(물고기를 달라고 하는데 뱀을 줄 사람이 있겠느냐?) [마태복음 7:10]

このように、あなたがたは悪(わる)い者(もの)であっても、自分(じぶん)の子供(こども)には、良(よ)い贈(おく)り物(もの)をすることを知(し)っているとすれば、天(てん)にいますあなたがたの父(ちち)はなおさら、求(もと)めてくる者(もの)に良(よ)いものを下(くだ)さらないことがあろうか。[マタイによる福音書 7:11]
(이와 같이 너희는 악한 사람이어도, 자기 아이에게는 좋은 선물을 하는 것을 알고 있다고 하면, 하늘에 계신 너희 아버지께서는, 더욱더 구하러 오는 사람에게 좋은 것을 주시지 않겠느냐?) [마태복음 7:11]

あなたがたは、その実(み)によって彼(かれ)らを見(み)わけるであろう。茨(いばら)からぶどうを、あざみからいちじくを集(あつ)める者(もの)があろうか。[マタイによる福音書 7:16]
(너희는 그 열매로 그들을 보고 구별할 것이다. 가시나무에서 포도를, 엉겅퀴에서 무화과를 모으는 사람이 있겠느냐?) [마태복음 7:16]

すると、大祭司(だいさいし)はその衣(ころも)を引(ひ)き裂(さ)いて言(い)った、「彼(かれ)は神(かみ)を汚(けが)した。どうしてこれ以上(いじょう)、証人(しょうにん)の必要(ひつよう)があろう。あなたがたは今(いま)このけがし言(ごと)を聞(き)いた。[マタイによる福音書 26:65]
(그러자, 대제사장은 그 옷을 잡아 찢고 말했다. "그는 하나님을 모독하였다. 어찌 더 이상 증인의 필요가 있겠느냐? 여러분은 지금 이 하나님을 모독하는 말을 들었다.) [마태복음 26:65]

また彼(かれ)らに言(い)われた、「升(ます)の下(した)や寝台(しんだい)の下(した)に置(お)くために、灯(あか)りを持(も)って来(く)ることがあろうか。燭台(しょくだい)の上(うえ)に置(お)くためではないか。[マルコによる福音書 4:21]
(그리고 그들에게 말씀하셨다. "되의 아래나 침대 밑에 두기 위해 등불을 가져오는 일이 있겠느냐? 촛대 위에 두기 위함이 아닌가?) [마가복음 4:21]

すると、大祭司(だいさいし)はその衣(ころも)を引(ひ)き裂(さ)いて言(い)った、「どうして、これ以上(いじょう)、証人(しょうにん)の必要(ひつよう)があろう。[マルコによる福音書 14:63]
(그러자 대제사장은 그 옷을 잡아 찢으며 말했다. "어찌 하여 더 이상 증인이 필요하겠는가?") [마가복음 14:63]

このように、あなたがたは悪(わる)い者(もの)であっても、自分(じぶん)の子供(こども)には、良(よ)い贈(おく)り物(もの)をすることを知(し)っているとすれば、天(てん)の父(ちち)はなおさら、求(もと)めて来(く)る者(もの)に

聖霊(せいれい)を下(くだ)さらないことがあろうか」。[ルカによる福音書 11:13]
(이와 같이 너희가 악한 사람이더라도, 자기 자녀에게는 좋은 선물을 하는 것을 알고 있다고 하면, 하늘에 계신 아버지께서야 더욱더 구하러 오는 사람에게 성령을 주시지 않겠느냐?') [누가복음 11:13]

きょうは野(の)にあって、あすは炉(ろ)に投(な)げ入(い)れられる草(くさ)でさえ、神(かみ)はこのように装(よそお)って下(くだ)さるのなら、あなたがたに、それ以上(いじょう)よくしてくださらないはずがあろうか。ああ、信仰(しんこう)の薄(うす)い者(もの)たちよ。[ルカによる福音書 12:28]
(오늘은 나와 있다가 내일은 화로에 던져 넣어지는 풀조차, 하나님께서는 이와 같이 꾸며 주신다면, 너희들에게 그 이상 잘 해 주시지 않을 리가 있겠느냐? 아, 믿음이 적은 사람들아.) [누가복음 12:28]

まして神(かみ)は、日夜(にちや)叫(さけ)び求(もと)める選民(せんみん)のために、正(ただ)しいさばきをしてくださらずに長(なが)い間(あいだ)そのままにしておかれることがあろうか。[ルカによる福音書 18:7]
(하물며 하나님께서는 밤낮으로 부르짖으며 구하는, 선민을 위해 올바른 심판을 하시지 않고 오랫동안 그대로 내버려 두시겠느냐?) [누가복음 18:7]

そこで今(いま)、なんのためらうことがあろうか。すぐ立(た)って、み名(な)をとなえてバプテスマを受(う)け、あなたの罪(つみ)を洗(あら)い落(おと)しなさい』。[使徒行伝 22:16]
(그래서 지금 무슨 망설일 일이 있느냐? 당장 일어나서 그분의 이름을 소리 높여 부르고, 세례를 받고, 당신의 죄를 씻어내라.') [사도행전 22:16]

わたしたちは、この望(のぞ)みによって救(すく)われているのである。しかし、目(め)に見(み)える望(のぞ)みは望(のぞ)みではない。なぜなら、現(げん)に見(み)ている事(こと)を、どうして、なお望(のぞ)む人(ひと)があろうか。[ローマ人への手紙 8:24]
(우리는 이 소망에 의해 구원을 받았다. 그러나 눈에 보이는 소망은 소망이 아니

다. 왜냐하면 실제로 보고 있는 것을 어찌 여전히 바라는 사람이 있겠느냐?)[로마서 8:24]

ご自身(じしん)の御子(みこ)をさえ惜(お)しまないで、わたしたちすべての者(もの)のために死(し)に渡(わた)されたかたが、どうして、御子(みこ)のみならず万物(ばんぶつ)をも賜(たま)わらないことがあろうか。[ローマ人への手紙 8:32]
(당신의 아들까지 아끼지 않고, 우리 모두 사람을 위하여 죽음에 내주신 분이 어찌 아드님뿐만 아니라, 만물도 주시지 않겠느냐?) [로마서 8:32]

ああ人(ひと)よ。あなたは、神(かみ)に言(い)い逆(さか)らうとは、いったい、何者(なにもの)なのか。造(つく)られたものが造(つく)った者(もの)に向(む)かって、「なぜ、わたしをこのように造(つく)ったのか」と言(い)うことがあろうか。[ローマ人への手紙 9:20]
(아, 사람아. 당신은 하나님께 말대답을 하다니, 도대체, 어떤 사람이냐? 만들어진 것이 만든 이를 향해, "어찌하여 나를 이렇게 만든 것이냐?" 라고 말할 수 있겠느냐?) [로마서 9:20]

しかし、信(しん)じたことのない者(もの)を、どうして呼(よ)び求(もと)めることがあろうか。聞(き)いたことのない者(もの)を、どうして信(しん)じることがあろうか。宣(の)べ伝(つた)える者(もの)がいなくては、どうして聞(き)くことがあろうか。[ローマ人への手紙 10:14]
(그러나 믿은 적이 없는 이를 어떻게 부르고 구할 수 있겠느냐? 들은 적이 없는 이를 어떻게 믿겠느냐? 선포하는 사람이 없으면, 어떻게 들을 수 있겠느냐?) [로마서 10:14]

つかわされなくては、どうして宣(の)べ伝(つた)えることがあろうか。「ああ、麗(うるわ)しいかな、良(よ)きおとずれを告(つ)げる者(もの)の足(あし)は」と書(か)いてあるとおりである。[ローマ人への手紙 10:15]
(보내지 않았는데, 어찌 전파할 수가 있겠느냐? "아, 얼마나 아름다운가? 좋은 소식을 전하는 이들의 발은" 이라고 쓰여 있는 대로이다.) [로마서 10:15]

いったい、自分(じぶん)で費用(ひよう)を出(だ)して軍隊(ぐんたい)に加(くわ)わる者(もの)があろうか。ぶどう畑(はたけ)を作(つく)っていて、その実(み)を食(た)べない者(もの)があろうか。また、羊(ひつじ)を飼(か)っていて、その乳(ちち)を飲(の)まない者(もの)があろうか。[コリント人への第一の手紙 9:7]
(도대체 자기 비용을 대서 군대에 복무하는 사람이 있겠느냐? 포도밭을 만들고 있다가, 그 열매를 먹지 않는 사람이 있을까? 또 양을 치고 있다가, 그 젖을 먹지 않는 사람이 있겠느냐?) [고린도전서 9:7]

良心(りょうしん)と言(い)ったのは、自分(じぶん)の良心(りょうしん)ではなく、他人(たにん)の良心(りょうしん)のことである。なぜなら、わたしの自由(じゆう)が、どうして他人(たにん)の良心(りょうしん)によって左右(さゆう)されることがあろうか。[コリント人への第一の手紙 10:29]
(양심이라고 말한 것은, 내 양심이 아니라, 다른 사람의 양심을 가리킨다. 왜냐하면 내 자유가 어찌하여 남의 양심으로 좌우되는 일이 있겠느냐?) [고린도전서 10:29]

もしわたしが感謝(かんしゃ)して食(た)べる場合(ばあい)、その感謝(かんしゃ)する物(もの)について、どうして人(ひと)のそしりを受(う)けるわけがあろうか。[コリント人への第一の手紙 10:30]
(만일 내가 감사하게 생각하고 먹을 경우, 그 감사하는 것에 관해서 어찌 하여 사람들의 비방을 받을 까닭이 있겠느냐?) [고린도전서 10:30]

わたしは、テトスに勧(すす)めてそちらに行(い)かせ、また、かの兄弟(きょうだい)を同行(どうこう)させた。テトスは、あなたがたからむさぼり取(と)ったことがあろうか。わたしたちは、みな同(おな)じ心(こころ)で歩(ある)いたではないか。同(おな)じ足(あし)並(な)みで歩(ある)いたではないか。[コリント人への第二の手紙 12:18]
(나는 디도에게 권해 그쪽에 가게 하여, 또 그 형제를 동행하게 했다. 디도는 여러분으로부터 착취한 적이 있느냐? 우리는 모두 같은 마음으로 지내지 않았느냐? 같

은 보조로 걷지 않았느냐?) [고린도후서 12:18]

兄弟(きょうだい)たちよ。わたしがもし今(いま)でも割礼(かつれい)を宣(の)べ伝(つた)えていたら、どうして、いまなお迫害(はくがい)されるはずがあろうか。そうしていたら、十字架(じゅうじか)のつまずきは、なくなっているであろう。[ガラテヤ人への手紙 5:11]
(형제들아, 내가 만일 지금도 할례를 전파하고 있었다면, 어찌하여 여전히 박해를 받을 리가 있느냐? 그렇게 하고 있었더라면, 십자가의 좌절은 없어졌을 것이다.) [갈라디아서 5:11]

しかし、「ある人(ひと)には信仰(しんこう)があり、またほかの人(ひと)には行(おこな)いがある」と言(い)う者(もの)があろう。それなら、行(おこな)いのないあなたの信仰(しんこう)なるものを見(み)せてほしい。そうしたら、わたしの行(おこな)いによって信仰(しんこう)を見(み)せてあげよう。[ヤコブの手紙 2:18]
(그러나 "어떤 사람에게는 믿음이 있고, 또 다른 사람에게는 행함이 있다." 라고 말하는 사람이 있을 것이다. 그렇다면, 행함이 없는 너의 믿음이라는 것을 보여주었으면 한다. 그러면 내 행위로 믿음을 보여 주겠다.) [야고보서 2:18]

泉(いずみ)が、甘(あま)い水(みず)と苦(にが)い水(みず)とを、同(おな)じ穴(あな)からふき出(だ)すことがあろうか。[ヤコブの手紙 3:11]
(샘이 단물과 쓴 물을 한 구멍에서 내뿜을 수 있겠느냐?) [야고보서 3:11]

そこでユダは兄弟(きょうだい)たちに言(い)った、「われわれが弟(おとうと)を殺(ころ)し、その血(ち)を隠(かく)して何(なん)の益(えき)があろう。[創世記 37:26]
(그래서 유다는 형제들에게 말하였다. "우리가 동생을 죽이고 그 피를 숨긴다고 해서 어떤 이익이 있겠느냐?) [창세기 37:26]

神(かみ)は人(ひと)のように偽(いつわ)ることはなく、／また人(ひと)の子(こ)のように悔(く)いることもない。言(い)ったことで、行(おこな)わないこ

とがあろうか、/ 語(かた)ったことで、しとげないことがあろうか。[민수기 23:19]

(하나님께서는 사람처럼 거짓말을 하지 않고, / 또 사람의 아들처럼 후회하지도 않는다. 말만 하고 행하지 않는 일이 있겠느냐? / 이야기하기만 하고 끝까지 해내지 않는 일이 있겠느냐?) [민수기 23:19]

七日目(なぬかめ)になって、日(ひ)の没(ぼっ)する前(まえ)に町(まち)の人々(ひとびと)はサムソンに言(い)った、「蜜(みつ)より甘(あま)いものに何(なに)があろう。ししより強(つよ)いものに何(なに)があろう」。サムソンは彼(かれ)らに言(い)った、「わたしの若(わか)い雌牛(めうし)で耕(たがや)さなかったなら、わたしのなぞは解(と)けなかった」。[士師記 14:18]

(7일째가 되어, 해가 지기 전에 성읍의 사람들은 삼손에게 말했다. "꿀보다 단 것에 무엇이 있느냐? 사자보다 강한 것에 무엇이 있느냐?" 삼손은 그들에게 말했다. "내 암송아지로 밭을 갈지 않았더라면 내 수수께끼는 풀지 못했다.") [사사기 14:18]

しかしダビデはアビシャイに言(い)った、「彼(かれ)を殺(ころ)してはならない。主(しゅ)が油(あぶら)を注(そそ)がれた者(もの)に向(む)かって、手(て)をのべ、罪(つみ)を得(え)ない者(もの)があろうか」。[サムエル記上 26:9]

(그러나 다윗은 아비새에게 말했다. "그를 죽여서는 안 된다. 주께서 기름을 부으신 사람을 향해, 손을 뻗쳐 죄를 얻지 않는 사람이 있겠느냐?") [사무엘상 26:9]

ダビデはアブネルに言(い)った、「あなたは男(おとこ)ではないか。イスラエルのうちに、あなたに及(およ)ぶ人(ひと)があろうか。それであるのに、どうしてあなたは主君(しゅくん)である王(おう)を守(まも)らなかったのか。民(たみ)のひとりが、あなたの主君(しゅくん)である王(おう)を殺(ころ)そうとして、はいりこんだではないか。[サムエル記上 26:15]

(다윗은 아브넬에게 말했다. "너는 남자가 아니냐? 이스라엘 중에 너 만한 사람이 있겠느냐? 그럼에도 불구하고, 어떻게 너는 주군인 왕을 지키지 않았느냐? 백성 중의 한 사람이 네 주군인 왕을 죽이려고 들어가지 않았느냐?) [사무엘상 26:15]

ダビデは言(い)った、「あなたがたゼルヤの子(こ)たちよ、あなたがたとなん

のかかわりがあって、あなたがたはきょうわたしに敵対(てきたい)するのか。きょう、イスラエルのうちで人(ひと)を殺(ころ)して良(よ)かろうか。わたしが、きょうイスラエルの王(おう)となったことを、どうして自分(じぶん)で知(し)らないことがあろうか」。[サムエル記下 19:22]
(다윗은 말했다. "너희 스루야의 아들들아, 너희가 무슨 상관이 있어 너희는 나에게 적대하느냐? 오늘 이스라엘 사람 중에서 사람을 죽여야 좋을까? 내가 오늘 이스라엘의 왕이 된 것을 어찌하여 자기가 모르는 일이 있겠느냐?") [사무엘하 19:22]

まことに、わが家(や)はそのように、神(かみ)と共(とも)にあるではないか。それは、神(かみ)が、よろず備(そな)わって確(たし)かなとこしえの契約(けいやく)をわたしと結(むす)ばれたからだ。どうして彼(かれ)はわたしの救(すくい)と願(ねが)いを、皆(みな)なしとげられぬことがあろうか。[サムエル記下 23:5]
(실로 내 집은 하나님과 함께 있지 않느냐? 그것은 하나님께서 만사 갖추어지고 확실하고 영원한 언약을 나와 맺으셨기 때문이다. 어찌 하나님께서는 나의 구원과 소망을 모두 완수하시지 않는 일이 있겠느냐?) [사무엘하 23:5]

イスラエルの人々(ひとびと)は皆(みな)、王(おう)が自分(じぶん)たちの言(い)うことを聞(き)きいれないのを見(み)たので、民(たみ)は王(おう)に答(こた)えて言(い)った、「われわれはダビデのうちに何(なん)の分(ぶん)があろうか。われわれはエッサイの子(こ)のうちに嗣業(しぎょう)がない。イスラエルよ、めいめいの天幕(てんまく)に帰(かえ)れ。ダビデよ、今(いま)あなたの家(いえ)を見(み)よ」。そしてイスラエルは皆(みな)彼(かれ)らの天幕(てんまく)へ去(さ)って行(い)った。[列王紀上 10:16]
(모든 이스라엘 사람들은 모두, 왕이 자기들의 말하는 것을 들어주지 않는 것을 보았기 때문에, 백성들은 왕에게 대답하여 말했다. "우리가 다윗에게서 받을 몫은 있을까? 우리는 이새의 아들 중에서 받을 유산이 없다. 이스라엘아, 각자 자기 장막에 돌아가라. 다윗아, 이제 네 집안을 보아라." 그리고 이스라엘은 모두 그들의 장막으로 떠나갔다.) [열왕기상 10:16]

あなたが正(ただ)しくても、全能者(ぜんのうしゃ)になんの喜(よろこ)びがあろう。あなたが自分(じぶん)の道(みち)を全(まっと)うしても、彼(かれ)になんの利益(りえき)があろう。[ヨブ記 22:3]
(네가 옳아도 전능하신 분에게 무슨 기쁨이 있겠느냐? 네가 자기 길을 완수해도 그분께 무슨 유익이 있겠느냐?) [욥기 22:3]

神(かみ)が彼(かれ)を断(た)ち、その魂(たましい)を抜(ぬ)きとられるとき、神(かみ)を信(しん)じない者(もの)になんの望(のぞ)みがあろう。[ヨブ記 27:8]
(하나님께서 그를 끊고, 그 영혼을 빼내실 때, 하나님을 믿지 않는 사람에게 무슨 희망이 있겠느냐?) [욥기 27:8]

だれかヨブのような人(ひと)があろう。彼(かれ)はあざけりを水(みず)のように飲(の)み、[ヨブ記 34:7]
(누가 욥과 같은 사람이 있겠느냐? 그는 조롱하는 말을 물처럼 마시고,) [욥기 34:7]

わたしは心(こころ)に言(い)った、「愚者(ぐしゃ)に臨(のぞ)む事(こと)はわたしにも臨(のぞ)むのだ。それでどうしてわたしは賢(かしこ)いことがあろう」。わたしはまた心(こころ)に言(い)った、「これもまた空(くう)である」と。[伝道の書 2:15]
(나는 마음에 말했다. "우자가(어리석은 사람이) 겪는 일은 나도 겪을 것이다. 그래서 어찌 나는 현명한 일이 있을 것이다." 나는 다시 마음에 말했다. "이것도 또한 헛되다." 라고.) [전도서 2:15]

だれが神(かみ)を離(はな)れて、食(く)い、かつ楽(たの)しむことのできる者(もの)があろう。[伝道の書 2:25]
(누가 하나님을 떠나, 먹고, 또 즐길 수 있는 사람이 있겠느냐?) [전도서 2:25]

あなたがたは鼻(はな)から息(いき)の出入(でい)りする人(ひと)に、たよることをやめよ、このような者(もの)はなんの価値(かち)があろうか。[イザヤ書 2:22]

(너희는 코를 통해 숨이 나가고 들어가는 사람에게 의지하는 것을 그만두라. 이와 같은 사람은 무슨 가치가 있겠느냐?) [이사야 2:22]

「女(おんな)がその乳(ち)のみ子(ご)を忘(わす)れて、その腹(はら)の子(こ)を、あわれまないようなことがあろうか。たとい彼(かれ)らが忘(わす)れるようなことがあっても、わたしは、あなたを忘(わす)れることはない。[イザヤ書 49:15]
("여자가 그 젖먹이를 잊고, 그 배에서 낳은 아이를 가엾게 여기지 않는 일이 있겠느냐? 설령 그들이 잊어버리는 그런 일이 있어도, 나는 너를 잊지 않겠다.) [이사야 49:15]

わたしが出産(しゅっさん)に臨(のぞ)ませて産(う)ませないことがあろうか」と主(しゅ)は言(い)われる。「わたしは産(う)ませる者(もの)なのに胎(たい)をとざすであろうか」とあなたの神(かみ)は言(い)われる。[イザヤ書 66:9]
(내가 출산에 임하게 해서 낳게 하지 않는 일이 있겠느냐?" 라고 주는 말씀하신다. "나는 아이를 낳게 하는 이인데, 어찌 태를 닫겠느냐?" 라고 너의 하나님께서 말씀하신다.) [이사야 66:9]

それゆえ、人(ひと)の子(こ)よ、捕囚(ほしゅう)の荷物(にもつ)を整(ととの)え、彼(かれ)らの目(め)の前(まえ)で昼(ひる)のうちに移(うつ)れ、彼(かれ)らの目(め)の前(まえ)であなたの所(ところ)から他(た)の所(ところ)に移(うつ)れ。彼(かれ)らは反逆(はんぎゃく)の家(いえ)であるが、あるいは彼(かれ)らは顧(かえり)みるところがあろう。[エゼキエル書 12:3]
(그러므로 너 사람아, 포로로 끌려가는 사람의 짐을 정돈하여, 그들 눈앞에서 대낮에 옮겨라. 그들의 눈앞에서 네가 있는 곳으로부터 다른 곳으로 옮겨라. 그들은 반역하는 집안이지만, 혹은 그들은 돌이켜볼 데가 있을 것이다.) [에스겔 12:3]

わたしは彼(かれ)らを陰府(よみ)の力(ちから)から、あがなうことがあろうか。彼(かれ)らを死(し)から、あがなうことがあろうか。死(し)よ、おまえの災(わざわい)はどこにあるのか。陰府(よみ)よ、おまえの滅(ほろ)びはどこ

にあるのか。あわれみは、わたしの目(め)から隠(かく)されている。[ホセア書 13:14]

(나는 그들을 지옥(스올)의 권세에서 속량하는 일이 있겠느냐? 그들을 사망에서 구속(救贖)하는 일이 있겠느냐? 사망아, 네 재앙은 어디에 있느냐? 지옥(스올)아, 네 멸망은 어디 있느냐? 동정심은 내 눈에서 감추어져 있다.) [호세아 13:14]

エフライムよ、わたしは偶像(ぐうぞう)となんの係(かか)わりがあろうか。あなたに答(こた)え、あなたを顧(かえり)みる者(もの)はわたしである。わたしは緑(みどり)のいとすぎのようだ。あなたはわたしから実(み)を得(え)る。[ホセア書 14:8]

(에브라임아, 나는 우상과 무슨 상관이 있느냐? 너에게 대답하고 너를 돌이켜볼 사람은 나이다. 나는 무성한 잣나무와 같다. 너는 나에게서 열매를 얻는다.) [호세아 14:8]

それゆえ、主(しゅ)なる万軍(ばんぐん)の神(かみ)、主(しゅ)はこう言(い)われる、「すべての広場(ひろば)で泣(な)くことがあろう。すべてのちまたで人々(ひとびと)は『悲(かな)しいかな、悲(かな)しいかな』と言(い)う。また彼(かれ)らは農夫(のうふ)を呼(よ)んできて嘆(なげ)かせ、巧(たく)みな泣(な)き女(おんな)を招(まね)いて泣(な)かせ、[アモス書 5:16]

(그러므로 주이신 만군의 하나님, 주께서는 이렇게 말씀하신다. "모든 광장에서 우는 일이 있을 것이다. 모든 거리마다 사람들은 '참으로 슬프도다. 참으로 슬프도다.' 라고 말한다. 또 그들은 농부들을 불러다가 울게 하고, 능숙한 여자 울음꾼을 불러 울게 하고,) [아모스 5:16]

またすべてのぶどう畑(はたけ)にも泣(な)くことがあろう。それはわたしがあなたがたの中(なか)を通(とお)るからである」と主(しゅ)は言(い)われる。[アモス書 5:17]

(또 모든 포도밭에도 우는 소리가 날 것이다. 그것은 내가 너희 가운데를 지나가기 때문이다." 라고 주께서 말씀하신다.) [아모스 5:17]

だれかあなたのように不義(ふぎ)をゆるし、その嗣業(しぎょう)の残(のこ)

れる者(もの)のためにとがを見過(みす)ごされる神(かみ)があろうか。神(かみ)はいつくしみを喜(よろこ)ばれるので、その怒(いか)りをながく保(たも)たず、[ミカ書 7:18]
(아무도 주님처럼 불의를 용서하고, 그 유산이 남을 수 있는 사람을 위해 죄악을 보고도 그냥 두시는 하나님이 있을까? 하나님께서는 자애를 즐거워하시기 때문에 그 진노를 오랫동안 품지 않고,) [미가 7:18]

刻(きざ)める像(ぞう)、鋳像(ちゅうぞう)および偽(いつわ)りを教(おし)える者(もの)は、その作者(さくしゃ)がこれを刻(きざ)んだとてなんの益(えき)があろうか。その作者(さくしゃ)が物言(ものい)わぬ偶像(ぐうぞう)を造(つく)って、その造(つく)ったものに頼(たの)んでみても、なんの益(えき)があろうか。[ハバクク書 2:18]
(조각하는 이가 새긴 상, 주상(부어 만든 상) 및 거짓을 가르치는 사람은, 그 작자가 이것을 새겼다고 하더라도 무슨 유익이 있겠느냐? 그 작자가 말 못하는 우상을 만들어, 그 만든 것에 의지해 보아도, 무슨 유익이 있겠느냐?) [하박국 2:18]

すべて主(しゅ)の命令(めいれい)を行(おこな)うこの地(ち)のへりくだる者(もの)よ、主(しゅ)を求(もと)めよ。正義(せいぎ)を求(もと)めよ。謙遜(けんそん)を求(もと)めよ。そうすればあなたがたは主(しゅ)の怒(いか)りの日(ひ)に、あるいは隠(かく)されることがあろう。[ゼパニヤ書 2:3]
(주님의 명을 행하는 이 땅의 모든 겸손한 사람들아, 주를 찾아라. 정의를 구하라. 겸손을 구하라. 그렇게 하면, 너희는 주께서 진노하시는 날에, 혹시 숨을 수 있을 것이다.) [스바냐 2:3]

[1]彼(かれ)らは頭(あたま)にちりをかぶり、泣(な)き悲(かな)しんで叫(さけ)ぶ、『ああ、禍(わざわい)だ、この大(おお)いなる都(みやこ)は、禍(わざわい)だ。[2]その奢(おご)りによって、海(うみ)に舟(ふね)を持(も)つすべての人(ひと)が富(とみ)を得(え)ていたのに、[3]この都(みやこ)も一瞬(いっしゅん)にして無(む)に帰(き)してしまった14)』。[ヨハネの黙示録 18:19]

> (그들은 머리에 먼지를 쓰고, 울며 슬퍼하면서 부르짖는다. "아, 재앙이다, 이 큰 도읍은 재앙이다. 그 사치 생활로 인해 바다에 배를 가진 모든 사람들이 부를 얻고 있었는데, 이 도읍도 한순간에 무로 돌아가고 말았다.") [18:19]

[1] 彼(かれ)らは頭(あたま)にちりをかぶり、泣(な)き悲(かな)しんで叫(さけ)ぶ、:
그들은 머리에 먼지를 쓰고, 울며 슬퍼하면서 부르짖는다.

이 부분을 타 번역본에서는 다음과 같이 묘사하고 있다.

[例] そして頭(あたま)に塵(ちり)を被(かぶ)り、泣(な)き悲(かな)しつつ叫(さけ)んで言(い)うた, [塚本訳1963]
(그리고 머리에 먼지를 쓰고, 울며 슬퍼하면서 부르짖으며 말했다.)

それから、彼(かれ)らは、頭(あたま)にちりをかぶって、泣(な)き悲(かな)し、叫(さけ)んで言(い)いました。[新改訳1970]
(그리고 그들은 머리에 먼지를 쓰고, 울며 슬퍼하며, 부르짖으며 말했다.)

彼(かれ)らは頭(あたま)にちりを被(かぶ)り、泣(な)き悲(かな)しんで叫(さけ)んだ、[前田訳1978]
(그들은 머리에 먼지를 쓰고, 울며 슬퍼하며, 부르짖었다.)

彼(かれ)らは頭(あたま)に塵(ちり)をかぶり、泣(な)き悲(かな)しんで、こう叫(さけ)んだ。[新共同訳1987]
(그들은 머리에 먼지를 쓰고, 울며 슬퍼하며, 이렇게 부르짖었다.)

この人(ひと)たちは灰(はい)を頭(あたま)にかぶり、泣(な)き悲(かな)しんで叫(さけ)んだ。[フランシスコ会訳1984]
(이 사람들은 재를 먼지에 쓰고, 울며 슬퍼하며, 부르짖었다.)

---

14) [18:17b~18:19]는 세 번째 탄식의 노래이다(에스겔 27:30-27:34 참조). 이상은 フランシスコ会聖書研究所 (1984) 『新約聖書』 サンパウロ. p. 957 주(18-11)에 의함.

彼(かれ)らは自分(じぶん)たちの頭(あたま)に灰(はい)をかぶり、泣(な)き悲(かな)しんで、こう叫(さけ)んだ。[岩波翻訳委員会訳1995]
(그들은 자기들 머리에 재를 쓰고, 울며 슬퍼하며, 이렇게 부르짖었다.)

[2] その奢(おご)りによって、海(うみ)に舟(ふね)を持(も)つすべての人(ひと)が富(とみ)を得(え)ていたのに、: 그 사치 생활로 인해 바다에 배를 가진 모든 사람들이 부를 얻고 있었는데,

한국어 성경을 살펴보면 「その奢(おご)りによって」에 관해 성경 간의 이동이 보인다.

[例] 바다에서 배 부리는 모든 자들이 너의 보배로운 상품으로 치부하였더니 [개역개정 18:19]
바다에서 배 부리는 모든 자들이 너의 보배로운 상품을 인하여 치부하였더니 [개역한글 18:19]
항해하는 배의 선주들이 모두 그 도시의 사치 생활로 말미암아 부자가 되었건만, [공동번역 18:19]
배를 가진 사람은 모두 그 도시의 값진 상품으로 부자가 되었건만, [표준새번역 18:19]
바다에 배들을 띄우던 모든 사람들이 저 도성의 번영을 인해 부를 쌓았거늘 [우리말성경 18:19]

그리고 이 부분에 관해 일본어 타 번역본에서는 다음과 같이 묘사하고 있다.

[例] 海(うみ)に船(ふね)を有(も)つ者(もの)は皆(みな)其所(そこ)で彼女(かのじょ)の(夥(おびただ)しい)珍宝(ちんぽう)によって富(と)んだのに、[塚本訳

1963]
(바다에 배를 가진 모든 사람들은 모두 거기에서 그녀의 (엄청난) 진귀한 보물로 부자가 되었는데,)

すべて海(うみ)に船(ふね)を持(も)つものが彼女(かのじょ)の繁栄(はんえい)で富(と)んだのに、[前田訳1978]
(바다에 배를 가진 모든 사람들이 그녀의 번영으로 부자가 되었는데,)

海(うみ)に船(ふね)を持(も)つ者(もの)が皆(みな)、/ この都(みやこ)で、高価(こうか)な物(もの)を取引(とりひき)し、/ 豊(ゆた)かになったのに、[新共同訳1987]
(바다에 배를 가진 사람들이 모두, / 이 도읍에서 고가의 물건을 거래하고, / 부유하게 되었는데,)

海(うみ)に舟(ふね)を持(も)つ者(もの)はみな、この都(みやこ)のおごりによって富(とみ)を得(え)ていたのに、[新改訳1970]
(바다에 배를 가진 사람들은 모두 이 도읍의 사치로 인해 부를 얻고 있었는데,)

その都(みやこ)のおごりによって、海(うみ)に船(ふね)を持(も)つすべての人(ひと)が富(とみ)を得(え)てたのに、[フランシスコ会訳1984]
(그 도읍의 사치로 인해 바다에 배를 가진 모든 사람들이 부를 얻고 있었는데,)

海(うみ)に船(ふね)を持(も)つ者(もの)が皆(みな)、この都(みやこ)の贅沢(ぜいたく)な生活(せいかつ)のおかげで金持(かねも)ちになったのに、[岩波翻訳委員会訳1995]
(바다에 배를 가진 사람들이 모두 이 도읍의 사치스러운 생활 덕택에 부자가 되었는데,)

[3] この都(みやこ)も一瞬(いっしゅん)にして無(む)に帰(き)してしまった』。: 이 도읍도 한순간에 무로 돌아가고 말았다."

이 부분을 일본어 타 번역본에서는 다음과 같이 표현하고 있다.

[例] 町(まち)はひとときで無(む)に帰(き)した』と。[前田訳1978]
(성읍은 한순간에 무로 돌아갔다.' 고.)

ひとときの間(あいだ)に荒(あ)れ果(は)ててしまうとは。」[新共同訳1987]
(한순간에 몹시 황폐해지고 말다니.")

それが一瞬(いっしゅん)のうちに荒(あ)れすたれるとは。』[新改訳1970]
(그것이 한순간에 황폐해지고 말다니.")

一瞬(いっしゅん)のうちに廃墟(はいきょ)とされてしまうとは」。[岩波翻訳委員会訳1995]
(한순간에 폐허가 되고 말다니.")

一瞬(いっしゅん)のうちに荒(あ)れ果(は)ててしまうとは。」[聖書協会共同訳2018]
(한순간에 몹시 황폐해지고 말다니.")

ヨハネの黙示 18：20
ヨハネの歓喜(かんき)の歌(うた)
요한의 환희의 노래

> [1]天(てん)よ、聖徒(せいと)たちよ、使徒(しと)たちよ、預言者(よげんしゃ)たちよ。この都(みやこ)について大(おお)いに喜(よろこ)べ。[2]神(かみ)は、あなたがたのために、この都(みやこ)をさばかれたのである」。[ヨハネの黙示録 18:20]
> (하늘이여, 성도들이여, 사도들이여, 예언자들이여, 이 도읍에 관해 크게 기뻐하라. 하나님께서는 너희를 위해 이 도읍을 심판하신 것이다.") [18:20]

[1] 天(てん)よ、聖徒(せいと)たちよ、使徒(しと)たちよ、預言者(よげんしゃ)たちよ。: 하늘이여, 성도들이여, 사도들이여, 예언자들이여,

[フランシスコ会聖書研究所(1984)『新約聖書』サンパウロ. p. 957 주(18-12)]에 따르면, 바빌론이 벌을 받는 것에 대한 하늘에서의 기쁨에 관해서는, [신명기 32:43], [시편 96:11], [이사야 44:23, 49:13], [예레미야 51:48]을 참조하라고 나와 있다.

[例] 国々(くにぐに)の民(たみ)よ、主(しゅ)の民(たみ)のために喜(よろこ)び歌(うた)え。主(しゅ)はそのしもべの血(ち)のために報復(ほうふく)し、その敵(てき)にあだを返(かえ)し、その民(たみ)の地(ち)の汚(けが)れを清(きよ)められるからである」。[申命記 32:43]
(모든 나라의 백성들아, 주의 백성을 위해 기뻐하며 노래하라. 주께서는 그 종들의 피를 위해 보복하고, 그 적에게 원수를 갚고, 그 백성의 땅의 더러움을 깨끗하게 해 주시기 때문이다.) [신명기 32:43]

天(てん)は喜(よろこ)び、地(ち)は楽(たの)しみ、海(うみ)とその中(なか)に満

(み)ちるものとは鳴(な)りどよめき、[詩篇 96:11]
(하늘은 기뻐하고, 땅은 즐거워하며, 바다와 그 속에 가득 찬 것은 크게 울려 퍼져라.) [시편 96:11]

天(てん)よ、歌(うた)え、主(しゅ)がこの事(こと)をなされたから。地(ち)の深(ふか)き所(ところ)よ、呼(よ)ばわれ。もろもろの山(やま)よ、林(はやし)およびその中(なか)のもろもろの木(き)よ、声(こえ)を放(はな)って歌(うた)え。主(しゅ)はヤコブをあがない、イスラエルのうちに栄光(えいこう)をあらわされたから。[イザヤ書 44:23]
(하늘아, 노래하여라. 주께서 이 일을 하셨으니까. 땅의 깊은 곳들아, 큰 소리로 불러라. 모든 산들아, 숲 및 그 속에 있는 모든 나무들아, 소리를 내어 노래하여라. 주께서는 야곱을 속량하고 이스라엘 안에 영광을 나타내셨기 때문에.) [이사야 44:23]

天(てん)よ、歌(うた)え、地(ち)よ、喜(よろこ)べ。もろもろの山(やま)よ、声(こえ)を放(はな)って歌(うた)え。主(しゅ)はその民(たみ)を慰(なぐさ)め、その苦(くる)しむ者(もの)をあわれまれるからだ。[イザヤ書 49:13]
(하늘아, 노래하여라. 땅아, 기뻐하라, 모든 산들아, 노래를 내서 노래하여라. 주께서는 그의 백성을 위로하고, 그 고통을 받는 사람들을 불쌍히 여기시기 때문이다.) [이사야 49:13]

天(てん)と地(ち)とそのうちにあるすべてのものはバビロンの事(こと)で喜(よろこ)び歌(うた)う。滅(ほろ)ぼす者(もの)が北(きた)の方(ほう)からここに来(く)るからであると主(しゅ)は言(い)われる。[エレミヤ書 51:48]
(하늘과 땅과 그 안에 있는 모든 것은 바빌론으로 인해 기뻐하고 노래한다. 멸망시키는 자들이 북녘에서 여기에 오기 때문이라고 주께서 말씀하신다.) [예레미야 51:48]

그리고 [フランシスコ会聖書研究所(1984)『新約聖書』サンパウロ. p. 957 주(18

-12)]에 의하면 「聖徒(せいと)たちよ, 使徒(しと)たちよ, 預言者(よげんしゃ)たちよ」에서 「聖徒(せいと)たち=聖(せい)なる人々(ひとびと)」는 일반 그리스도 신자를, 「予言者(よげんしゃ)」는 복음을 전하는 사람(16:6, 18:24 참조)을 가리킨다. 여기에서는 「使徒(しと)たち」를 추가하고 있는데, 이것은 로마에서 순교한 베드로와 바울을 가리키는 것일 것이라고 설명하고 있다.

[2] 神(かみ)は、あなたがたのために、この都(みやこ)をさばかれたのである」。 : 하나님께서는 너희를 위해 이 도읍을 심판하신 것이다".

「さばかれた」는 「さばく」의 レル형 경어 「さばかれる」의 과거인데, 본 절에서는 〈神(かみ)〉를 높이는 데에 쓰이고 있다. 그리고 구어역에서 「さばかれる」는 「さばく」의 수동으로도 사용된다. 실제 요한묵시록에서는 [18:20]에 존경의 예가, [20:12]에 수동의 예가 등장하고 있다.

그럼 구어역 신약성서에서 「さばかれる」의 예를 찾아보자.

1. 「さばかれる」가 존경으로 쓰이는 경우.

[例] そして、これらのことは、わたしの福音(ふくいん)によれば、神(かみ)がキリスト・イエスによって人々(ひとびと)の隠(かく)れた事(こと)がらを<u>さばかれる</u>その日(ひ)に、明(あき)らかにされるであろう。[ローマ人への手紙 2:16]

(그리고 이런 일들은, 내 복음에 의하면, 하나님께서 그리스도・예수에 의해 사람들의 숨겨진 일들을 심판하실 그 날에 드러날 것입니다.) [로마서 2:16]

断(だん)じてそうではない。もしそうであったら、神(かみ)はこの世(よ)を、どう<u>さばかれる</u>だろうか。[ローマ人への手紙 3:6]

(절대로 그렇지 않다. 만일 그렇다면 하나님께서는 이 세상을 어떻게 심판하실까?) [로마서 3:6]

「復讐(ふくしゅう)はわたしのすることである。わたし自身(じしん)が報復(ほうふく)する」と言(い)われ、また「主(しゅ)はその民(たみ)をさばかれる」と言(い)われたかたを、わたしたちは知(し)っている。[ヘブル人への手紙 10:30]
("복수는 내가 하는 일이다. 나 자신이 보복하겠다." 라고 말씀하시고, 또 "주께서는 그 백성을 심판하시겠다." 고 말하신 분을 우리는 알고 있다.) [히브리서 10:30]

すべての人(ひと)は、結婚(けっこん)を重(おも)んずべきである。また寝床(ねどこ)を汚(けが)してはならない。神(かみ)は、不品行(ふひんこう)な者(もの)や姦淫(かんいん)をする者(もの)をさばかれる。[ヘブル人への手紙 13:4]
(모든 사람들은 결혼을 중히 여겨야 한다. 또 잠자리를 더럽혀서는 안 된다. 하나님께서는 품행이 나쁜 자나 간음을 하는 자는 심판하신다.) [히브리서 13:4]

2. 「さばかれる」가 수동으로 쓰이는 경우.

[例] 人(ひと)をさばくな。自分(じぶん)がさばかれないためである。[マタイによる福音書 7:1]
(남을 심판하지 마라. 자기가 심판받고 싶지 않기 위해서이다.) [마태복음 7:1]

あなたがたがさばくそのさばきで、自分(じぶん)もさばかれ、あなたがたの量(はか)るそのはかりで、自分(じぶん)にも量(はか)り与(あた)えられるであろう。[マタイによる福音書 7:2]
(너희가 심판하는 그 심판으로 자신도 심판받고, 너희가 재는 그 저울로 자신에게도 재서 주어질 것이다.) [마태복음 7:2]

人(ひと)をさばくな。そうすれば、自分(じぶん)もさばかれることがないであろう。また人(ひと)を罪(つみ)に定(さだ)めるな。そうすれば、自分(じぶん)も罪(つみ)に定(さだ)められることがないであろう。ゆるしてやれ。そうすれば、自分(じぶん)もゆるされるであろう。[ルカによる福音書 6:37]

(남을 심판하지 마라. 그렇게 하면 자신도 심판받지 않을 것이다. 또 남을 정죄하지 마라. 그렇게 하면 자신도 정죄되지 않을 것이다. 용서해 주어라. 그러면 자신도 용서받을 것이다.) [누가복음 6:37]

彼(かれ)を信(しん)じる者(もの)は、裁(さば)かれない。信(しん)じない者(もの)は、すでに裁(さば)かれている。神(かみ)の独(ひと)り子(ご)の名(な)を信(しん)じることをしないからである。[ヨハネによる福音書 3:18]
(그를 믿는 사람은 심판을 받지 않는다. 믿지 않는 사람은 이미 심판을 받았다. 하나님의 독생자의 이름을 믿지 않았기 때문이다.) [요한복음 3:18]

よくよくあなたがたに言(い)っておく。わたしの言葉(ことば)を聞(き)いて、わたしを遣(つか)わされた方(かた)を信(しん)じる者(もの)は、永遠(えいえん)の命(いのち)を受(う)け、また裁(さば)かれることがなく、死(し)から命(いのち)に移(うつ)っているのである。[ヨハネによる福音書 5:24]
(분명히 말해 두겠다. 내 말을 듣고 나를 보내신 분을 믿는 사람은 영원한 생명을 받고 또한 심판받지 않고 죽음에서 생명으로 옮겨진다.) [요한복음 5:24]

今(いま)はこの世(よ)が裁(さば)かれる時(とき)である。今(いま)こそこの世(よ)の君(きみ)は追(お)い出(だ)されるであろう。[ヨハネによる福音書 12:31]
(지금은 이 세상이 심판받을 때이다. 지금이야 말로 이 세상의 지배자가 쫓겨날 것이다.) [요한복음 12:31]

裁(さば)きについてと言(い)ったのは、この世(よ)の君(きみ)が裁(さば)かれるからである。[ヨハネによる福音書 16:11]
(심판에 관해서라고 한 것은, 이 세상의 지배자가 심판받기 때문이다.) [요한복음 16:11]

そのわけは、律法(りっぽう)なしに罪(つみ)を犯(おか)した者(もの)は、また律法(りっぽう)なしに滅(ほろ)び、律法(りっぽう)のもとで罪(つみ)を犯(おか)した者(もの)は、律法(りっぽう)によってさばかれる。[ローマ人への手

紙 2:12]
(그 까닭은 율법 없이 죄를 범한 사람은, 또 율법 없이 망하고, 율법 하에서 죄를 범한 사람은 율법을 따라 심판받는다.) [로마서 2:12]

しかし、もし神(かみ)の真実(しんじつ)が、わたしの偽(いつわ)りによりいっそう明(あき)らかにされて、神(かみ)の栄光(えいこう)となるなら、どうして、わたしはなおも罪人(つみびと)としてさばかれるのだろうか。[ローマ人への手紙 3:7]
(그러나 만일 하나님의 진실이 내 거짓에 의해 더욱 분명하게 드러나고, 하나님의 영광이 된다면, 어째서 나는 여전히 죄인으로 심판받는 것일까?) [로마서 3:7]

わたしはあなたがたにさばかれたり、人間(にんげん)の裁判(さいばん)にかけられたりしても、なんら意(い)に介(かい)しない。いや、わたしは自分(じぶん)をさばくこともしない。[コリント人への第一の手紙 4:3]
(나는 여러분에게서 심판을 받거나, 세상 재판에 처해지거나 해도, 전혀 개의치 않다. 아니, 나는 내 자신을 심판하지도 않는다.) [고린도전서 4:3]

それとも、聖徒(せいと)は世(よ)をさばくものであることを、あなたがたは知(し)らないのか。そして、世(よ)があなたがたによってさばかれるべきであるのに、きわめて小(ちい)さい事件(じけん)でもさばく力(ちから)がないのか。[コリント人への第一の手紙 6:2]
(그렇지 않으면, 성도들은 세상을 심판할 것이라는 것을 여러분은 모르느냐? 그리고 세상이 여러분에 의해 심판받아야 하는 것임에도 불구하고, 극히 작은 사건도 심판하는 힘이 없느냐?) [고린도전서 6:2]

しかし、自分(じぶん)をよくわきまえておくならば、わたしたちはさばかれることはないであろう。[コリント人への第一の手紙 11:31]
(그러나 자신을 잘 분별해 두면 우리는 심판받지 않을 것이다.) [고린도전서 11:31]

しかし、さばかれるとすれば、それは、この世(よ)と共(とも)に罪(つみ)に定(さだ)められないために、主(しゅ)の懲(こ)らしめを受(う)けることなので

ある。[コリント人への第一の手紙 11:32]

(그러나 심판을 받는다고 하면, 그것은 이 세상과 함께 정죄함을 받지 않기 위해, 주님의 징계를 받는 것이다.) [고린도전서 11:32]

しかし、全員(ぜんいん)が預言(よげん)をしているところに、不信者(ふしんじゃ)か初心者(しょしんじゃ)がはいってきたら、彼(かれ)の良心(りょうしん)はみんなの者(もの)に責(せ)められ、<u>みんなの者(もの)にさばかれ</u>、[コリント人への第一の手紙 14:24]

(그러나 전원이 예언을 하고 있는 데에, 불신자나 초신자가 들어오면, 그의 양심은 모든 사람에게서 질책을 받고 모든 사람에게서 심판을 받아,) [고린도전서 14:24]

しかし、今(いま)の天(てん)と地(ち)とは、同(おな)じ御言(みことば)によって保存(ほぞん)され、<u>不信仰(ふしんこう)な人々(ひとびと)がさばかれ</u>、滅(ほろ)ぼさるべき日(ひ)に火(ひ)で焼(や)かれる時(とき)まで、そのまま保(たも)たれているのである。[ペテロの第二の手紙 3:7]

(그러나 지금 있는 하늘과 땅은 같은 말씀으로 보존되고, 믿음이 없는 사람들이 심판받아, 멸망을 당해야 할 날에 불로 태워질 때까지, 그대로 보존되고 있다.) [베드로후서 3:7]

ヨハネの黙示 18：21 – 18：24
刑罰(けいばつ)の実行(じっこう)
형벌의 실행

> すると、一人(ひとり)の力強(ちからづよ)い御使(みつかい)が、[1]大(おお)きな碾(ひ)き臼(うす)のような石(いし)を持(も)ちあげ、それを海(うみ)に投(な)げ込(こ)んで言(い)った、「[2]大(おお)いなる都(みやこ)バビロンは、このように激(はげ)しく打(う)ち倒(たお)され、[3]そして、全(まった)く姿(すがた)を消(け)してしまう。[ヨハネの黙示録 18:21]
> (그러자, 힘센 한 천사가 큰 맷돌과 같은 돌을 들어 올려, 그것을 바다에 내던지며 말했다, "큰 도읍 바빌론은 이처럼 격하게 맞아 쓰러져서 완전히 모습을 감추고 만다.) [18:21]

[1] 大(おお)きな碾(ひ)き臼(うす)のような石(いし)を持(も)ちあげ、それを海(うみ)に投(な)げ込(こ)んで言(い)った、: 큰 맷돌과 같은 돌을 들어 올려, 그것을 바다에 내던지며 말했다,

「ひきうす[挽き臼・碾き臼]」는 「맷돌=石臼(いしうす)」이고, 「持(も)ちあげ、」는 「持(も)つ」의 연용형 「持(も)ち」에 공간적 이동을 나타내는 후항동사 「~あげる」가 결합된 복합동사 「持(も)ちあげる」(들어 올리다)의 연용 중지법인데, 단순 연결 용법으로 후속문에 접속되고 있다.

[例] それからわたしが目(め)をあげて見(み)ていると、ふたりの女(おんな)が出(で)てきた。これに、こうのとり[鸛]の翼(つばさ)のような翼(つばさ)があり、その翼(つばさ)に風(かぜ)をはらんで、エパ枡(ます)を天(てん)と地(ち)との間(あいだ)に持(も)ちあげた。[ゼカリヤ書 5:9]
(그리고 내가 고개를 들어 보고 있으니, 두 여인이 나왔다. 이것에 황새 날개와

같은 날개가 있고, 그 날개에 바람을 안고, 에바를 하늘과 땅 사이에 들어 올렸다.)
[스가랴 5:9]

その日(ひ)には、わたしはエルサレムをすべての民(たみ)に対(たい)して重(おも)い石(いし)とする。これを持(も)ちあげる者(もの)はみな大傷(おおきず)を受(う)ける。地(ち)の国々(くにぐに)の民(たみ)は皆(みな)集(あつ)まって、これを攻(せ)める。[ゼカリヤ書 12:3]
(그 날에는, 나는 예루살렘을 모든 백성에 대해 무거운 돌로 삼는다. 이것을 들어 올리는 자는 모두 큰 상처를 입는다. 땅에 있는 모든 나라의 백성들은 모두 모여 이것을 공격한다.) [스가랴 12:3]

본 절은, [フランシスコ会聖書研究所(1984)『新約聖書』サンパウロ. p. 957 주(18-13)]에 따르면, [예레미야 51:63~51:64]와 [에스겔 26:21]에 의거한다고 한다. 「大(おお)きな碾(ひ)き臼(うす)のような石(いし)を持(も)ちあげ、それを海(うみ)に投(な)げ込(こ)んで」와 같은 상징적 행위는 완전한 멸망을 의미하고, 이 점은 천사의 말에 의해 설명된다고 한다.

[例] あなたがこの巻物(まきもの)を読(よ)み終(おわ)ったならば、これに石(いし)をむすびつけてユフラテ川(がわ)の中(なか)に投(な)げこみ、[エレミヤ書 51:63]
(그대가 이 두루마리 책을 다 읽으면, 이것에 돌을 매달아서, 유프라테스 강 속에 던져 넣고,) [예레미야 51:63]

そして言(い)いなさい、『バビロンはこのように沈(しず)んで、二度(ど)と上(あ)がってこない。わたしがこれに災(わざわい)を下(くだ)すからである』と」。ここまではエレミヤの言葉(ことば)である。[エレミヤ書 51:64]
(그리고 말하라, '바빌로니아는 이와 같이 가라앉아, 두 번 다시 떠오르지 않는다. 주께서 여기에 재앙을 내리기 때문에.' 여기까지가 예레미야의 말이다.) [예레미야

51:64]

わたしはあなたの終(おわ)りを、恐(おそ)るべきものとする。あなたは無(む)に帰(き)する。あなたを尋(たず)ねる人(ひと)があっても、永久(えいきゅう)に見(み)いださないと、主(しゅ)なる神(かみ)は言(い)われる」。[エゼキエル書 26:21]

(나는 네 종말을 두려워하는 것으로 삼겠다. 너는 무로 돌아간다. 너를 찾는 사람이 있어도, 영구히 찾지 못한다고 주인 하나님께서는 말씀하신다.") [에스겔 26:21]

[2] 大(おお)いなる都(みやこ)バビロンは、このように激(はげ)しく打(う)ち倒(たお)され、: 큰 도읍 바빌론은 이처럼 격하게 맞아 쓰러져서

「打(う)ち倒(たお)され、」는 복합동사 「打(う)ち倒(たお)す」의 수동 「打(う)ち倒(たお)される」의 연용 중지법인데, 후속문에 원인・이유의 용법으로 연결되고 있다. 「打(う)ち倒(たお)す」는 「때려 쓰러뜨리다, 타도하다, 뒤집다」의 뜻을 나타내는 복합동사인데, 수동인 「打(う)ち倒(たお)される」를 여기에서는 「맞아 쓰러지다」로 번역해 둔다.

[例] ――亜麻(あま)と大麦(おおむぎ)は打(う)ち倒(たお)された。大麦(おおむぎ)は穂(ほ)を出(だ)し、亜麻(あま)は花(はな)が咲(さ)いていたからである。[出エジプト記 9:31]

(――삼과 보리는 맞아 쓰러졌다(피해를 입지 않았다). 보리는 이삭을 내고, 삼은 꽃이 피어 있었기 때문에.) [출애굽기 9:31]

小麦(こむぎ)とスペルタ麦(むぎ)はおくてであるため打(う)ち倒(たお)されなかった。[出エジプト記 9:32]

(밀과 귀리는 늦게 익는 품종이기 때문에 맞아 쓰러지지 않았다(피해를 입지 않았다.) [출애굽기 9:32]

その時(とき)あなたがたが死(し)とたてた契約(けいやく)は取(と)り消(け)され、陰府(よみ)と結(むす)んだ協定(きょうてい)は行(おこな)われない。みなぎりあふれる災(わざわい)の過(す)ぎるとき、あなたがたはこれによって打(う)ち倒(たお)される。[イザヤ書 28:18]
(그때 너희가 죽음과 맺은 계약은 취소되고 음부와 맺은 협정은 이루어지지 않는다. 가득 넘쳐흐르는 재앙이 지나갈 때, 너희는 이것에 의해 맞아 쓰러진다.) [이사야 28:18]

그리고 「打(う)ち倒(たお)される」는 다음과 같이 「打(う)ち倒(たお)す」의 レル형 경어로도 쓰인다.

[例] 神(かみ)の怒(いか)りが彼(かれ)らにむかって立(た)ちのぼり、彼(かれ)らのうちの最(もっと)も強(つよ)い者(もの)を殺(ころ)し、イスラエルのうちのえり抜(ぬ)きの者(もの)を打(う)ち倒(たお)された。[詩篇 78:31]
(하나님의 진노가 그들을 향해 떠오르고, 그들 중에서 가장 힘센 사람을 죽이고, 이 그들에게 진노하셨다. 이스라엘 중에서 추려낸 사람들을 때려눕히셨다.) [시편 78:31]

[3] そして、全(まった)く姿(すがた)を消(け)してしまう。: 완전히 모습을 감추고 만다.

「まったく」는 진술부사로서 뒤에 오는 술어 내용에 따라 의미가 달라진다. 본 절의 「姿(すがた)を消(け)してしまう」(모습을 감추고 만다)와 같이 ①긍정 술어와 함께 쓰이면 「정말, 아주, 완전히」의 뜻을, ②부정 술어와 같이 사용되면 「전혀」의 뜻을 나타낸다.

□ 「まったく」의 의미・용법

1. 「まったく＋긍정 술어」

[例] まったくそのとおりです。
(정말 말씀하신 그대로입니다.)

まったくおっしゃるとおりです。
(정말 말씀하시는 대로입니다.)

彼(かれ)は全(まった)く困(こま)った男(おとこ)だ。
(그는 정말 골치 아픈 남자다.)

二人(ふたり)の学生(がくせい)が試験(しけん)でまったく同(おな)じ答(こた)えを書(か)いたら、教師(きょうし)は一応(いちおう)カンニングを疑(うたが)わざるを得(え)ない。
(두 학생이 시험에서 아주 똑같은 답을 썼다면 교사는 일단 커닝을 의심하지 않을 수 없다.)

先(さき)ごろ、チゥダが起(おこ)って、自分(じぶん)を何(なに)か偉(えら)い者(もの)のように言(い)いふらしたため、彼(かれ)に従(したが)った男(おとこ)の数(かず)が、四百人(よんひゃくにん)ほどもあったが、結局(けっきょく)、彼(かれ)は殺(ころ)されてしまい、従(したが)った者(もの)もみな四散(しさん)して、全(まった)く跡方(あとかた)もなくなっている。[使徒行伝 5:36]
(이전에 드다가 일어나서, 자기를 무슨 위대한 사람인 것처럼 인물이라고 선전하니, 그를 따르던 남자 수가 약 사백 명이나 되었지만, 결국 그는 죽음을 당하고, 따르던 사람들은 모두 다 흩어지고, 완전히 간곳이 없어졌다.) [사도행전 5:36]

この聖霊(せいれい)は、わたしたちが神(かみ)の国(くに)をつぐことの保証(ほしょう)であって、やがて神(かみ)につける者(もの)が全(まった)くあがなわれ、神(かみ)の栄光(えいこう)をほめたたえるに至(いた)るためであ

る。[エペソ人への手紙 1:14]
(이 성령은 우리들이 하나님의 나라를 잇는 것의 보증이어서, 나중에 하나님을 따르는 사람들이 완전히 속죄 받고, 하나님의 영광을 찬미하고 칭송하게끔 이르게 하기 위해서이다.) [에베소서 1:14]

愛(あい)する者(もの)たちよ。わたしたちは、このような約束(やくそく)を与(あた)えられているのだから、肉(にく)と霊(れい)とのいっさいの汚(けが)れから自分(じぶん)をきよめ、神(かみ)をおそれて全(まった)く清(きよ)くなろうではないか。[コリント人への第二の手紙 7:1]
(사랑하는 여러분, 우리는 이러한 약속을 받았으니, 육과 영의 모든 더러움에서 자기를 깨끗하게 하고, 하나님을 두려워하고 완전히 깨끗해지지 않겠느냐?) [고린도후서 7:1]

わたしは、あなたがたに全(まった)く信頼(しんらい)することができて、喜(よろこ)んでいる。[コリント人への第二の手紙 7:16]
(나는 여러분을 완전히 신뢰할 수 있어서 기뻐하고 있다.) [고린도후서 7:16]

どうか、平和(へいわ)の神(かみ)ご自身(じしん)が、あなたがたを全(まった)くきよめて下(くだ)さるように。また、あなたがたの霊(れい)と心(こころ)とからだとを完全(かんぜん)に守(まも)って、わたしたちの主(しゅ)イエス・キリストの来臨(らいりん)のときに、責(せ)められるところのない者(もの)にして下(くだ)さるように。[テサロニケ人への第一の手紙 5:23]
(부디 평화의 하나님께서 직접 여러분을 완전히 맑게 해 주시기를 빕니다. 또 여러분의 영과 마음과 몸을 완전히 지켜서, 우리 주 예수 그리스도께서 내림할 때, 흠이 없는 사람으로 해 주시기를 빕니다.) [데살로니가전서 5:23]

すると、もうひとりの御使(みつかい)が聖所(せいじょ)から出(で)てきて、雲(くも)の上(うえ)に座(ざ)している者(もの)にむかって大声(おおごえ)で叫(さけ)んだ、「かまを入(い)れて刈(か)り取(と)りなさい。地(ち)の穀物(こくもつ)は全(まった)く実(みの)り、刈(か)り取(と)るべき時(とき)がきた」。

[ヨハネの黙示録 14:15]
(그러자, 또 다른 천사가 성전에서 나와서, 구름 위에 앉아 있는 이를 향해 큰소리로 외쳤다. "낫을 대서 수확하라. 땅에 있는 곡물이 완전히 무르익어, 거두어들여야 할 때가 왔다.") [요한묵시록 14:15]

2.「まったく＋부정 술어」

[例] これはエンジンの設計(せっけい)とは<u>まったく違(ちが)った</u>難(むずか)しさがあるのです。
(이것은 엔진 설계와는 전혀 다른 어려움이 있습니다.)

「書(しょ)」については<u>まったくわかりませんし</u>、「書(しょ)」をやったこともありませんから、<u>まったくだめ</u>なのですが。
("서도"에 관해서는 전혀 모르고, "서도"를 한 적도 없으니 전혀 못합니다.)

何(なに)を言(い)っているのか、もちろん<u>まったく分(わ)からない</u>。
(무슨 말을 하고 있는지 물론 전혀 모르겠다.)

あんなに勝手(かって)なことを言(い)うとは、彼(かれ)は<u>全(まった)くリーダーらしくない</u>。
(그렇게 제멋대로 말하다니 그는 전혀 지도자답지 않다.)

だから、テレビ番組(ばんぐみ)に出演(しゅつえん)したときに、<u>料理(りょうり)のまったくできない</u>という奥(おく)さんがいて、とても驚(おどろ)きました。
(따라서 텔레비전 프로에 출연했을 때, 요리를 전혀 못한다고 하는 부인이 있어 무척 놀랬습니다.)

また、世界(せかい)には、火山(かざん)の活動(かつどう)が<u>まったく起(お)こらない</u>地域(ちいき)もたくさんある。
(그리고 세계에는 화산 활동이 전혀 발생하지 않는 지역도 많이 있다.)

ただし、海溝(かいこう)の位置(いち)とはまったく関係(かんけい)のない場所(ばしょ)に分布(ぶんぷ)している山脈(さんみゃく)もある。
(다만, 해구 위치와는 전혀 관계가 없는 장소에 분포하고 있는 산맥도 있다.)15)

そのとき、わたしは彼(かれ)らにはっきり、こう言(い)おう、『あなたがたを全(まった)く知(し)らない。不法(ふほう)を働(はたら)く者(もの)どもよ、行(い)ってしまえ』。[口語訳 / マタイによる福音書 7:23]
(그 때에 나는 그들에게 분명히 이렇게 말할 것이다. '너희를 전혀 알지 못한다. 불법을 행하는 자들아, 가 버려라.') [마태복음 7:23]

そこに十八年間(じゅはちねんかん)も病気(びょうき)の霊(れい)につかれ、かがんだままで、からだを伸(の)ばすことの全(まった)くできない女(おんな)がいた。[ルカによる福音書 13:11]
(거기에 열여덟 해 동안이나 병마에 시달리고, 구부러진 채로, 몸을 전혀 펼 수 없는 여자가 있었다.) [누가복음 13:11]

ピラトは三度目(さんどめ)に彼(かれ)らにむかって言(い)った、「では、この人(ひと)は、いったい、どんな悪事(あくじ)をしたのか。彼(かれ)には死(し)に当(あた)る罪(つみ)は全(まった)くみとめられなかった。だから、むち打(う)ってから彼(かれ)をゆるしてやることにしよう」。[ルカによる福音書 23:22]
(빌라도는 세 번째로 그들을 향해 말하였다. "그럼 이 사람은 도대체 무슨 나쁜 일을 하였느냐? 그에게는 사형에 해당하는 죄는 전혀 인정되지 않았다. 따라서 채찍질하고 나서 그를 사면해 주는 것으로 하겠다.") [누가복음 23:22]

ところが、ルステラに足(あし)のきかない人(ひと)が、すわっていた。彼(かれ)は生(うま)れながらの足(あし)なえで、歩(ある)いた経験(けいけん)が全(まった)くなかった。[使徒行伝14:8]
(그런데, 루스드라에 발을 쓰지 못하는 사람이 앉아 있었다. 그는 태어나면서부터

---

15) [ヨハネによる福音書 9:34]의 설명에서 인용하고 일부 추가함.

앉은뱅이이어서, 걸어 본 경험이 전혀 없었다.) [사도행전 14:8]

きょうの事件(じけん)については、この騒(さわ)ぎを弁護(べんご)できるような理由(りゆう)が全(まった)くないのだから、われわれは治安(ちあん)をみだす罪(つみ)に問(と)われるおそれがある」。[使徒行伝 19:40]
(오늘 사건 때문에, 이 소동을 변호할 수 있는 그런 이유가 전혀 없기 때문에, 우리는 치안을 어지럽히는 죄로 문책을 받을 우려가 있다.") [사도행전 19:40]

すると、どこにわたしたちの誇(ほこ)りがあるのか。全(まった)くない。なんの法則(ほうそく)によってか、行(おこな)いの法則(ほうそく)によってか。そうではなく、信仰(しんこう)の法則(ほうそく)によってである。[ローマ人への手紙 3:27]
(그러면 어디에 우리의 자랑이 있느냐? 전혀 없다. 무슨 법칙에 의해서인가? 행위의 법칙에 의해서인가? 그렇지 않고, 믿음의 법칙에 의해서이다.) [로마서 3:27]

そうでないとすれば、死者(ししゃ)のためにバプテスマを受(う)ける人々(ひとびと)は、なぜそれをするのだろうか。もし死者(ししゃ)が全(まった)くよみがえらないとすれば、なぜ人々(ひとびと)が死者(ししゃ)のためにバプテスマを受(う)けるのか。[コリント人への第一の手紙 15:29]
(그렇지 않다고 하면, 죽은 사람들을 위해, 세례를 받는 사람들은 왜 그것을 할까? 만일 죽은 사람이 절대로 살아나지 않는다고 하면, 무엇 때문에 사람들이 죽은 사람들을 위해 세례를 받는 것이냐?) [고린도전서 15:29]

兄弟(きょうだい)アポロについては、兄弟(きょうだい)たちと一緒(いっしょ)にあなたがたの所(ところ)に行(い)くように、たびたび勧(すす)めてみた。しかし彼(かれ)には、今(いま)行(ゆ)く意志(いし)は、全(まった)くない。適当(てきとう)な機会(きかい)があれば、行(い)くだろう。[コリント人への第一の手紙 16:12]
(형제 아볼로에 관해서는, 형제들과 함께 여러분에게 가라고 여러 번 권해 보았다. 그러나 그에게는 지금 갈 의지는 전혀 없다. 적절한 기회가 있으면, 갈 것이다.) [고린도전서 16:12]

そして、かの「重(おも)だった人(ひと)たち」からは——彼(かれ)らがどんな人(ひと)であったにしても、それは、わたしには全(まった)く問題(もんだい)ではない。神(かみ)は人(ひと)を分(わ)け隔(へだ)てなさらないのだから——事実(じじつ)、かの「重(おも)だった人(ひと)たち」は、わたしに何(なに)も加(くわ)えることをしなかった。[ガラテヤ人への手紙2:6]
(그리고, 그 "유명한 사람들"로부터는—— 그들이 어떤 사람들이었다고 하더라도 그것은 나에게는 전혀 문제가 아니다. 하나님께서는 사람을 차별하지 않으시니까—— 사실, 그 "유명한 사람들"은 나에게 아무것도 제안하지 않았다.) [갈라디아서 2:6]

ピリピの人(ひと)たちよ。あなたがたも知(し)っているとおり、わたしが福音(ふくいん)を宣伝(せんでん)し始(はじ)めたころ、マケドニヤから出(で)かけて行(い)った時(とき)、物(もの)のやりとりをしてわたしの働(はたら)きに参加(さんか)した教会(きょうかい)は、あなたがたのほかには全(まった)く無(な)かった。[ピリピ人への手紙 4:15]
(빌립보의 사람들아. 여러분도 알고 있는 바와 같이, 내가 복음을 선전하기 시작했을 때, 마케도니아에서 나와서 갔을 때, 물건을 주고받으며 내 활동에 참가한 교회는 여러분 이외에는 전혀 없었다.) [빌립보서 4:15]

また、おまえの中(なか)では、[1]立琴(たてごと)をひく者(もの)、歌(うた)を歌(うた)う者(もの)、笛(ふえ)を吹(ふ)く者(もの)、ラッパを吹(ふ)き鳴(な)らす者(もの)の楽(がく)の音(ね)は全(まった)く聞(き)かれず16)、あらゆる仕事(しごと)の職人(しょくにん)たちも全(まった)く姿(すがた)を消(け)し、また、[2]ひきうすの音(おと)も、全(まった)く聞(き)かれない。[ヨハネの黙示録 18:22]
(그리고 네 안에서는, 하프를 타는 사람들, 노래를 부르는 사람들, 피리를 부는 사람들, 나팔을 불어대는 사람들의 음악 소리는 전혀 들리지 않고, 모든 일의 장인들도 완전히 모습을 감추고, 또 맷돌 소리도 전혀 들리지 않는다.) [18:22]

---

16) 「立琴(たてごと)をひく者(もの)、歌(うた)を歌(うた)う者(もの)、笛(ふえ)を吹(ふ)く者(もの)、ラッパを吹(ふ)き鳴(な)らす者(もの)の楽(がく)の音(ね)は全(まった)く聞(き)かれず」에 관해서는 이사야24:8, 에스겔 26:13 참조. 이상은 [フランシスコ会聖書研究所(1984)『新約聖書』サンパウロ. p. 959 주(18-14)]에 의함.

[1] 立琴(たてごと)をひく者(もの)、歌(うた)を歌(うた)う者(もの)、笛(ふえ)を吹(ふ)く者(もの)、ラッパを吹(ふ)き鳴(な)らす者(もの)の楽(がく)の音(ね)は全(まった)く聞(き)かれず、: 하프를 타는 사람들, 노래를 부르는 사람들, 피리를 부는 사람들, 나팔을 불어대는 사람들의 음악 소리는 전혀 들리지 않고,

「ラッパを吹(ふ)き鳴(な)らす」의 「吹(ふ)き鳴(な)らす」는 「吹(ふ)く」의 연용형 「吹(ふ)き」에 후항동사 「~鳴(な)らす」가 결합한 복합동사로 한국어의 「불어서 울리다, 불어대다, 불다」에 상당하는데 여기에서는 「나팔을 불어대다」로 번역해 둔다.

「楽(がく)の音(ね)」는 한국어의 「음악 소리」로 「天上(てんじょう)の楽(がく)の音(ね)」(천상의 음악 소리), 「なだらかな楽(がく)の音(ね)」(부드러운 음악 소리)와 같이 쓰이는데, 본 절에서는 「[[立琴(たてごと)をひく者(もの) ; 하프를 타는 사람들], [歌(うた)を歌(うた)う者(もの) ; 노래를 부르는 사람들], [笛(ふえ)を吹(ふ)く者(もの) ; 피리를 부는 사람들], [ラッパを吹(ふ)き鳴(な)らす者(もの) ; 나팔을 불어대는 사람들]]의 [楽(がく)の音(ね) ; 음악 소리]」와 같이 4개의 연체수식을 받고 있다.

「楽(がく)の音(ね)」는 구어역 성서에서는 본 절의 예가 유일하고 신공동역 성서에서는 다음과 같은 예가 등장한다.

[例] 御前(みまえ)に進(すす)み、感謝(かんしゃ)をささげ / 楽(がく)の音(ね)に合(あ)わせて喜(よろこ)びの叫(さけ)びをあげよう。[新共同訳 / 詩編 95:2]
(하나님 앞에 나아가서, 감사를 드리고, / 음악 소리에 맞추어 기쁨의 외침을 올리자.) [시편 95:2]

琴(こと)に合(あ)わせてほめ歌(うた)え / 琴(こと)に合(あ)わせ、楽(がく)の音(ね)に合(あ)わせて。[新共同訳 / 詩編 98:5]
(하프에 맞추어 칭송하며 노래를 불러라 / 하프에 맞추어, 음악 소리에 맞추어.) [시편 98:5]

またある者(もの)は楽(がく)の音(ね)を究(きわ)め、/ 詩歌(しいか)を書(か)き記(しる)した。[新共同訳 / シラ書[集会の書] 44:5]
(어떤 사람들은 음악 소리를 깊이 연구하고, 시가를 기록했다.) [집회서 44:5]

「全(まった)く聞(き)かれず」の「聞(き)かれず」는 「聞(き)く」의 수동 「聞(き)かれる」에 부정의 조동사 「~ず」가 접속한 것으로 의미적으로는 「聞(き)かれないで」와는 동가이다. 성서에서 예를 들면 다음과 같다.

[例] 暴虐(ぼうぎゃく)は、もはやあなたの地(ち)に聞(き)かれず、荒廃(こうはい)と滅亡(めつぼう)は、もはやあなたの境(さかい)のうちに聞(き)かれず、あなたはその城壁(じょうへき)を「救(すくい)」ととなえ、その門(もん)を「誉(ほまれ)」ととなえる。[イザヤ書 60:18]
(포학은 더 이상 너의 땅에 들리지 않고, 황폐와 멸망은 더 이상 네 국경 안에 들리지 않고, 너는 그 성벽을 "구원"이라고 부르고, 그 성문을 "찬송"이라고 부른다.) [이사야 60:18]

お前(まえ)の訴(うった)えは聞(き)かれず / 傷口(きずぐち)につける薬(くすり)はなく / いえることもない。[新共同訳 / エレミヤ書 30:13]
(네 고소는 들리지 않고, / 네 상처 자리에 바를 약은 없고, / 낫지도 않는다.) [예레미야 30:13]

知恵(ちえ)はカナンで聞(き)かれず、/ テマンでも見(み)られなかった。[新共同訳 / バルク書 3:22]
(지혜는 가나안에서 들리지 않고, / 테만에서도 보이지 않았다.) [바룩서 3:22]

「聞(き)かれず」는 「聞(き)かず」의 レル형 경어로도 쓰인다.

[例] 神(かみ)は偽(いつわ)りを聞(き)かれず / 全能者(ぜんのうしゃ)はそれを顧(かえり)みられない。[新共同訳 / ヨブ記 35:13]
(하나님께서는 거짓을 듣지 않으시고 / 전능하신 분은 그것을 돌보지 않으신다.) [욥기 35:13]

[2] ひきうすの音(おと)も、全(まった)く聞(き)かれない。: 맷돌 소리도 전혀 들리지 않는다.

「まったく聞(き)かれない」의 「聞(き)かれない」는 「聞(き)く」의 수동 「聞(き)かれる」에 부정의 조동사 「~ない」가 접속된 것으로 그 예를 성서에서 들면 다음과 같다.

[例] また、その夜(よる)は、はらむことのないように。喜(よろこ)びの声(こえ)がそのうちに聞(き)かれないように。[ヨブ記 3:7]
(또 그 밤은 잉태하지 않기를 빕니다. 기쁨의 소리가 그 안에 들리지 않기를 빕니다.) [욥기 3:7]

万軍(ばんぐん)の主(しゅ)は言(い)われる、見(み)よ、わたしはあなたに臨(のぞ)む。わたしはあなたの戦車(せんしゃ)を焼(や)いて煙(けむり)にする。つるぎはあなたの若(わか)いししを滅(ほろ)ぼす。わたしはまた、あなたの獲物(えもの)を地(ち)から断(た)つ。あなたの使者(ししゃ)の声(こえ)は重(かさ)ねて聞(き)かれない。[ナホム書 2:13]
(만군의 주께서 말씀하신다. 보아라! 나는 너에게 임하겠다. 나는 네 병거를 태워 연기로 만들겠다. 칼은 너의 새끼 사자들을 멸망시킨다. 나는 또 네 먹이를 땅에서 끊어 버리겠다. 네가 사자의 소리는 다시 들리지 않을 것이다.) [나훔 2:13]

耳(みみ)を閉(と)じて貧(まず)しい者(もの)の呼(よ)ぶ声(こえ)を聞(き)かない者(もの)は、自分(じぶん)が呼(よ)ぶときに、聞(き)かれない。[箴言 21:13]
(귀를 막고 가난한 사람이 부르는 소리를 듣지 않는 사람은, 자기가 부를 때에 들

리지 않는다.) [잠언 21:13]

「聞(き)かれない」는「聞(き)かない」의 レル형 경어로도 쓰인다.

[例] まことに神(かみ)はむなしい叫(さけ)びを聞(き)かれない。また全能者(ぜんのうしゃ)はこれを顧(かえり)みられない。[ヨブ記 35:13]
(정말로 하나님께서는 헛된 외침을 듣지 않으신다. 전능하신 분께서는 이것을 돌아보지 않으신다.) [욥기 35:13]

わが神(かみ)、わが神(かみ)、なにゆえわたしを捨(す)てられるのですか。なにゆえ遠(とお)く離(はな)れてわたしを助(たす)けず、わたしの嘆(なげ)きの言葉(ことば)を聞(き)かれないのですか。[詩篇 22:1]
(내 하나님이여, 내 하나님이여, 어찌하여 나를 버리십니까? 왜 멀리 떨어져서 나를 돕지 않고 내 한탄하는 말을 듣지 않으십니까?) [시편 22:1]

また、[1]おまえの中(なか)では、明(あ)かりもともされず、花婿(はなむこ)、花嫁(はなよめ)の声(こえ)も聞(き)かれない。[2]というのは、おまえの商人(しょうにん)たちは地上(ちじょう)で勢力(せいりょく)を張(は)る者(もの)となり、[3]すべての国民(こくみん)はおまえのまじないでだまされ、[ヨハネの黙示録 18:23]
(그리고 네 안에서는 등불도 켜지지 않고, 신랑, 신부의 음성도 들리지 않는다. 왜냐하면 네 상인들은 지상에서 세력을 떨치는 사람이 되고, 모든 백성은 네 주술에 속아 넘어가고,) [18:23]

[18:22]~[18:23a]는 당시 여러 가지 기쁨을 나타내는 것이 모두 사라져 없어져서 큰 도시가 황폐해진 것을 묘사한다.

[1] おまえの中(なか)では、明(あ)かりもともされず、: 네 안에서는 등불도 켜지지 않고,

「明(あ)かりもともされず、」의 「ともされず、」는 「ともす[点す·灯す·燈す]」(불을 켜다)의 수동 「ともされる」에 부정의 「~ず」가 접속된 것으로 한국어의 「켜지지 않고」에 상당하는 뜻을 나타내는데, 구어역에서는 본 절의 예가 유일하다.

이 부분에 관해 타 번역본에서 다음과 같이 기술하고 있다.

[例] また燈火(ともしび)の光(ひかり)は最早(もはや)決(けっ)してお前(まえ)の中(なか)にて<u>照(て)りり)輝(かがや)かず</u>、[塚本訳1963]
(다시 등불의 빛은 더 이상 결코 네 안에서 (휘황찬란하게) 빛나지 않고,)

ともしびの光(ひかり)は、もうおまえのうちに<u>輝(かがや)かなくなる</u>。[新改訳1970]
(등불의 빛은 이제 네 안에 빛나지 않게 된다.)

ともしびの光(ひかり)はもはやそこで<u>輝(かがや)かず</u>、[前田訳1978]
(등불의 빛은 더 이상 거기에서 빛나지 않고,)

灯(ともしび)の光(ひかり)も、もう、おまえのうちには全(まった)く<u>輝(かがや)かず</u>、[フランシスコ会訳1984]
(등불의 빛도 이제 네 안에는 전혀 빛나지 않고,)

ともし火(ひ)の明(あ)かりも、 / もはや決(けっ)してお前(まえ)のうちには<u>輝(かがや)かない</u>。[新共同訳1987]
(등불의 빛도 / 더 이상 결코 네 안에는 빛나지 않는다.)

また、灯火(ともしび)の明(あ)かりも、お前(まえ)の中(なか)では、もはや決(けっ)して<u>輝(かがや)くことはない</u>。[岩波翻訳委員会訳1995]

(다시 등불의 빛도 네 안에서는 더 이상 결코 빛나지는 않는다.)

[2] というのは、おまえの商人(しょうにん)たちは地上(ちじょう)で勢力(せいりょく)を張(は)る者(もの)となり、: 왜냐하면 네 상인들은 지상에서 세력을 떨치는 사람이 되고,

「というのは[と言うのは]」는 연어(連語)로서 문두에 쓰여 한국어의 「왜냐하면, 그 까닭은, 그 이유는」에 상당하는 뜻을 나타낸다.

[例] <u>というのは</u>、ヘロデは先(さき)に、自分(じぶん)の兄弟(きょうだい)ピリポの妻(つま)ヘロデヤのことで、ヨハネを捕(とら)えて縛(しば)り、獄(ごく)に入(い)れていた。[マタイによる福音書 14:3]
(왜냐하면 헤롯은 일찍이 자기 형제 빌립의 아내 헤로디아 일로, 요한을 붙잡아서 묶고 감옥에 집어넣고 있었기 때문이다.) [마태복음 14:3]

<u>というのは</u>、ヨハネがあなたがたのところに来(き)て、義(ぎ)の道(みち)を説(と)いたのに、あなたがたは彼(かれ)を信(しん)じなかった。ところが、取税人(しゅぜいにん)や遊女(ゆうじょ)は彼(かれ)を信(しん)じた。あなたがたはそれを見(み)たのに、あとになっても、心(こころ)を入(い)れ替(か)えて彼(かれ)を信(しん)じようとしなかった。[マタイによる福音書 21:32]
(그 이유는 요한이 너희에게 와서, 의의 길을 설명했는데도, 너희는 그를 믿지 않았기 때문이다. 그러나 세리와 유녀들은 그를 믿었다. 너희는 그것을 보았는데도 나중에 되어도 마음을 고쳐먹고 그를 믿으려고 하지 않았다.) [마태복음 21:32]

<u>というのは</u>、神(かみ)がわたしたちに下(くだ)さったのは、臆(おく)する霊(れい)ではなく、力(ちから)と愛(あい)と慎(つつし)みとの霊(れい)なのである。[テモテへの第二の手紙 1:7]
(왜냐하면 하나님께서 우리에게 주신 것은 겁을 내는 영이 아니라, 힘과 사랑과 절제의 영이다.) [디모데후서 1:7]

その木(き)はみんな枯(か)れているようだった。というのは、その木(き)には葉(は)が一枚(いちまい)もついていなかったからだ。
(그 나무는 전부 죽어 있는 것 같았다. 왜냐하면 그 나무에는 잎이 한 장도 붙어 있지 않았기 때문이다.)

「おまえの商人(しょうにん)たちは地上(ちじょう)で勢力(せいりょく)を張(は)る者(もの)となり」에 관해서는 [フランシスコ会聖書研究所(1984)『新約聖書』サンパウロ. p. 959 주(18-14)]에 따르면, [이사야 43:9]와 [예레미야 7:34, 25:10]을 참조하라고 나와 있다.

[例] 国々(くにぐに)はみな相(あい)つどい、もろもろの民(たみ)は集(あつ)まれ。彼(かれ)らのうち、だれがこの事(こと)を告(つ)げ、さきの事(こと)どもを、われわれに聞(き)かせることができるか。その証人(しょうにん)を出(だ)して、おのれの正(ただ)しい事(こと)を証明(しょうめい)させ、それを聞(き)いて「これは真実(しんじつ)だ」と言(い)わせよ。[イザヤ書 43:9]
(여러 나라는 모두 함께 모이고, 모든 백성들은 모여라. 그들 가운데 누가 이 일을 알렸고, 예전 일들을 우리에게 들려줄 수 있었느냐? 그 증인을 내놓고 자기들이 옳다는 것을 증명하게 해서, 그것을 듣고 "이것은 진실이다" 하고 말하게 하라.) [이사야 43:9]

そのときわたしはユダの町々(まちまち)とエルサレムのちまたに、喜(よろこ)びの声(こえ)、楽(たの)しみの声(こえ)、花婿(はなむこ)の声(こえ)、花嫁(はなよめ)の声(こえ)を絶(た)やす。この地(ち)は荒(あ)れ果(は)てるからである。[エレミヤ書 7:34]
(그 때, 나는 유다의 성읍들과 예루살렘의 거리에 기쁨의 소리, 즐거움의 소리, 신랑의 소리, 신부의 소리를 끝나게 하겠다. 이 땅은 폐허가 되기 때문이다.) [예레미야 7:34]

またわたしは喜(よろこ)びの声(こえ)、楽(たの)しみの声(こえ)、花婿(はなむこ)の声(こえ)、花嫁(はなよめ)の声(こえ)、ひきうすの音(おと)、ともしびの光(ひかり)を彼(かれ)らの中(なか)に絶(た)えさせる。[エレミヤ書 25:10]
(또 나는 기쁨의 소리, 즐거움의 소리, 신랑의 소리, 신부의 소리, 맷돌 소리, 등불의 빛을 그들 안에 끊어지게 하겠다.) [예레미야 25:10]

[3] すべての国民(こくみん)はおまえのまじないでだまされ、: 모든 백성은 네 주술에 속아 넘어가고,

「まじないでだまされ、」의 「だまされ、」는 「だます[騙す]」의 수동 「だまされる」의 연용 중지법 「だまされ、」가 쓰인 것으로 한국어의 「속고, 속아 넘어가고」에 상당하는 뜻을 나타낸다.

그럼 구어역 신약성서에 등장하는 「だまされる[騙される]」의 예를 들면 다음과 같다.

[例] さて、ヘロデは博士(はかせ)たちにだまされたと知(し)って、非常(ひじょう)に立腹(りっぷく)した。そして人々(ひとびと)をつかわし、博士(はかせ)たちから確(たし)かめた時(とき)に基(もとづ)いて、ベツレヘムとその附近(ふきん)の地方(ちほう)とにいる二歳(にさい)以下(いか)の男(おとこ)の子(こ)を、ことごとく殺(ころ)した。[マタイによる福音書 2:16]
(그런데, 헤롯은 박사들에게 속은 것을 알고, 몹시 화가 났다. 그래서 사람을 보내서, 박사들로부터 확인한 때에 기초하여, 베들레헴과 그 부근의 지역에 있는, 두 살 이하의 사내아이를 모조리 죽였다.) [마태복음 2:16]

ですから、三日目(みっかめ)まで墓(はか)の番(ばん)をするように、さしずをして下(くだ)さい。そうしないと、弟子(でし)たちがきて彼(かれ)を盗(ぬす)み出(だ)し、『イエスは死人(しにん)の中(なか)から、よみがえった』と、民衆(みんしゅう)に言(い)いふらすかも知(し)れません。そうなると、みんな

が前(まえ)よりも、もっとひどくだまされることになりましょう」。[マタイによる福音書 27:64]
(따라서 사흘째 되는 날까지 무덤을 지키라고 지시해 주십시오. 그렇게 하지 않으면 제자들이 와서, 그를 훔쳐 내서 '예수는 죽은 사람들 가운데서 살아났다' 하고, 민중에게 말을 퍼뜨릴지도 모릅니다. 그렇게 되면, 모두 전보다도 더 심하게 속게 되겠지요.") [마태복음 27:64]

パリサイ人(びと)たちが彼(かれ)らに答(こた)えた、「あなたがたまでが、騙(だま)されているのではないか。[ヨハネによる福音書 7:47]
(바리새파 사람들이 그들에게 대답했다. "너희까지도 속고 있는 것이 아니냐?) [요한복음 7:47]

そもそも、互(たがい)に訴(うった)え合(あ)うこと自体(じたい)が、すでにあなたがたの敗北(はいぼく)なのだ。なぜ、むしろ不義(ふぎ)を受(う)けないのか。なぜ、むしろだまされていないのか。[コリント人への第一の手紙 6:7]
(대저 서로 소송을 제기하는 것 자체가 이미 여러분의 패배인 것이다. 왜 차라리 불의를 당하지 않느냐? 왜 차라리 속아 주지 않느냐?) [고린도전서 6:7]

あなたがたは、だれにも不誠実(ふせいじつ)な言葉(ことば)でだまされてはいけない。これらのことから、神(かみ)の怒(いか)りは不従順(ふじゅうじゅん)の子(こ)らに下(くだ)るのである。[エペソ人への手紙 5:6]
(여러분은 누구에게도 성실하지 않은 말에 속아서는 안 된다. 이런 일에서 하나님의 진노는 순종하지 않는 자식들에게 내리는 것이다.) [에베소서 5:6]

だれがどんな事(こと)をしても、それにだまされてはならない。まず背教(はいきょう)のことが起(お)こり、不法(ふほう)の者(もの)、すなわち、滅(ほろ)びの子(こ)が現(あらわ)れるにちがいない。[テサロニケ人への第二の手紙 2:3]
(누가 어떤 일을 해도, 그것에 속아서는 안 된다. 먼저 배교하는 일이 생기고, 불법을 행하는 사람 즉 멸망의 자식이 틀림없이 나타난다.) [데살로니가후서 2:3]

> また、[1]預言者(よげんしゃ)や聖徒(せいと)の血(ち)、さらに、地上(ちじょう)で殺(ころ)されたすべての者(もの)の血(ち)が、この都(みやこ)で流(なが)されたからである17)」。[ヨハネの黙示録 18:24]
> (또 예언자들이나 성도들의 피, 또한 지상에서 죽임을 당한 모든 사람의 피가, 이 도읍에서 흘러내렸기 때문이다.") [18:24]

[1] 預言者(よげんしゃ)や聖徒(せいと)の血(ち)、さらに、地上(ちじょう)で殺(ころ)されたすべての者(もの)の血(ち)が、この都(みやこ)で流(なが)されたからである」。: 예언자들이나 성도들의 피, 또한 지상에서 죽임을 당한 모든 사람의 피가, 이 도읍에서 흘러내렸기 때문이다."

「地上(ちじょう)で殺(ころ)された」의 「殺(ころ)された」는 「殺(ころ)す」의 수동 「殺(ころ)される」의 과거이고 「すべての者(もの)の血(ち)が、この都(みやこ)で流(なが)された」의 「流(なが)された」의 「流(なが)された」는 「流(なが)す」의 수동 「流(なが)される」의 과거이다.

「流(なが)される」의 예를 구어역 신약성서에서 들면 다음과 같다.

[例] こうして義人(ぎじん)アベルの血(ち)から、聖所(せいじょ)と祭壇(さいだん)との間(あいだ)であなたがたが殺(ころ)したバラキヤの子(こ)ザカリヤの血(ち)に至(いた)るまで、地上(ちじょう)に流(なが)された義人(ぎじん)の血(ち)の報(むく)いが、ことごとくあなたがたに及(およ)ぶであろう。[マタイによる福音書 23:35]
(이렇게 하여 의인 아벨의 피로부터, 성소와 제단 사이에서 너희가 살해한 바라갸의 아들 사가랴의 피에 이르기까지, 지상에 흘린 의인의 피의 보답이 죄다 너희에

---

17) [요한묵시록 6:10, 17:6, 19:2], [예레미야 51:49] 참조. 또한 예언자나 의인들의 피를 흘린 예루살렘을 연상시키는 [마태복음 23:35, 23:37] 참조. 이상은 フランシスコ会聖書研究所(1984) 『新約聖書』 サンパウロ. p. 959 주(18-15)에 의함.

게 미칠 것이다.) [마태복음 23:35]

それで、アベルの血(ち)から祭壇(さいだん)と神殿(しんでん)との間(あいだ)で殺(ころ)されたザカリヤの血(ち)に至(いた)るまで、世(よ)の初(はじ)めから流(なが)されてきたすべての預言者(よげんしゃ)の血(ち)について、この時代(じだい)がその責任(せきにん)を問(と)われる。[ルカによる福音書 11:50]
(그래서 아벨의 피로부터 제단과 성소 사이에서 죽음을 당한 사가랴의 피에 이르기까지 창세부터 흘려진 모든 예언자들의 피에 관해 이 시대가 그 책임져야 한다.) [누가복음 11:50]

また、あなたの証人(しょうにん)ステパノの血(ち)が流(なが)された時(とき)も、わたしは立(た)ち合(あ)っていてそれに賛成(さんせい)し、また彼(かれ)を殺(ころ)した人(ひと)たちの上着(うわぎ)の番(ばん)をしていたのです』。[使徒行伝 22:20]
(그리고 주의 증언자인 스데반의 피가 흘렸을 때도, 나는 입회하고 있어, 그것에 찬동하고, 또 그를 죽인 사람들의 웃옷을 지키고 있었던 것이다.') [사도행전 22:20]

そのために、舟(ふね)が流(なが)されて風(かぜ)に逆(さか)らうことができないので、わたしたちは吹(ふ)き流(なが)されるままに任(まか)せた。[使徒行伝 27:15]
(그 때문에, 배가 흘러내려가, 바람에 거슬러 나아갈 수 없어서, 우리는 바람에 불려 흘려가는 대로 맡겼다.) [사도행전 27:15]

「流(なが)される」는「涙(なみだ)を流(なが)される」와 같이「流(なが)す」의 레ル형 경어로도 쓰인다.

[例] イエスは涙(なみだ)を流(なが)された。[ヨハネによる福音書 11:35]
(예수께서는 눈물을 흘리셨다.) [요한복음 11:35]

[1] 預言者(よげんしゃ)や聖徒(せいと)の血(ち)、さらに、地上(ちじょう)で殺(ころ)されたすべての者(もの)の血(ち)が、この都(みやこ)で流(なが)されたからである」。
: 예언자들이나 성도들의 피, 또한 지상에서 죽임을 당한 모든 사람의 피가, 이 도읍에서 흘러내렸기 때문이다."

이 부분이 타 번역본에서는 다음과 같이 전개된다.

[例] 預言者(よげんしゃ)と聖徒(せいと)とすべて地上(ちじょう)で殺(ころ)されたものの血(ち)がそこで流(なが)されたから」と。[前田訳1978]
(예언자들과 성도들과 지상에서 죽임을 당한 모든 사람의 피가 거기에서 흘러내렸기 때문이다.")

預言者(よげんしゃ)や聖(せい)なる人々(ひとびと)の血(ち)、地上(ちじょう)で殺(ころ)されたすべての者(もの)の血(ち)が、この都(みやこ)で流(なが)されたからである[フランシスコ会訳1984]
(예언자들이나 거룩한 사람들의 피, 지상에서 죽임을 당한 모든 사람의 피가 이 도읍에서 흘러내렸기 때문이다.)

預言者(よげんしゃ)たちと聖(せい)なる者(もの)たちの血(ち)、/ 地上(ちじょう)で殺(ころ)されたすべての者(もの)の血(ち)が、/ この都(みやこ)で流(なが)されたからである。」[新共同訳1987]
(예언자들과 거룩한 사람들의 피, / 지상에서 죽임을 당한 모든 사람의 피가 / 이 도읍에서 흘러내렸기 때문이다.")

また預言者(よげんしゃ)、聖徒達(せいとたち)の血(ち)と、地上(ちじょう)で屠(ほふ)られた凡(すべ)ての (殉教(じゅんきょう)) 者(しゃ)の血(ち)が彼女(かのじょ)の中(なか)にて見(み)られたからである。」[塚本訳1963]
(또 예언자, 성도들의 피와, 지상에서 죽임을 당한 모든 사람의 순교자의 피가 그녀 안에서 발견되었기 때문이다.")

また、預言者(よげんしゃ)や聖徒(せいと)たちの血(ち)、および地上(ちじょ

う)で殺(ころ)されたすべての人々の血(ち)が、この都(みやこ)の中(なか)に見(み)いだされたからだ。」[新改訳1970]
(또 예언자나 성도들의 피, 및 지상에서 죽임을 당한 모든 사람들의 피가 이 도읍 안에 발견되었기 때문이다.")

また、預言者(よげんしゃ)たちと聖徒(せいと)たちの[血(ち)が]、また、地上(ちじょう)で殺(ころ)されたすべての者(もの)たちの血(ち)が、この都(みやこ)の中(なか)に[淀(よど)んでいるのを]、見(み)いだされたからである」。
[岩波翻訳委員会訳1995]
(또 예언자들과 성도들의 [피], 또한 지상에서 죽임을 당한 모든 사람의 피가, 이 도읍 안에 [괴어 있는 것을], 발견되었기 때문이다.")

ヨハネの黙示録(もくしろく)　第19章[18]

---

[18] 본 장은 세 개의 장면으로 나누어져 있다. 첫 번째(19:1~19:4)는 로마의 상징인 여자에 대한 승리의 노래, 두 번째(19:5~19:10)은 어린 양의 혼인 잔치, 세 번째(19:11~19:21)은 그리스도가 짐승과 거짓 예언자(두 번째 짐승)에게 이긴 후에, 용에 대해서도 승리를 얻는다(20:1~20:3참조). 이방 세계를 대표하는 로마와 그 악의 힘을 상징하는 짐승과 거짓 예언자가 포획되는 것은 본서의 클라이맥스를 이루는 것이다. 이상은 フランシスコ会聖書硏究所(1984)『新約聖書』サンパウロ. p. 959 주(19-1)에 의함.

〔36〕 天上(てんじょう)の喜(よろこ)び
천상의 기쁨
ヨハネの黙示録 19:1 - 19:4

ヨハネの黙示 19:1 - 19:4

バビロンの刑罰(けいばつ)に対(たい)する天上(てんじょう)のハレルヤ
바빌론의 형벌에 대한 천상의 할렐루야

> この後(のち)、[1]わたしは天(てん)の大群衆(だいぐんしゅう)が大声(おおごえ)で唱(とな)えるような声(こえ)を聞(き)いた、「[2]ハレルヤ[19]、救(すくい)と栄光(えいこう)と力(ちから)とは、われらの神(かみ)のものであり、[ヨハネの黙示録 19:1]
> (이후 나는 하늘의 큰 무리가 큰소리로 외치는 듯한 음성을 들었다, "할렐루야, 구원과 영광과 권세는 우리 하나님의 것이고,) [19:1]

---

19) □ 할렐루야[Hallelujah]
'(너희들은) 여호와를 찬양하라'는 뜻. 라틴어 읽기에 따라 '알렐루야(Alleluia)로 발음되기도 한다. 예배시에 모든 사람들로 하여금 함께 여호와를 찬양하라고 북돋우어 내어지르는 소리. 즉, 하나님께 대한 감사와 경배의 외침으로 사용된 일종의 감탄사다. 이 말은 시편 104-106, 111-118, 120-136, 146-150편 등에서(각 시편 시작 부분 또는 마지막 부분에) 사용되었는데, 이들 시편을 '할렐시'라고 한다. 이스라엘 3대 절기, 곧 유월절, 오순절, 초막절에는 할렐시가 정기적으로 사용되었다.

특히 유월절에 사용되는 시 113-118편은 '애굽 시편'이라고 불리는데, 출애굽할 때 이스라엘이 경험했던 하나님의 구원 역사를 담고 있기 때문인 것으로 보인다. 또 '대할렐'이라 불리는 시 120-136편은 여호와 하나님의 돌보심을 노래하고, '성전에 올라가는 시'라는 부제가 붙은 시 120-134편은 성전에서 매일 아침 제사지낼 때 사용된 것으로 보인다.

한편, 신약에서는 요한 묵시록 19장에서만 보인다. 세상 마지막 때에 바벨론으로 상징되는 사탄의 세력이 심판을 받고 어린 양의 혼인 잔치가 베풀어지는 때에 승리한 큰 무리들이 구원과 영광과 능력의 하나님을 향하여 크게 외쳐 부를 때 '할렐루야'가 언급되고 있다(계 19:1, 3, 4, 6). 그리고 초대교회 이후 오늘날에 이르기까지 시편 낭독의 후렴구로, 교회 절기에서, 기쁨이나 감격을 표현할 때 여전히 즐겨 사용되는 표현이다.
[네이버 지식백과] 할렐루야 [Hallelujah] (라이프성경사전, 2006. 8. 15., 가스펠서브)
https://terms.naver.com/entry.naver?docId=2397186&cid=50762&categoryId=51387

[1] わたしは天(てん)の大群衆(だいぐんしゅう)が大声(おおごえ)で唱(とな)えるような声(こえ)を聞(き)いた、: 나는 하늘의 큰 무리가 큰소리로 외치는 듯한 음성을 들었다,

「大群衆(だいぐんしゅう)」은 직역하면 「대군중」이 되나, 한국어로 어색하기 때문에 「많은 군중, 큰 무리」 등으로 해석하는 것이 자연스럽다. 「大(おお)きな声(こえ)で唱(とな)える」의 「唱(とな)える」는 ①「외치다, 소리 높이 부르다」, ②「소리 내어 읽다」, ③「주창하다」의 뜻이 있는데, 본 절에서는 ①의 용법으로 해석해 둔다.

[2] ハレルヤ、: 할렐루야,

「ハレルヤ」는 「야훼(여호와, 주)를 찬양하라」라는 의미를 나타내는데, [フランシスコ会聖書研究所(1984)『新約聖書』サンパウロ. p. 959 주(19-2)]에 의하면, 신약성서에서는 본 장의 [19:1], [19:3], [19:4], [19:6]에만 등장하고, 시편 속에는 본 절과 같이 「ハレルヤ」로 시작되는 것이 상당히 많다고 한다. 예를 들어, [111~113, 135, 146~150]과 같다

신공동역 구약성서 시편의 예를 들면 다음과 같다.

[例] ハレルヤ。恵(めぐ)み深(ぶか)い主(しゅ)に感謝(かんしゃ)せよ、慈(いつく)しみはとこしえに。[新共同訳 / 詩編 106:1]

(할렐루야. 은혜가 많으신 주님께 감사하여라. 그의 사랑 영원히.) [시편 106:1]

ハレルヤ。わたしは心(こころ)を尽(つ)くして主(しゅ)に感謝(かんしゃ)をささげる / 正(ただ)しい人々(ひとびと)の集(つど)い、会衆(かいしゅう)の中(なか)で。[新共同訳 / 詩編 111:1]

(할렐루야. 나는 마음을 다하여 주님께 감사를 드린다. / 정직한 사람들의 모임, 회중 안에서.) [시편 111:1]

ハレルヤ。いかに幸(さいわ)いなことか / 主(しゅ)を畏(おそ)れる人(ひと) / 主(しゅ)の戒(いまし)めを深(ふか)く愛(あい)する人(ひと)は。[新共同訳 / 詩編 112:1]
(할렐루야. 얼마나 복이 있는가? / 주님을 경외하는 사람 / 주의 계명을 깊이 사랑하는 사람은.) [시편 112:1]

ハレルヤ。主(しゅ)の僕(しもべ)らよ、主(しゅ)を賛美(さんび)せよ / 主(しゅ)の御名(みな)を賛美(さんび)せよ。[新共同訳 / 詩編 113:1]
(할렐루야. 주의 종들아, 주를 찬양하여라 / 주의 이름을 찬미하여라.) [시편 113:1]

ハレルヤ。賛美(さんび)せよ、主(しゅ)の御名(みな)を / 賛美(さんび)せよ、主(しゅ)の僕(しもべ)らよ。[新共同訳 / 詩編 135:1]
(할렐루야. 찬미하여라. 주의 이름을 / 찬미하여라. 주의 종들아.) [시편 135:1]

ハレルヤ。わたしの魂(たましい)よ、主(しゅ)を賛美(さんび)せよ。[新共同訳 / 詩編 146:1]
(할렐루야. 내 영혼아, 주님을 찬미하여라.) [시편 146:1]

ハレルヤ。わたしたちの神(かみ)をほめ歌(うた)うのはいかに喜(よろこ)ばしく / 神(かみ)への賛美(さんび)はいかに美(うつく)しく快(こころよ)いことか。[新共同訳 / 詩編 147:1]
(할렐루야. 우리의 하나님을 칭송하고 노래를 부르는 것은 얼마나 경사스럽고 / 하나님께 드리는 찬미는 얼마나 아름답고 기분 좋은 일인가?) [시편 147:1]

ハレルヤ。天(てん)において主(しゅ)を賛美(さんび)せよ。高(たか)い天(てん)で主(しゅ)を賛美(さんび)せよ。[新共同訳 / 詩編 148:1]
(할렐루야. 하늘에서 주님을 찬미하여라. 높은 하늘에서 주님을 찬미하여라.) [시편 148:1]

ハレルヤ。新(あたら)しい歌(うた)を主(しゅ)に向(む)かって歌(うた)え。主(しゅ)の慈(いつく)しみに生(い)きる人(ひと)の集(つど)いで賛美(さんび)の

歌(うた)をうたえ。[新共同訳 / 詩編 149:1]
(할렐루야. 새 노래를 주님을 향해 불러라. 주님의 사랑에 사는 사람들의 모임에서 찬미가를 불러라.) [시편 149:1]

[1]その裁(さば)きは、真実(しんじつ)で正(ただ)しい。神(かみ)は、姦淫(かんいん)で地(ち)を汚(けが)した大淫婦(だいいんぷ)を裁(さば)き、[2]神(かみ)の僕(しもべ)たちの血(ち)の報復(ほうふく)を彼女(かのじょ)になさったからである」。[ヨハネの黙示録 19:2]
(그 심판은 참되고 올바르다. 하나님께서 간음으로 땅을 더럽힌 큰 음부를 심판하고, 하나님의 종들의 피의 보복을 그녀에게 하셨기 때문이다.") [19:2]

[1] その裁(さば)きは、真実(しんじつ)で正(ただ)しい。: 그 심판은 참되고 올바르다.

본 절의 「その裁(さば)きは、真実(しんじつ)で正(ただ)しい。」는 [フランシスコ会聖書研究所(1984)『新約聖書』サンパウロ. p. 959 주(19-3)]에 의하면, 다음 성구와 관계가 있다고 한다.

[例] わたしはまた祭壇(さいだん)がこう言(い)うのを聞(き)いた、「全能者(ぜんのうしゃ)にして主(しゅ)なる神(かみ)よ。しかり、あなたのさばきは真実(しんじつ)で、かつ正(ただ)しいさばきであります」。[ヨハネの黙示録 16:7]
(나는 또 제단이 이렇게 말하는 것을 들었다, "전능자이고 주님이신 하나님이여. 그렇습니다, 주님의 심판은 참되고 또한 올바른 심판입니다.") [요한묵시록 16:7]

主(しゅ)を恐(おそ)れる道(みち)は清(きよ)らかで、とこしえに絶(た)えることがなく、主(しゅ)のさばきは真実(しんじつ)であって、ことごとく正(ただ)しい。[詩篇 9:9]
(주님을 외경하는 길은 맑아서 영원히 끊어지지 않고, 주의 심판은 참되어서 모두

올바르다.) [시편 19:9]

主(しゅ)よ、あなたは正(ただ)しく、あなたのさばきは正(ただ)しいのです。
[詩篇 119:137]
(주님, 주님께서는 의롭고, 주의 심판은 올바르십니다.) [시편 119:137]

[2] 神(かみ)の僕(しもべ)たちの血(ち)の報復(ほうふく)を彼女(かのじょ)になさったからである」.: 하나님의 종들의 피의 보복을 그녀에게 하셨기 때문이다."
[フランシスコ会聖書研究所(1984)『新約聖書』サンパウロ. p. 959 주(19-3)]에 따르면「僕(しもべ)たちの血(ち)の報復(ほうふく)を彼女(かのじょ)になさったからである」는 직역으로는「彼女(かのじょ)たちの手(て)から僕(しもべ)たちの血(ち)の報復(ほうふく)を求(もと)めた ; 그녀들 손으로부터 종들의 피의 보복을 구했다」가 된다고 한다.

그리고 이와 관련 성구는 [신명기 32:43], [열왕기하 9:7], [시편 79:10]이라고 한다.

[例] 国々(くにぐに)の民(たみ)よ、主(しゅ)の民(たみ)のために喜(よろこ)び歌(うた)え。主(しゅ)はそのしもべの血(ち)のために報復(ほうふく)し、その敵(てき)にあだを返(かえ)し、その民(たみ)の地(ち)の汚(けが)れを清(きよ)められるからである」。[申命記 32:43]
(모든 나라의 백성들아, 주의 백성들을 위해 기뻐하고 노래를 불러라. 주께서는 그 종들의 피를 위해 보복하고, 그 적에게 원수를 갚고 그 백성들 땅의 죄를 속해 주시기 때문이다.) [신명기 32:43]

あなたは主君(しゅくん)アハブの家(いえ)を撃(う)ち滅(ほろ)ぼさなければならない。それによってわたしは、わたしのしもべである預言者(よげんしゃ)たちの血(ち)と、主(しゅ)のすべてのしもべたちの血(ち)をイゼベルに

報(むく)いる。[列王記下 9:7]
(너는 주군 아합의 집안을 쳐서 멸망시켜야 한다. 그것에 의해 나는 내 종인 예언자들의 피와 주의 모든 종들의 피를 이세벨에게 복수할 것이다.) [열왕기하 9:7]

どうして異邦人(いほうじん)は言(い)うのでしょう、「彼(かれ)らの神(かみ)はどこにいるのか」と。あなたのしもべらの流(なが)された血(ち)の報(むく)いをわれらのまのあたりになして、異邦人(いほうじん)に知(し)らせてください。[詩篇 79:10]
(어찌 이방인들은 말하는 것일까? "그들의 하나님은 어디 있느냐?" 라고. 주의 종들이 흘린 피의 보복을 우리 눈앞에서 해서 이방인들에게 알려 주십시오.) [시편 79:10]

[1]再(ふたた)び声(こえ)があって、「ハレルヤ、[2]彼女(かのじょ)が焼(や)かれる火(ひ)の煙(けむり)は、世々(よよ)限(かぎ)りなく立(た)ち上(のぼ)る」と言(い)った。[ヨハネの黙示録 19:3]
(다시 음성이 있고, "할렐루야, 그녀가 타는 불의 연기는 세세 영원토록 떠오른다."고 말했다.) [19:3]

[1] 再(ふたた)び声(こえ)があって、: 다시 음성이 있고,
「再(ふたた)び・二度(ふたたび)」는 똑같은 동작이나 상태를 되풀이하는 것을 의미하는데, 부사적으로도 사용되어「다시, 재차, 두 번」에 상당하는 뜻을 나타낸다.

[例] 再(ふたた)びこんなこと、するな。
　　(다시 이런 짓, 하지 마.)

しかし、私(わたし)はもう再(ふたた)び彼(かれ)に話(はな)しかけようとはしなかった。

(그러나, 나는 이제 다시 그에게 말을 걸려고 하지는 않았다.)

再(ふたた)び両国(りょうこく)を、かつてのような緊張(きんちょう)状態(じょうたい)に置(お)くようになれば、お互(たが)いに不幸(ふこう)です。
(다시 양국을 전과 같은 긴장 상태에 두게 되면, 서로 불행입니다.)

本国(ほんごく)を去(さ)ってから再(ふたた)び帰(かえ)らなかった。
(본국을 떠난 다음 다시는 돌아오지 않았다.)

それから一年(いちねん)ほどして義父(ぎふ)が病死(びょうし)、一人(ひとり)残(のこ)った高齢(こうれい)の義母(ぎぼ)と再(ふたた)び同居(どうきょ)するため家(いえ)を購入(こうにゅう)し、再(ふたた)び同居(どうきょ)する。しかし関係(かんけい)はうまくいかず、再(ふたた)び別居(べっきょ)。
(그리고 1년 정도 지나서 장인이 병사하고 혼자 남은 고령의 장모와 다시 동거하기 위해 집을 구입하고, 다시 동거한다. 그러나 관계는 잘 되지 않아, 다시 별거.)[20]

わたしは言(い)っておく、『主(しゅ)の御名(みな)によってきたる者(もの)に、祝福(しゅくふく)あれ』とおまえたちが言(い)う時(とき)までは、今後(こんご)ふたたび、わたしに会(あ)うことはないであろう」。[マタイによる福音書 23:39]
(나는 말해 둔다, '주님의 이름으로 오시는 분에게 축복이 있기를 빕니다.' 하고 너희가 말할 때까지는 앞으로 다시는 나를 만나지는 못할 것이다.") [마태복음 23:39]

それから、イエスは再(ふたた)び群衆(ぐんしゅう)を呼(よ)び寄(よ)せて言(い)われた、「あなたがたはみんな、わたしの言(い)うことを聞(き)いて悟(さと)るがよい。[マルコによる福音書 7:14]
(그리고 나서 예수께서는 다시 군중을 가까이 불러들여 말씀하셨다. "너희는 모두 내가 하는 말을 듣고 깨달아라.) [마가복음 7:14]

こうして彼(かれ)らの足(あし)を洗(あら)ってから、上着(うわぎ)を着(つ)

---

20) [ヨハネによる福音書 10:17]의 설명에서 인용.

け、ふたたび席(せき)にもどって、彼(かれ)らに言(い)われた、「わたしがあなたがたにしたことがわかるか。[ヨハネによる福音書 13:12]

(이렇게 그들의 발을 씻고 나서 겉옷을 걸치고 다시 자리에 돌아와서 그들에게 말씀하셨다. "내가 너희에게 한 것을 알겠느냐?") [요한복음 13:12]

そののち堕落(だらく)した場合(ばあい)には、またもや神(かみ)の御子(みこ)を、自(みずか)ら十字架(じゅうじか)につけて、さらしものにするわけであるから、ふたたび悔改(くいあらた)めにたち帰(かえ)ることは不可能(ふかのう)である。[ヘブル人への手紙 6:6]

(그 후, 타락했을 경우에는, 또 다시 하나님의 아들을 직접 십자가에 매달고, 욕되게 하는 것이기 때문에, 다시 회개에 돌아가는 것은 불가능하다.) [히브리서 6:6]

それから、ふたたび祈(いの)ったところ、天(てん)は雨(あめ)を降(ふ)らせ、地(ち)はその実(み)をみのらせた。[ヤコブの手紙 5:18]

(그러고 나서 다시 기도했더니, 하늘은 비를 내리게 하고, 땅은 그 열매를 맺게 했다.) [야고보서 5:18]

[2] 彼女(かのじょ)が焼(や)かれる火(ひ)の煙(けむり)は、世々(よよ)限(かぎ)りなく立(た)ち上(のぼ)る」: 그녀가 타는 불의 연기는 세세 영원토록 떠오른다."

이 부분은 [フランシスコ会聖書研究所(1984) 『新約聖書』 サンパウロ. p. 959 주(19-4)]에 의하면, 이사야가 에돔에 관해 한 예언(이사야 34:10 참조)에 기초한 이 표현은 영원한 멸망의 뜻(14:11 참조)이라고 한다.

[例] 夜(よる)も昼(ひる)も消(き)えず、その煙(けむり)は、とこしえに立(た)ちのぼる。これは世々(よよ)荒(あ)れすたれて、とこしえまでもそこを通(とお)る者(もの)はない。[イザヤ書 34:10]

(밤낮으로 꺼지지 않고 그 연기는 영원히 떠오른다가. 이것은 세세 황폐해져서, 영원토록 거기를 지나가는 사람이 없다.) [이사야 34:10]

> すると、[1]二十四人(にじゅうよにん)の長老(ちょうろう)と四(よっ)つの生(い)き物(もの)とがひれ伏(ふ)し、御座(みざ)にいます神(かみ)を拝(はい)して言(い)った、「アァメン、ハレルヤ」。[ヨハネの黙示録 19:4]
> (그러자 24명의 장로와 네 생물이 넙죽 엎드리고 보좌에 계시는 하나님께 배례하며 말했다. "아멘, 할렐루야.") [19:4]

[1] 二十四人(にじゅうよにん)の長老(ちょうろう)と四(よっ)つの生(い)き物(もの)とがひれ伏(ふ)し、御座(みざ)にいます神(かみ)を拝(はい)して言(い)った、「アァメン、ハレルヤ」。: 24명의 장로와 네 생물이 넙죽 엎드리고 보좌에 계시는 하나님께 배례하며 말했다, "아멘, 할렐루야."

본 절에 관해 타 번역본에서는 다음과 같이 묘사하고 있다.

[例] 二十四人(にじゅうよにん)の長老(ちょうろう)と四(よっ)つの活物(いきもの)とが平伏(へいふく)し、玉座(ぎょくざ)に坐(ざ)し給(たま)う神(かみ)を拝(おが)んで言(い)うた、「アーメン、ハレルヤ!」[塚本訳1963]
(24명의 장로와 네 생물이 평복하여 옥좌에 앉아 계시는 하나님을 배례하고 말했다, "아멘, 할렐루야.")

二十四人(にじゅうよにん)の長老(ちょうろう)と四(よっ)つの生(い)きものがひれ伏(ふ)し、王座(おうざ)に座(ざ)したもう神(かみ)を拝(おが)んで、「アーメン、ハレルヤ」といった。[前田訳1978]
(24명의 장로와 네 생물이 넙죽 엎드리고 옥좌에 앉아 계시는 하나님을 배례하고 "아멘, 할렐루야." 라고 말했다.)

二十四人(にじゅうよにん)の長老(ちょうろう)と四(よっ)つの生(い)き物(もの)はひれ伏(ふ)し、御座(みざ)についておられる神(かみ)を拝(おが)んで、「アーメン。ハレルヤ。」と言(い)った。[新改訳1970]
(24명의 장로와 네 생물은 넙죽 엎드리고 보좌에 앉아 계시는 하나님을 배례하고

"아멘, 할렐루야." 라고 말했다.)

二十四人(にじゅうよにん)の長老(ちょうろう)と四(よっ)つの生(い)き物(もの)とはひれ伏(ふ)して、玉座(ぎょくざ)に座(すわ)っておられる神(かみ)を礼拝(れいはい)して言(い)った。「アーメン、ハレルヤ。」[新共同訳1987]
(24명의 장로와 네 생물은 넙죽 엎드리고 옥좌에 앉아 계시는 하나님을 예배하고 말했다, "아멘, 할렐루야.")

二十四人(にじゅうよにん)の長老(ちょうろう)と四(よっ)つの生(い)き物(もの)とは、玉座(ぎょくざ)の神(かみ)にひれ伏(ふ)し礼拝(れいはい)し、「アーメン、ハレルヤ」と言(い)った。[フランシスコ会訳1984]
(24명의 장로와 네 생물은 옥좌의 하나님에 넙죽 엎드리고 예배하고, "아멘, 할렐루야." 라고 말했다.)

二十四人(にじゅうよにん)の長老(ちょうろう)たちと四匹(よんひき)の生(い)き物(もの)とは平伏(へいふく)して、「アーメン、ハレルヤ」と言(い)いつつ、玉座(ぎょくざ)に座(すわ)っている神(かみ)を礼拝(れいはい)した。[岩波翻訳委員会訳1995]
(24명의 장로와 네 마리의 생물은 평복하고, "아멘, 할렐루야." 라고 말하면서 옥좌에 앉아 있는 하나님을 예배했다.)

〔37〕 小羊(こひつじ)の婚姻(こんいん)
어린 양의 혼인
ヨハネの黙示録 19:5 – 19:10

その時(とき)、[1]御座(みざ)から声(こえ)が出(で)て言(い)った、「すべての神(かみ)の僕(しもべ)たちよ、神(かみ)をおそれる者(もの)たちよ。[2]小(ちい)さき者(もの)も大(おお)いなる者(もの)も、共(とも)に、われらの神(かみ)を賛美(さんび)せよ21)」。[ヨハネの黙示録 19:5]
(그때, 보좌로부터 음성이 나와서 말했다. "모든 하나님의 종들아, 하나님을 두려워하는 사람들아. 작은 자들도 큰 자들도 모두 우리 하나님을 찬미하라.") [19:5]

[1] 御座(みざ)から声(こえ)が出(で)て言(い)った、: 보좌로부터 음성이 나와서 말했다,

이 부분에 관해 타 번역본에서는 다음과 같이 표현하고 있다.

[例] 玉座(ぎょくざ)から(一(ひと)つの)声(こえ)が出(で)て言(い)うた——[塚本訳 1963]
(옥좌로부터 (하나의) 음성이 나와서 말했다.)

御座(みざ)から声(で)が出(で)て言(い)った。[新改訳1970]
(보좌로부터 음성이 나와서 말했다.)

王座(ぎょくざ)から声(で)がした。いわく、[前田訳1978]
(옥좌로부터 소리가 났다. 가로되,)

---

21) [시편 115:13], [요한묵시록 11:18] 참조. 이상은 フランシスコ会聖書研究所(1984)『新約聖書』サンパウロ. p. 959 주(19-5)에 의함.

玉座(ぎょくざ)から声(こえ)がして、こう言(い)った。[フランシスコ会訳1984]
(옥좌로부터 소리가 나서 이렇게 말했다.)

玉座(ぎょくざ)から声(で)がして、こう言(い)った。[新共同訳1987]
(옥좌로부터 소리가 나서 이렇게 말했다.)

玉座(ぎょくざ)から声(で)がして、こう言(い)った。[岩波翻訳委員会訳1995]
(옥좌로부터 소리가 나서 이렇게 말했다.)

[2] 小(ちい)さき者(もの)も大(おお)いなる者(もの)も、共(とも)に、われらの神(かみ)を賛美(さんび)せよ」。: 작은 자들도 큰 자들도 모두 우리 하나님을 찬미하라."
이 부분은 [フランシスコ会聖書研究所(1984) 『新約聖書』 サンパウロ. p.959 주(19-5)]에 의하면, [시편 115:13], [요한묵시록 11:18]과 관련이 있다고 한다.

[例] また、小(ちい)さい者(もの)も、大(おお)いなる者(もの)も、主(しゅ)を恐(おそ)れる者(もの)を恵(めぐ)まれる。[詩篇 115:13]
(또 작은 자들도 큰 자들도 주를 경외하는 자에게 은혜를 베푸신다.) [시편 115:13]

「われらの神(かみ)を賛美(さんび)せよ」의 「賛美(さんび)せよ」는 한어동사 「賛美(さんび)する」의 문장체 명령형으로 「찬미하라, 찬양하라」의 뜻을 나타낸다.

그럼 한어동사 「さんび[賛美(さんび)する]」의 예를 구어역 신약성서에서 들면 다음과 같다.

[例] するとたちまち、おびただしい天(てん)の軍勢(ぐんぜい)が現(あらわ)れ、御使(みつかい)と一緒(いっしょ)になって神(かみ)をさんびして言(い)った、[ルカによる福音書 2:13]
(그러자 굉장히 많은 하늘 군세가 나타나서, 천사와 함께 하나님을 찬미하여 말하였다.) [누가복음 2:13]

羊飼(ひつじかい)たちは、見聞(みき)きしたことが何(なに)もかも自分(じぶん)たちに語(かた)られたとおりであったので、神(かみ)をあがめ、またさんびしながら帰(かえ)って行(い)った。[ルカによる福音書 2:20]
(양치기들은 보고 들은 것이 다 자기들에게 말씀하신 대로이었기 때문에, 하나님을 우러러 받들며 또 찬미하면서 돌아갔다.) [누가복음 2:20]

すると彼(かれ)は、たちまち見(み)えるようになった。そして神(かみ)をあがめながらイエスに従(したが)って行(い)った。これを見(み)て、人々(ひとびと)はみな神(かみ)をさんびした。[ルカによる福音書 18:43]
(그러자 그는 곧 볼 수 있게 되었다. 그래서 하나님을 우러러 받들며 예수를 따라갔다. 이것을 보고, 사람들은 모두 하나님을 찬미했다.) [누가복음 18:43]

いよいよオリブ山(やま)の下(くだ)り道(みち)あたりに近(ちか)づかれると、大(おお)ぜいの弟子(でし)たちはみな喜(よろこ)んで、彼(かれ)らが見(み)たすべての力(ちから)あるみわざについて、声(こえ)高(たか)らかに神(かみ)をさんびして言(い)いはじめた、[ルカによる福音書 19:37]
(이윽고 올리브 산의 내리막길 부근에 가까이 오시자, 많은 제자들은 기뻐하며, 그들이 본 모든 기적에 관해 소리 높이 하나님을 찬미하며 말하기 시작하였다.) [누가복음 19:37]

神(かみ)をさんびし、すべての人(ひと)に好意(こうい)を持(も)たれていた。そして主(しゅ)は、救(すく)われる者(もの)を日々(ひび)仲間(なかま)に加(くわ)えて下(くだ)さったのである。[使徒行伝 2:47]
(하나님을 찬미하고, 모든 사람에게서 호감을 샀다. 그래서 주께서는 구원받는 사람을 날마다 무리에 더하여 주신 것이다.) [사도행전 2:47]

踊(おど)りあがって立(た)ち、歩(ある)き出(だ)した。そして、歩(ある)き回(まわ)ったり踊(おど)ったりして神(かみ)をさんびしながら、彼(かれ)らと共(とも)に宮(みや)にはいって行(い)った。[使徒行伝 3:8]
(벌떡 일어나서 걷기 시작했다. 그리고 걸어 다니거나 춤추거나 하며 하나님을 찬미하면서, 그들과 함께 성전으로 들어갔다.) [사도행전 3:8]

民衆(みんしゅう)はみな、彼(かれ)が歩(ある)き回(まわ)り、また神(かみ)をさんびしているのを見(み)、[使徒行伝 3:9]
(민중들은 모두 그가 걸어 다니고, 또 하나님을 찬미하는 것을 보고,) [사도행전 3:9]

それは、彼(かれ)らが異言(いげん)を語(かた)って神(かみ)をさんびしているのを聞(き)いたからである。そこで、ペテロが言(い)い出(だ)した、[使徒行伝 10:46]
(그들은, 그가 방언으로 말하고, 하나님을 찬미하는 것을 들었기 때문이다. 그 때, 베드로가 말을 꺼냈다.) [사도행전 10:46]

人々(ひとびと)はこれを聞(き)いて黙(だま)ってしまった。それから神(かみ)をさんびして、「それでは神(かみ)は、異邦人(いほうじん)にも命(いのち)にいたる悔改(くいあらた)めをお与(あた)えになったのだ」と言(い)った。[使徒行伝 11:18]
(사람들은 이것을 듣고 입을 다물고 말았다. 그러고 나서 하나님을 찬미하고, "그럼, 하나님께서는 이방인에게도 생명에 이르는 회개를 주셨다." 하고 말하였다.) [사도행전 11:18]

わたしたちは、この舌(した)で父(ちち)なる主(しゅ)をさんびし、また、その同(おな)じ舌(した)で、神(かみ)にかたどって造(つく)られた人間(にんげん)をのろっている。[ヤコブの手紙 3:9]
(우리는 이 혀로 아버지인 주님을 찬미하고 또 그 같은 혀로 하나님의 형상대로 만들어진 사람들을 저주하고 있다.) [야고보서 3:9]

あなたがたの中(なか)に、苦(くる)しんでいる者(もの)があるか。その人(ひと)は、祈(いの)るがよい。喜(よろこ)んでいる者(もの)があるか。その人(ひと)は、さんびするがよい。[ヤコブの手紙 5:13]
(여러분 중에 고통을 받고 있는 사람이 있느냐? 그 사람은 기도하라. 기뻐하고 있는 사람이 있느냐? 그 사람은 하나님을 찬미하라.) [야고보서 5:13]

ヨハネの黙示 19:6 - 19:10
仔羊(こひつじ)の婚姻(こんいん)
어린 양의 혼인

> [1]わたしはまた、大群衆(だいぐんしゅう)の声(こえ)、多(おお)くの水(みず)の音(おと)、また激(はげ)しい雷鳴(らいめい)のようなものを聞(き)いた。それはこう言(い)った、「ハレルヤ、[2]全能者(ぜんのうしゃ)にして主(しゅ)なるわれらの神(かみ)は、王(おう)なる支配者(しはいしゃ)であられる。[ヨハネの黙示録 19:6]
> (나는 또 큰 무리의 음성, 많은 물소리, 또 거센 천둥소리와 같은 것을 들었다. 그것은 이렇게 말했다. "할렐루야, 전능자이시며 주님인 우리 하나님께서는 왕인 지배자이시다.) [19:6]

[1] わたしはまた、大群衆(だいぐんしゅう)の声(こえ)、多(おお)くの水(みず)の音(おと)、また激(はげ)しい雷鳴(らいめい)のようなものを聞(き)いた。: 나는 또 큰 무리의 음성, 많은 물소리, 또 거센 천둥소리와 같은 것을 들었다.

[フランシスコ会聖書研究所(1984)『新約聖書』サンパウロ. p. 959 주(19-6)에 의하면. 「多(おお)くの水(みず)の音(おと)」에 관해서는 [에스겔 1:24, 43:2]를 참조하라고 하고 있다.

[例] その行(ゆ)く時(とき)、わたしは大水(おおみず)の声(こえ)、全能者(ぜんのうしゃ)の声(こえ)のような翼(つばさ)の声(こえ)を聞(き)いた。その声(こえ)の響(ひび)きは大軍(たいぐん)の声(こえ)のようで、そのとどまる時(とき)は翼(つばさ)をたれる。[エゼキエル書 1:24]
(그들이 갈 때, 나는 큰물 소리, 전능자의 소리와 같은 날개 소리를 들었다. 그 소리의 울림은 대군 소리와 같았고, 그들이 머무를 때는 날개들은 늘어졌다.) [에스

겔 1:24]

その時(とき)、見(み)よ、イスラエルの神(かみ)の栄光(えいこう)が、東(ひがし)の方(ほう)から来(き)たが、その来(く)る響(ひび)きは、大水(おおみず)の響(ひび)きのようで、地(ち)はその栄光(えいこう)で輝(かがや)いた。[エゼキエル書 43:2]
(그 때, 보아라! 이스라엘 하나님의 영광이 동쪽 방향으로부터 나왔지만, 그분이 오는 울림은 큰물의 소리와 같았고 땅은 그분의 영광으로 빛났다.) [에스겔 43:2]

[2] 全能者(ぜんのうしゃ)にして主(しゅ)なるわれらの神(かみ)は、王(おう)なる支配者(しはいしゃ)であられる。: 전능자이시며 주님인 우리 하나님께서는 왕인 지배자이시다.

「主(しゅ)なるわれらの神(かみ)」의 「~なる」와 「王(おう)なる支配者(しはいしゃ)」의 「~なる」는 문어(文語) 조동사 「~なり」의 연체형(連体形)으로 ①「~である」의 의미로 쓰이고 있다. 그리고 「~なる」는 ②「顔回(がんかい)なる者(もの); 안회라는 사람」와 같이 「~という」의 의미로, ③「春日(かすが)なる[=にある] 三笠(みかさ)の山(やま); 가스가에 있는 미카사 산」과 같이 「~にある」「~にいる」「~にあたる」의 의미로 쓰이는 용법도 있다.

「王(おう)なる支配者(しはいしゃ)であられる。」의 「~であられる」는 명사술어 「[支配者(しはいしゃ)]である」의 「~である」의 레루형 경어이다. 「~であられる」의 예를 들면 구어역 신약성서에서 들면 다음과 같다.

[예] イエスは彼女(かのじょ)に言(い)われた、「わたしに触(さわ)ってはいけない。わたしは、まだ父(ちち)のみもとに上(のぼ)っていないのだから。ただ、わたしの兄弟(きょうだい)たちの所(ところ)に行(い)って、『わたしは、わた

しの父(ちち)またあなたがたの父(ちち)であって、わたしの神(かみ)またあなたがたの神(かみ)であられる方(かた)のみもとへ上(のぼ)って行(い)く』と、彼(かれ)らに伝(つた)えなさい」。[ヨハネによる福音書 20:17]
(예수께서 그녀에게 말씀하셨다. "내게 손을 대서는 안 된다. 나는 아직 아버지에게 올라가지 않았기 때문에. 그냥 내 형제들에게 가서 '나는 내 아버지 그리고 너희 아버지이고, 내 하나님 그리고 너희 하나님이신 분에게 올라간다.'고 그들에게 전하라.") [요한복음 20:17]

コリントにある神(かみ)の教会(きょうかい)、すなわち、わたしたちの主(しゅ)イエス・キリストの御名(みな)を至(いた)る所(ところ)で呼(よ)び求(もと)めているすべての人々(ひとびと)と共(とも)に、キリスト・イエスにあってきよめられ、聖徒(せいと)として召(め)されたかたがたへ。このキリストは、わたしたちの主(しゅ)であり、また彼(かれ)らの主(しゅ)であられる。[コリント人への第一の手紙 1:2]
(고린도에 있는 하나님의 교회, 즉 우리 주 예수 그리스도의 이름을 도처에서 부르고 구하고 있는 모든 이들과 함께, 그리스도 예수 안에서 거룩해지고, 성도로 부르심을 받은 여러분에게 안부 인사를 드립니다. 이 그리스도께서는 우리의 주님이시고, 또 그들의 주님이시다.) [고린도전서 1:2]

キリストが教会(きょうかい)のかしらであって、自(みずか)らは、からだなる教会(きょうかい)の救主(すくいぬし)であられるように、夫(おっと)は妻(つま)のかしらである。[エペソ人への手紙 5:23]
(그리스도께서 교회의 머리이고, 자신은 몸인 교회의 구주이신 것처럼, 남편은 아내의 머리이다.) [에베소서 5:23]

キリストは、神(かみ)のかたちであられたが、神(かみ)と等(ひと)しくあることを固守(こしゅ)すべき事(こと)とは思(おも)わず、[ピリピ人への手紙 2:6]
(그리스도께서는 하나님의 형상이시지만, 하나님과 동등한 것을 고수해야 한다고는 생각하지 않고,) [빌립보서 2:6]

彼(かれ)は御子(みこ)であられたにもかかわらず、さまざまの苦(くる)しみによって従順(じゅうじゅん)を学(まな)び、[ヘブル人への手紙 5:8]
(그는 아드님이심에 불구하고, 갖가지 고통에 의해 순종을 배우고,) [히브리서 5:8]

이 부분을 타 번역본에서는 다음과 같이 묘사하고 있다.

[例] (今(いま)や) 主(しゅ)なる我(われ)らの神(かみ)、全能者(ぜんのうしゃ)が王(おう)となり給(たま)うた(から)！[塚本訳1963]
(지금은 주님인 우리 하나님, 전능자께서 왕이 되시었기 때문에.)

主(しゅ)なるわれらの全能(ぜんのう)の神(かみ)が王(おう)となりたもうたゆえに。[前田訳1978]
(주님인 우리의 전능하신 하나님께서 왕이 되시었기 때문에.)

万物(ばんぶつ)の支配者(しはいしゃ)であるわれらの神(かみ)である主(しゅ)は王座(おうざ)につかれた。[フランシスコ会訳1984]
(만물의 지배자인 우리 하나님인 주께서는 왕좌에 앉으셨다.)

万物(ばんぶつ)の支配者(しはいしゃ)である、われらの神(かみ)である主(しゅ)は王(おう)となられた。[新改訳1970]
(만물의 지배자인 우리 하나님인 주께서는 왕이 되셨다.)

全能者(ぜんのうしゃ)であり、／わたしたちの神(かみ)である主(しゅ)が王(おう)となられた。[新共同訳1987]
(전능자이고 / 우리 하나님인 주께서 왕이 되셨다.)

全能者(ぜんのうしゃ)にして、[私(わたし)たちの]神(かみ)なる主(しゅ)が、王(おう)となられたから。[岩波翻訳委員会訳1995]
(전능자이며 [우리] 하나님인 주께서는 왕이 되셨기에.)

> [1]わたしたちは喜(よろこ)び楽(たの)しみ、[2]神(かみ)をあがめまつろう。[3]小羊(こひつじ)の婚姻(こんいん)の時(とき)がきて、花嫁(はなよめ)はその用意(ようい)をしたからである。[ヨハネの黙示録 19:7]
> (우리는 기뻐하고 즐기며, 하나님을 삼가 받들어 모시자. 어린 양이 혼인할 때가 왔고, 신부는 그 채비를 끝냈으니까.) [19:7]

[1] わたしたちは喜(よろこ)び楽(たの)しみ、: 우리는 기뻐하고 즐기며,

「わたしたちは喜(よろこ)び楽(たの)しみ、神(かみ)をあがめまつろう。」의 「喜(よろこ)び楽(たの)しみ、」는 [11:10]의 「[1]彼(かれ)らのことで喜(よろこ)び楽(たの)しみ、」을 참조할 것.

[2] 神(かみ)をあがめまつろう。: 하나님을 삼가 받들어 모시자.

「崇(あが)めまつる」는 「崇(あが)める」(받들어 모시다)의 연용형 「崇(あが)め」에 문어의 겸양어Ⅰ인 「~まつる[奉る]」(삼가 ~하다, ~해 드리다)가 접속된 표현으로 「삼가 받들어 모시다」에 상당하는 뜻을 나타낸다. 구어역 구약성서에서 「~まつる[奉る]」의 예를 들면 다음과 같다.

[例] わたしは、ほめまつるべき主(しゅ)に呼(よ)ばわって、わたしの敵(てき)から救(すく)われる。[サムエル記下 22:4]
(나는 찬양받아 마땅하신 주를 내가 부르니 내 적들로부터 구원받는다.) [사무엘하 22:4]

わたしにさとしをさずけられる主(しゅ)をほめまつる。夜(よる)はまた、わたしの心(こころ)がわたしを教(おし)える。[詩篇 16:7]
(내게 깨우침을 주시는 주를 찬양합니다. 밤에는 또 내 마음이 나를 가르친다.) [시편 16:7]

わたしはほめまつるべき主(しゅ)に呼(よ)ばわって、わたしの敵(てき)から

救(すく)われるのです。[詩篇 18:3]
(나는 찬양받아 마땅하신 주를 내가 부르니 내 적들로부터 구원받는다.) [시편 18:3]

わたしは常(つね)に主(しゅ)をほめまつる。そのさんびはわたしの口(くち)に絶(た)えない。[詩篇 34:1]
(나는 항상 주님을 찬양한다. 그 찬미는 내 입에서 끊어지지 않는다.) [시편 34:1]

わたしは生(い)きながらえる間(あいだ)、あなたをほめ、手(て)をあげて、み名(な)を呼(よ)びまつる。[詩篇 63:4]
(나는 생존하는 동안, 주님을 찬양하고 손을 들어 이름을 삼가 부른다.) [시편 63:4]

主(しゅ)に言(い)うであろう、「わが避(さ)け所(どころ)、わが城(しろ)、わが信頼(しんらい)しまつるわが神(かみ)」と。[詩篇 91:2]
(주님에게 말할 것이다, "내 피난처, 내 성, 내가 삼가 신뢰하는 내 하나님." 이라고.) [시편 91:2]

しかし、われらは今(いま)より、とこしえに至(いた)るまで、主(しゅ)をほめまつるであろう。主(しゅ)をほめたたえよ。[詩篇 115:18]
(그러나 우리는 지금부터 영원토록 주를 찬양할 것이다. 주를 찬양하리라.) [시편 115:18]

主(しゅ)はわたしに耳(みみ)を傾(かたむ)けられたので、わたしは生(い)きるかぎり主(しゅ)を呼(よ)びまつるであろう。[詩篇 116:2]
(주께서는 내게 귀를 기울이셨으니, 나는 살아 있는 한, 주님을 삼가 부를 것입니다.) [시편 116:2]

主(しゅ)よ、あなたのすべてのみわざはあなたに感謝(かんしゃ)し、あなたの聖徒(せいと)はあなたをほめまつるでしょう。[詩篇 145:10]
(주님이여, 주께서 하신 모든 표적은 주께 감사드리고, 주의 성도들은 주를 찬양할 것입니다.) [시편 145:10]

わが口(くち)は主(しゅ)の誉(ほまれ)を語(かた)り、すべての肉(にく)なる者(もの)は世々(よよ)かぎりなくその聖(せい)なるみ名(な)をほめまつるでしょう。[詩篇 145:21]
(내 입은 주의 영광을 말하고, 모든 육으로 만들어진 사람은 세세 영원토록 그분의 거룩한 이름을 찬양할 것입니다.) [시편 145:21]

主(しゅ)はいま、ヤコブの家(いえ)に、み顔(かお)をかくしておられるとはいえ、わたしはその主(しゅ)を待(ま)ち、主(しゅ)を望(のぞ)みまつる。[イザヤ書 8:17]
(주님께서는 지금 야곱의 집에 존안을 숨기고 계신다고 하지만, 나는 그 주님을 기다리고, 주님을 흠모한다.) [이사야 8:17]

구어역 구역성서 중에는 다음과 같이 「あがめ+たてまつる」와 같이 최고위 겸양표현1도 등장한다.

[例] そこでわれネブカデネザルは今(いま)、天(てん)の王(おう)をほめたたえ、かつあがめたてまつる。そのみわざはことごとく真実(しんじつ)で、その道(みち)は正(ただ)しく、高(たか)ぶり歩(あゆ)む者(もの)を低(ひく)くされる。[ダニエル書 4:37]
(그래서 나 느부갓네살은 지금 하늘의 왕을 칭송하고 또한 삼가 숭경한다. 그 분이 하시는 일은 모두 진실하고 그 길은 의롭고, 우쭐대고 다니는 사람들을 낮추신다.) [다니엘 4:37]

「崇(あが)める」는 크게 다음과 같이 2개의 의미가 있다. 즉 ①「우러러 받들다, 숭상하다」와 같이 〈더할 나위 없이 극히 존귀한 것으로 다루는 것으로 숭경(崇敬), 존경하다〉라는 의미와, ②「총애하다, 소중히 다루다」의 의미가 있다.

「奉(たてまつ)る」는 다의어인데, 「崇(あが)め奉(たてまつ)る」로 사용되고 있는 것은 보조동사의 「奉(たてまつ)る」로서 동사 뒤에 접속되어, 그 동작의 대상(대부분의 경우 인물)을 높이는 겸양의 뜻을 첨가한다.

따라서 「崇(あが)め奉(たてまつ)る」의 의미는 화자 자신에게 더할 나위 없는 최고의 존재를 존경하고, 숭배하는 것(의 겸양표현)이다.

「崇(あが)める」는 「尊敬」의 의미를 지니고 있는데, 「崇(あが)め奉(たてまつ)る」가 되면, 신앙의 대상에 사용하는 것이 대부분이기 때문에, 단순한 「존경」을 뛰어넘은, 「숭경」이라는 뉘앙스로 이해하는 것이 적절하다. 따라서 기본적으로는 「崇(あが)め奉(たてまつ)る」의 대상은 일반적인 인간관계를 넘은 신불(神仏) 등 더할 나위 없는 높은 신분의 존재일 필요가 있다. 또는 자연 등에 신비적인 우주의 에너지 등을 느끼는 자연숭배 등에서도 태양이나 달 등을 신격화해서 「崇め奉る」를 사용하는 경우가 있다. 만일 신앙과 관계없이 「崇め奉る」를 쓰는 경우에는, 이런 종류의 특별한 말에 자주 있는 바와 같이 일부러 허풍을 떨며 유머를 섞어 표현하거나, 혹은 강조의 의미를 담은 표현이 된다.[22]

[3] 小羊(こひつじ)の婚姻(こんいん)の時(とき)がきて、花嫁(はなよめ)はその用意(ようい)をしたからである。: 어린 양이 혼인할 때가 왔고, 신부는 그 채비를 끝냈으니까.

[フランシスコ会聖書研究所(1984)『新約聖書』サンパウロ. p. 959 주(19-7)]에 따르면, 구약성서에 있어서는, 혼인의 비유는 야훼(여호와)와 이스라엘 백성을 맺어 주는 계약을 나타내는 것으로(호세아 2:16~2:19 〔14~17〕, 이사야 50:1, 54:6, 예레미야 2:2, 3:1~3:4 등 참조), 하나님은 남편으로 생각되었고, 우상 숭배는 간음으로 간주되었다.

---

22) https://word-dictionary.jp/posts/3674에서 인용하여 적의 번역함.

[例] 主(しゅ)は言(い)われる、その日(ひ)には、あなたはわたしを『わが夫(おっと)』と呼(よ)び、もはや『わがバアル』とは呼(よ)ばない。[ホセア書 2:16]
(주께서는 말씀하신다, 그 날에는 너는 나를 '나의 남편'이라고 부르고, 더 이상 '나의 바알'이라고는 부르지 않을 것이다.) [호세아 2:16]

わたしはもろもろのバアルの名(な)を彼女(かのじょ)の口(くち)から取(と)り除(のぞ)き、重(かさ)ねてその名(な)をとなえることのないようにする。[ホセア書 2:17]
(나는 모든 바알 신들의 이름을 그녀 입에서 모두 없애고, 다시는 그 이름을 부르지 않도록 하겠다.) [호세아 2:17]

その日(ひ)には、わたしはまたあなたのために野(の)の獣(けもの)、空(そら)の鳥(とり)および地(ち)の這(は)うものと契約(けいやく)を結(むす)び、また弓(ゆみ)と、つるぎと、戦争(せんそう)とを地(ち)から断(た)って、あなたを安(やす)らかに伏(ふ)させる。[ホセア書 2:18]
(그 날에는 나는 다시 너희(이스라엘 백성)를 위해 들짐승, 하늘의 새 및 땅의 기어다니는 것과 계약을 맺고, 또 활과 칼을 전쟁을 땅에서 전쟁을 끊고, 네가(이스라엘 백성이) 평안하게 엎드리게 하겠다.) [호세아 2:18]

またわたしは永遠(えいえん)にあなたとちぎりを結(むす)ぶ。すなわち正義(せいぎ)と、公平(こうへい)と、いつくしみと、あわれみとをもってちぎりを結(むす)ぶ。[ホセア書 2:19]
(또 나는 영원히 너와 부부의 연을 맺겠다. 즉 정의와 공평과 사랑과 불쌍히 여김으로 부부의 연을 맺겠다.) [호세아 2:19]

主(しゅ)はこう言(い)われる、「わたしがあなたがたの母(はは)を去(さ)らせたその離縁状(りえんじょう)は、どこにあるか。わたしはどの債主(さいしゅ)にあなたがたを売(う)りわたしたか。見(み)よ、あなたがたは、その不義(ふぎ)のために売(う)られ、あなたがたの母(はは)は、あなたがたのとがのために出(だ)されたのだ。[イザヤ書 50:1]

(주께서는 이렇게 말씀하신다. "내가 너희 어머니를 떠나가게 한 그 이혼 증서는 어디에 있느냐? 나는 어느 채권자에게 너희를 팔아넘겼느냐? 보아라! 너희는 그 죄 때문에 팔리고, 너희 어머니는 너희의 죄과 때문에 쫓겨난 것이다.) [이사야 50:1]

捨(す)てられて心(こころ)悲(かな)しむ妻(つま)、また若(わか)い時(とき)にとついで出(だ)された妻(つま)を招(まね)くように主(しゅ)はあなたを招(まね)かれた」とあなたの神(かみ)は言(い)われる。[イザヤ書 54:6]
(버림을 받아 마음 아파하는 처, 또 젊은 나이에 시집갔다가 쫓겨난 처를 부르도록 주께서는 너를 부르신다." 고 너의 하나님께서는 말씀하신다.) [이사야 54:6]

「行(い)って、エルサレムに住(す)む者(もの)の耳(みみ)に告(つ)げよ、主(しゅ)はこう言(い)われる、わたしはあなたの若(わか)い時(とき)の純情(じゅんじょう)、花嫁(はなよめ)の時(とき)の愛(あい)、荒野(あらの)なる、種(たね)まかぬ地(ち)でわたしに従(したが)ったことを覚(おぼ)えている。[エレミヤ書 2:2]
("가서 예루살렘에 사는 사람들의 귀에 고해라. 주께서 이렇게 말씀하신다. 나는 네 젊은 시절의 순정, 신부 시절의 사랑, 광야에 있는 씨를 뿌리지 않은 땅에서, 나를 따른 것을 기억하고 있다.) [예레미야 2:2]

もし人(ひと)がその妻(つま)を離婚(りこん)し、女(おんな)が彼(かれ)のもとを去(さ)って、他人(たにん)の妻(つま)となるなら、その人(ひと)はふたたび彼女(かのじょ)に帰(かえ)るであろうか。その地(ち)は大(おお)いに汚(けが)れないであろうか。あなたは多(おお)くの恋人(こいびと)と姦淫(かんいん)を行(おこな)った。しかもわたしに帰(かえ)ろうというのか」と主(しゅ)は言(い)われる。[エレミヤ書 3:1]
(만일 어떤 사람이 그 아내와 이혼하고 여자가 그의 곁을 떠나 다른 사람의 아내가 된다면 그 사람은 다시 그녀에게 돌아가겠느냐? 그 땅은 크게 더럽혀지지 않을까? 너는 많은 연인들과 간음을 행했다. 그럼에도 불구하고 내게 돌아오려고 하느냐?" 라고 주께서는 말씀하신다.) [예레미야 3:1]

「目(め)をあげてもろもろの裸(はだか)の山(やま)を見(み)よ、姦淫(かんいん)を行(おこな)わなかった所(ところ)がどこにあるか。荒野(あらの)にいるアラビヤびとがするように、あなたは道(みち)のかたわらに座(ざ)して恋人(こいびと)を待(ま)った。あなたは姦淫(かんいん)の悪事(あくじ)をもって、この地(ち)を汚(けが)した。[エレミヤ書 3:2]
("눈을 들어 모든 벌거숭이 산들을 보라. 간음을 행하지 않았던 곳이 어디에 있느냐? 광야에 있는 아라바 사람들이 하는 것처럼, 너는 길가에 앉아서 사랑하는 사람들을 기다렸다. 너는 간음의 사악함으로 이 땅을 더럽혔다.) [예레미야 3:2]

それゆえ雨(あめ)はとどめられ、春(はる)の雨(あめ)は降(ふ)らなかった。しかもあなたには遊女(ゆうじょ)の額(ひたい)があり、少(すこ)しも恥(は)じようとはしない。[エレミヤ書 3:3]
(그러므로 비는 그치고 봄비는 내리지 않았다. 그럼에도 불구하고 너에게는 유녀의 이마가 있고, 조금도 부끄러이 생각하려고 하지는 않는다.) [예레미야 3:3]

今(いま)あなたは、わたしを呼(よ)んで言(い)ったではないか、『わが父(ちち)よ、あなたはわたしの若(わか)い時(とき)の友(とも)です。[エレミヤ書 3:4]
(지금 너는 나를 불러 말하지 않았느냐? '내 아버지여, 아버지께서는 내 젊을 때의 친구입니다.) [예레미야 3:4]

신약성서에서도 마찬가지로, 혼인의 비유로서, 그리스도와 교회 간의 교제를 나타내고, 그리스도는 교회의 남편이 된다. 요한복음 3:29, 고린도후서 11:2, 에베소서 5:22~5:32 참조.

[例] 花嫁(はなよめ)をもつ者(もの)は花婿(はなむこ)である。花婿(はなむこ)の友人(ゆうじん)は立(た)って彼(かれ)の声(こえ)を聞(き)き、その声(こえ)を聞(き)いて大(おお)いに喜(よろこ)ぶ。こうして、この喜(よろこ)びはわたし

に満(み)ち足(た)りている。[ヨハネによる福音書 3:29]
(신부를 차지하는 사람은 신랑이다. 신랑의 친구는 서서 그 사람(신랑)의 소리를 듣고, 그 소리를 듣고 크게 기뻐한다. 이렇게 해서 이 기쁨은 내게 가득 차 있다.) [요한복음 3:29]

わたしは神(かみ)の熱情((ねつ)じょう)をもって、あなたがたを熱愛(ねつあい)している。あなたがたを、きよいおとめとして、ただひとりの男子(だんし)キリストにささげるために、婚約(こんやく)させたのである。[コリント人への第二の手紙 11:2]
(나는 하나님의 열정으로, 여러분을 열애하고 있다. 여러분을 순결한 처녀로서 오직 한 남자인 그리스도께 바치기 위해, 정혼을 시킨 것이다.) [고린도후서 11:2]

妻(つま)たる者(もの)よ。主(しゅ)に仕(つか)えるように自分(じぶん)の夫(おっと)に仕(つか)えなさい。[エペソ人への手紙 5:22]
(아내인 여러분이여, 주님을 섬기도록 자기 남편을 섬겨라.) [에베소서 5:22]

キリストが教会(きょうかい)のかしらであって、自(みずか)らは、からだなる教会(きょうかい)の救主(すくいぬし)であられるように、夫(おっと)は妻(つま)のかしらである。[エペソ人への手紙 5:23]
(그리스도께서 교회의 머리이고, 자신은 몸인 교회의 구주이신 것처럼, 남편은 아내의 머리입니다.) [에베소서 5:23]

そして教会(きょうかい)がキリストに仕(つか)えるように、妻(つま)もすべてのことにおいて、夫(おっと)に仕(つか)えるべきである。[エペソ人への手紙 5:24]
(그리고 교회가 그리스도를 섬기는 것처럼, 아내들도 모든 일에 있어서 남편을 섬겨야 한다.) [에베소서 5:24]

夫(おっと)たる者(もの)よ。キリストが教会(きょうかい)を愛(あい)してそのためにご自身(じしん)をささげられたように、妻(つま)を愛(あい)しなさい。[エペソ人への手紙 5:25]

(남편 여러분, 그리스도께서 교회를 사랑해서 교회를 위하여 당신을 바치신 것처럼 아내를 사랑하여라.) [에베소서 5:25]

キリストがそうなさったのは、水(みず)で洗(あら)うことにより、言葉(ことば)によって、教会(きょうかい)をきよめて聖(せい)なるものとするためであり、[エペソ人への手紙 5:26]
(그리스도께서 그렇게 하신 것은, 물로 씻음으로써, 말씀에 의해 교회를 깨끗하게 하여, 거룩한 것으로 하기 위해서이고,) [에베소서 5:26]

また、しみも、しわも、そのたぐいのものがいっさいなく、清(きよ)くて傷(きず)のない栄光(えいこう)の姿(すがた)の教会(きょうかい)を、ご自分(じぶん)に迎(むか)えるためである。[エペソ人への手紙 5:27]
(또 기미도, 주름도, 그런 부류의 것이 전혀 없고, 깨끗하고 흠이 없는 영광의 모습의 교회를, 당신에게 맞이하기 위해서이다.) [에베소서 5:27]

それと同(おな)じく、夫(おっと)も自分(じぶん)の妻(つま)を、自分(じぶん)のからだのように愛(あい)さねばならない。自分(じぶん)の妻(つま)を愛(あい)する者(もの)は、自分(じぶん)自身(じしん)を愛(あい)するのである。[エペソ人への手紙 5:28]
(그것과 마찬가지로 남편들도 자기 아내를 자기 몸과 같이 사랑하여야 한다. 자기 아내를 사랑하는 사람은 자기 자신을 사랑하는 것이다.) [에베소서 5:28]

自分(じぶん)自身(じしん)を憎(にく)んだ者(もの)は、いまだかつて、ひとりもいない。かえって、キリストが教会(きょうかい)になさったようにして、おのれを育(そだ)て養(やしな)うのが常(つね)である。[エペソ人への手紙 5:29]
(자기 자신을 미워한 사람은 일찍이 한 사람도 없다. 오히려 그리스도께서 교회에 하신 것처럼 해서, 자기를 키우고 기르는 것이 상례이다.) [에베소서 5:29]

わたしたちは、キリストのからだの肢体(したい)なのである。[エペソ人への手紙 5:30]
(우리는 그리스도의 몸의 지체이다.) [에베소서 5:30]

「それゆえに、人(ひと)は父母(ふぼ)を離(はな)れてその妻(つま)と結(むす)ばれ、ふたりの者(もの)は一体(いったい)となるべきである」。[エペソ人への手紙 5:31]
("그러므로 사람은 부모를 떠나서, 그 아내와 맺어져서 둘이 한 몸이 되어야 한다.") [에베소서 5:31]

この奥義(おうぎ)は大(おお)きい。それは、キリストと教会(きょうかい)とをさしている。[エペソ人への手紙 5:32]
(이 오의(비밀)는 크다. 그것은 그리스도와 교회를 가리키고 있다.) [에베소서 5:32]

[1]彼女(かのじょ)は、光(ひか)り輝(かがや)く、汚(けが)れのない麻布(あさぬの)の衣(ころも)を着(き)ることを許(ゆる)された。[2]この麻布(あさぬの)の衣(ころも)は、聖徒(せいと)たちの正(ただ)しい行(おこな)いである」。[ヨハネの黙示録 19:8]
(그녀는 눈부시게 빛나는, 더러움이 없는 아마포(세마포)의 옷을 입을 것을 허락받았다. 이 아마포(세마포)의 옷은 성도들의 올바른 행위이다.") [19:8]

[1] 彼女(かのじょ)は、光(ひか)り輝(かがや)く、汚(けが)れのない麻布(あさぬの)の衣(ころも)を着(き)ることを許(ゆる)された。: 그녀는 눈부시게 빛나는, 더러움이 없는 아마포(세마포)의 옷을 입을 것을 허락받았다.

「彼女(かのじょ)」는 「花嫁(はなよめ)は[新改訳1970]・花嫁は[フランシスコ会訳1984]・花嫁は[新共同訳1987]・花嫁は[岩波翻訳委員会訳1995]」에서 알 수 있듯이「花嫁(はなよめ)」(신부)를 가리키고 있다.

그리고「光(ひか)り輝(かがや)く」에 관해서는 [1:15]의「その足(あし)は、炉(ろ)で精錬(せいれん)されて光(ひか)り輝(かがや)く真鍮(しんちゅう)のようであり、」(그 발은 노에서 정련되어 눈부시게 빛나는 신주와 같고,), [2:18]의「光(ひか)り輝(かがや)くしんちゅうのような足(あし)とを持(も)った神(かみ)の子(こ)が」(눈

부시게 빛나는 신주와 같은 발을 가진 하나님의 아들이), [15:6]의「汚(けが)れのない、光(ひか)り輝(かがや)く亜麻布(あまぬの)」(더러움이 없는, 화려하게 빛나는 아마포(세마포))에서 이미 검토했다.

[2] この麻布(あさぬの)の衣(ころも)は、聖徒(せいと)たちの正(ただ)しい行(おこな)いである」。: 이 아마포(세마포)의 옷은 성도들의 올바른 행위이다."

「聖徒(せいと)たちの正(ただ)しい行(おこない)」의「正(ただ)しい行(おこない)」(올바른 행위)는 본 절과 다음의 예와 같이 구어역 성서에서는 2회 등장한다.

[例] われわれはみな汚(けが)れた人(ひと)のようになり、われわれの正(ただ)しい行(おこな)いは、ことごとく汚(けが)れた衣(ころも)のようである。われわれはみな木(こ)の葉(は)のように枯(か)れ、われわれの不義(ふぎ)は風(かぜ)のようにわれわれを吹(ふ)き去(さ)る。[イザヤ書 64:6]
(우리는 모두 부정한 사람처럼 되고, 우리의 의로운 행위는 모두 더러운 옷과 같다. 우리는 모두 나뭇잎처럼 시들고, 우리의 불의는 바람처럼 우리를 휘몰아 간다.) [이사야 64:6]

이 부분에 관해 타 번역본에서는 다음과 같이 표현하고 있다.

[例] 聖徒達(せいとたち)の義(ただ)しい行為(こうい)。 [塚本訳1963]
(성도들의 올바른 행위.)

聖徒(せいと)たちの正(ただ)しい行(おこ)ない。 [新改訳1970]
(성도들의 올바른 행위.)

聖徒(せいと)らの正(ただ)しい行(おこ)ない。 [前田訳1978]
(성도들의 올바른 행위.)

聖(せい)なる人々(ひとびと)の正(ただ)しい行(おこ)ない。　[フランシスコ会訳1984]
(거룩한 사람들의 올바른 행위.)

聖(せい)なる者(もの)たちの正(ただ)しい行(おこな)い。　[新共同訳1987]
(거룩한 사람들의 올바른 행위.)

聖徒(せいと)たちの義(ただ)しい行為(こうい)。　[岩波翻訳委員会訳1995]
(성도들의 올바른 행위.)

> それから、御使(みつかい)はわたしに言(い)った、「書(か)きしるせ。[1]小羊(こひつじ)の婚姻(こんいん)に招(まね)かれた者(もの)は、幸(さいわ)いである23)」。またわたしに言(い)った、[2]「これらは、神(かみ)の真実(しんじつ)の言葉(ことば)である」。[ヨハネの黙示録 19:9]
> (그리고 나서 천사는 내게 말했다, "기록하라. 어린 양의 혼인 잔치에 초대 받은 사람은 복이 있다." 또 내게 말했다, "이들은 하나님의 참된 말씀이다.") [19:9]

[1] 小羊(こひつじ)の婚姻(こんいん)に招(まね)かれた者(もの)は、幸(さいわ)いである」: 어린 양의 혼인 잔치에 초대 받은 사람은 복이 있다."

「招(まね)かれた」는 「招(まね)く」의 수동 「招(まね)かれる」의 과거로 본 절에서는 후속 명사 「者(もの)」를 수식·한정하고 있다.

「招(まね)かれる」의 예를 구어역 신약성서에서 들면 다음과 같다.

---

23) [フランシスコ会聖書研究所(1984)『新約聖書』サンパウロ. p. 961 주(19-8)]에 의하면, 이것은 본서에 나오는 네 번째 진복(眞福)으로 다음의 [누가복음 14:15]를 연상시킨다고 한다.
列席者(れっせきしゃ)の一人(ひとり)がこれを聞(き)いてイエスに「神(かみ)の国(くに)で食事(しょくじ)をする人(ひと)は、幸(さいわ)いです」と言(い)った。[口語訳 / ルカによる福音書 14:15]
(참석한 사람 중의 한 사람이 이 말씀을 듣고 예수에게 "하나님의 나라에서 음식을 먹는 사람은 복이 있습니다" 하고 말하였다.) [누가복음 14:15]

[例] 王(おう)はその僕(しもべ)たちをつかわして、この婚宴(こんえん)に<u>招(まね)かれていた</u>人(ひと)たちを呼(よ)ばせたが、その人(ひと)たちはこようとはしなかった。[マタイによる福音書 22:3]
(왕은 그 종들을 보내서, 이 혼인 잔치에 초대받았던 사람들을 불러오게 하였지만, 그 사람들은 오려고 하지는 않았다.) [마태복음 22:3]

そこでまた、ほかの僕(しもべ)たちをつかわして言(い)った、『<u>招(まね)かれた</u>人(ひと)たちに言(い)いなさい。食事(しょくじ)の用意(よい)ができました。牛(うし)も肥(こ)えた獣(けもの)もほふられて、すべての用意(よい)ができました。さあ、婚宴(こんえん)においでください』。[マタイによる福音書 22:4]
(그래서 다른 종들을 보내서 말하였다. '초대받은 사람들에게 말하여라. 식사 준비가 되었습니다. 소와 살찐 짐승도 잡아서 모든 준비가 되었습니다. 어서 혼인 잔치에 오십시오.') [마태복음 22:4]

それから僕(しもべ)たちに言(い)った、『婚宴(こんえん)の用意(よい)はできているが、<u>招(まね)かれていた</u>のは、ふさわしくない人々(ひとびと)であった。[マタイによる福音書 22:8]
(그리고 종들에게 말하였다. '혼인 잔치의 준비는 되었지만, 초대받았던 것은 적절하지 않은 사람들이었다.) [마태복음 22:8]

<u>招(まね)かれる</u>者(もの)は多(おお)いが、選(えら)ばれる者(もの)は少(すく)ない』。[マタイによる福音書 22:14]
(초대받은 사람은 많지만, 뽑히는 사람은 적다.") [마태복음 22:14]

客(きゃく)に<u>招(まね)かれた</u>者(もの)たちが上座(じょうざ)を選(えら)んでいる様子(ようす)をごらんになって、彼(かれ)らに一(ひと)つの譬(たとえ)を語(かた)られた。[ルカによる福音書 14:7]
(손님으로 초대받은 사람들이 윗자리를 고르고 있는 모습을 보시고, 그들에게 비유를 하나 들어 말씀하셨다.) [누가복음 14:7]

「婚宴(こんえん)に招(まね)かれたときには、上座(じょうざ)につくな。あるいは、あなたよりも身分(みぶん)の高(たか)い人(ひと)が招(まね)かれているかも知(し)れない。[ルカによる福音書 14:8]
("혼인 잔치에 초대받았을 때에는, 윗자리에 앉지 마라. 혹시 너보다도 신분이 높은 사람이 초대받고 있을지도 모른다.) [누가복음 14:8]

むしろ、招(まね)かれた場合(ばあい)には、末座(まつざ)に行(い)ってすわりなさい。そうすれば、招(まね)いてくれた人(ひと)がきて、『友(とも)よ、上座(じょうざ)の方(ほう)へお進(すす)みください』と言(い)うであろう。そのとき、あなたは席(せき)を共(とも)にするみんなの前(まえ)で、面目(めんぼく)をほどこすことになるであろう。[ルカによる福音書 14:10]
(오히려 초대를 받았을 경우에는 맨 끝자리에 가서 앉아라. 그러면 초대해 준 사람이 와서, '친구여, 윗자리로 올라가십시오.' 라고 말할 것이다. 그 때, 너는 자리를 함께 할 모든 사람 앞에서 면목을 세우게 될 것이다.) [누가복음 14:10]

あなたがたに言(い)って置(お)くが、招(まね)かれた人(ひと)で、わたしの晩餐(ばんさん)にあずかる者(もの)はひとりもないであろう」」。[ルカによる福音書 14:24]
(너희에게 말해 두지만, 초대받은 사람 중에서 나의 만찬에 참여하는 사람들은 한 사람도 없을 것이다.'") [누가복음 14:24]

イエスも弟子(でし)たちも、その婚礼(こんれい)に招(まね)かれた。[ヨハネによる福音書 2:2]
(예수도 그의 제자들도 그 혼인 잔치에 초대받았다.) [요한복음 2:2]

もしあなたがたが、不信者(ふしんじゃ)のだれかに招(まね)かれて、そこに行(い)こうと思(おも)う場合(ばあい)、自分(じぶん)の前(まえ)に出(だ)される物(もの)はなんでも、いちいち良心(りょうしん)に問(と)うことをしないで、食(た)べるがよい。[コリント人への第一の手紙 10:27]
(만일 여러분이 불신자의 누군가에게 초대받아, 거기에 가려고 생각할 경우, 자기

앞에 나오는 것은 무엇이든지, 일일이 양심을 묻지 말고, 먹어라.) [고린도전서 10:27]

[2] 「これらは、神(かみ)の真実(しんじつ)の言葉(ことば)である」。: "이들은 하나님의 참된 말씀이다."

I. 「真実(しんじつ)の[言葉(ことば)]」: 명사적 용법

「真実(しんじつ)」는 명사성과 형용동사성을 겸비하고 있는데, 본 절의 「真実(しんじつ)の言葉(ことば)」(참된 말씀)은 명사적 용법으로 쓰인 예이다.

[例] パウロが言(い)った、「フェスト閣下(かっか)よ、わたしは気(き)が狂(くる)ってはいません。わたしは、まじめな真実(しんじつ)の言葉(ことば)を語(かた)っているだけです。[使徒行伝 26:25]
(바울이 말하였다. "베스도 각하, 저는 미치지 않았습니다. 저는 진심의 참된 말을 하고 있을 뿐입니다.) [사도행전 26:25]

信仰(しんこう)を同(おな)じうするわたしの真実(しんじつ)の子(こ)テトスへ。父(ちち)なる神(かみ)とわたしたちの救主(すくいぬし)キリスト・イエスから、恵(めぐ)みと平安(へいあん)とが、あなたにあるように。[テトスへの手紙 1:4]
(믿음을 같이 하는 나의 진실한 아들 디도에게 이 편지를 씁니다. 아버지이신 하나님과 우리 구주 예수 그리스도로부터 은혜와 평안이 그대에게 있기를 빕니다.) [디도서 1:4]

それゆえあなたは知(し)らなければならない。あなたの神(かみ)、主(しゅ)は神(かみ)にましまし、真実(しんじつ)の神(かみ)にましまして、彼(かれ)を愛(あい)し、その命令(めいれい)を守(まも)る者(もの)には、契約(けいやく)を守(まも)り、恵(めぐ)みを施(ほどこ)して千代(せんだい)に及(およ)び、[申命記 7:9]

(그러므로 너는 알아야 한다. 너의 하나님, 주님께서는 하나님이시고 진실한 하나님이시며, 그를(주님을) 사랑하고 그 명령을 지키는 사람에게는, 언약을 지키고, 은혜를 베풀어 천 대에 이르고,) [신명기 7:9]

そして言(い)われた、『わたしはわたしの顔(かお)を彼(かれ)らに隠(かく)そう。わたしは彼(かれ)らの終(おわ)りがどうなるかを見(み)よう。彼(かれ)らはそむき、もとるやから、真実(しんじつ)のない子(こ)らである。[申命記 32:20]

(그리고 (그 분께서) 말씀하셨다. '나는 내 얼굴을 그들에게서 숨기겠다. 나는 그들의 끝이 어떻게 될 것인지 보겠다. 그들은 등지고, 사리에 어긋나기 때문에 진실이 없는 자녀들이다.) [신명기 32:20]

そしてアハシュエロスの国(くに)の百二十七州(ひゃくにじゅうしちしゅう)にいるすべてのユダヤ人(じん)に、平和(へいわ)と真実(しんじつ)の言葉(ことば)をもって書(しょ)を送(おく)り、[エステル記 9:30]

(그리고 (모르드개는) 아하수에로 왕국의 127개 지방에 있는 모든 유다 사람들에게 평화와 진실의 말로 편지를 보내고,) [에스더 9:30]

わたしは真実(しんじつ)の道(みち)を選(えら)び、あなたのおきてをわたしの前(まえ)に置(お)きました。[詩篇 119:30]

(나는 진실의 길을 선택하고 주의 규례를 나 앞에 두었습니다.) [시편 119:30]

それは正(ただ)しいこと、真実(しんじつ)なことをあなたに示(しめ)し、あなたをつかわした者(もの)に真実(しんじつ)の答(こたえ)をさせるためであった。[箴言 22:21]

(그것은 올바른 것, 진실한 것을 네게 보이고, 너를 보낸 사람에게 진실의 답을 시키기 위해서이었다.) [잠언 22:21]

伝道者(でんどうしゃ)は麗(うるわ)しい言葉(ことば)を得(え)ようとつとめた。また彼(かれ)は真実(しんじつ)の言葉(ことば)を正(ただ)しく書(か)きしるした。[伝道の書 12:10]

(전도자는 아름다운 말을 얻으려고 노력했다. 또 그는 진실의 말을 올바르게 기록했다.) [전도서 12:10]

それゆえ、地(ち)にあっておのれのために祝福(しゅくふく)を求(もと)める者(もの)は、<u>真実(しんじつ)</u>の神(かみ)によっておのれの祝福(しゅくふく)を求(もと)め、地(ち)にあって誓(ちか)う者(もの)は、<u>真実(しんじつ)</u>の神(かみ)をさして誓(ちか)う。さきの悩(なや)みは忘(わす)れられて、とわが目(め)から隠(かく)れうせるからである。[イザヤ書 65:16]
(그러므로 땅에서 자신을 위해 축복을 구하는 사람은 진실한 하나님에 의해 자신의 축복을 구하고, 땅에서 맹세하는 사람은 진실한 하나님을 가리키고 맹세한다. 이전의 고난은 잊히고 영원이 눈에서 숨어서 사라지기 때문이다.) [이사야 65:16]

利息(りそく)や高利(こうり)をとって貸(か)さず、手(て)をひいて悪(あく)を行(おこな)わず、人(ひと)と人(ひと)との間(あいだ)に<u>真実(しんじつ)</u>のさばきを行(おこな)い、[エゼキエル書 18:8]
(이자나 고리를 받으며 빌려 주지 않고, 손을 떼서 악을 행하지 않고, 사람과 사람 사이에 진실의 재판을 행하고,) [에스겔 18:8]

「万軍(ばんぐん)の主(しゅ)はこう仰(おお)せられる、<u>真実(しんじつ)</u>のさばきを行(おこな)い、互(たがい)に相(あい)いつくしみ、相(あい)あわれみ、[ゼカリヤ書 7:9]
("만군의 주께서 이렇게 말씀하신다. 진실한 재판을 행하고, 서로 자비를 베풀고, 서로 불쌍히 여기고,) [스가랴 7:9]

II.「真実(しんじつ)な[気持(きもち)]」: 형용동사적 용법

그리고 「真実(しんじつ)」에는 「真実(しんじつ)な気持(きもち)」(진실한 기분)과 같이 형용동사적 용법도 존재한다.

[例] そして、彼(かれ)らの弟子(でし)を、ヘロデ党(とう)の者(もの)たちと共(と

も)に、イエスのもとにつかわして言(い)わせた、「先生(せんせい)、わたしたちはあなたが真実(しんじつ)なかたであって、真理(しんり)に基(もとづ)いて神(かみ)の道(みち)を教(おし)え、また、人(ひと)に分(わ)け隔(へだ)てをしないで、だれをもはばかられないことを知(し)っています。[マタイによる福音書 22:16]

(그리고 그들의 제자들을 헤롯당의 사람들과 함께 예수께 보내서, 말하게 하였다, "선생님, 우리는 선생님께서 진실한 분이고, 진리에 기초하여 하나님의 길을 가르치며, 또 사람을 차별하지 않고, 누구도 꺼리지 않으신 것을 알고 있습니다.) [마태복음 22:16]

彼(かれ)らはきてイエスに言(い)った、「先生(せんせい)、わたしたちはあなたが真実(しんじつ)なかたで、だれをも、はばかられないことを知(し)っています。あなたは人(ひと)に分(わ)け隔(へだ)てをなさらないで、真理(しんり)に基(もとづ)いて神(かみ)の道(みち)を教(おし)えてくださいます。ところで、カイザルに税金(ぜいきん)を納(おさ)めてよいでしょうか、いけないでしょうか。納(おさ)めるべきでしょうか、納(おさ)めてはならないのでしょうか」。[マルコによる福音書 12:14]

(그들은 와서 예수께 말하였다. "선생님, 우리는, 선생님께서 진실한 분이고 누구도 꺼리지 않으신 것을 알고 있습니다. 선생님께서는 사람을 차별하지 않으시고, 진리에 기초하여 하나님의 길을 가르치십니다. 그런데, 황제에게 세금을 바쳐도 좋을까요? 바쳐서는 안 되는 것입니까? 바쳐야 합니까, 바쳐서는 안 되는 것입니까?)" [마가복음 12:14]

あなたがたについて、わたしの言(い)うべきこと、裁(さば)くべきことが、たくさんある。しかし、わたしを遣(つか)わされた方(かた)は真実(しんじつ)な方(かた)である。わたしは、その方(かた)から聞(き)いたままを世(よ)に向(む)かって語(かた)るのである」。[ヨハネによる福音書 8:26]

(너희에 관해 내가 말해야 할 것, 판단해야 할 것이 많이 있다. 그러나 나를 보내신 분은 진실한 분이다. 나는 그 분에게서 들은 그대로를 세상을 향해 이야기하는 것이다.) [요한복음 8:26]

断(だん)じてそうではない。あらゆる人(ひと)を偽(いつわ)り者(もの)としても、神(かみ)を真実(しんじつ)なものとすべきである。それは、「あなたが言葉(ことば)を述(の)べるときは、義(ぎ)とせられ、あなたがさばきを受(う)けるとき、勝利(しょうり)を得(え)るため」と書(か)いてあるとおりである。[ローマ人への手紙 3:4]
(결코 그렇지 않다. 모든 사람을 거짓말쟁이라고 해도, 하나님을 진실한 이라고 해야 한다. 그것은 "주께서 말씀하실 때는 의가 되고, 주께서 심판을 받을 때, 승리를 얻기 위함." 이라고 쓰여 있는 대로이다.) [로마서 3:4]

神(かみ)は真実(しんじつ)なかたである。あなたがたは神(かみ)によって召(め)され、御子(みこ)、わたしたちの主(しゅ)イエス・キリストとの交(まじ)わりに、はいらせていただいたのである。[コリント人への第一の手紙 1:9]
(하나님께서는 진실한 분이다. 여러분은 하나님에 의해 부름을 받고, 아드님, 우리 주 예수 그리스도와의 친교에 들어간 것이다.) [고린도전서 1:9]

ゆえに、わたしたちは、古(ふる)いパン種(だね)や、また悪意(あくい)と邪悪(じゃあく)とのパン種(だね)を用(もち)いずに、パン種(だね)のはいっていない純粋(じゅんすい)で真実(しんじつ)なパンをもって、祭(まつり)をしようではないか。[コリント人への第一の手紙 5:8]
(그러므로 우리는 오래된 빵 누룩이나 또 악의와 사악의 빵 누룩을 쓰지 않고, 빵 누룩이 들어가 있지 않는 순수함으로 진실한 빵으로 명절을 보내야 하지 않겠느냐?) [고린도전서 5:8]

ついては、真実(しんじつ)な協力者(きょうりょくしゃ)よ。あなたにお願(ねが)いする。このふたりの女(おんな)を助(たす)けてあげなさい。彼(かれ)らは、「いのちの書(しょ)」に名(な)を書(か)きとめられているクレメンスや、その他(た)の同労者(どうろうしゃ)たちと協力(きょうりょく)して、福音(ふくいん)のためにわたしと共(とも)に戦(たたか)ってくれた女(おんな)たちである。[ピリピ人への手紙 4:3]
(따라서 진실한 동역자여, 그대에게 부탁한다. 이 두 여인을 도와주어라. 그들은

(이 여인들은) "생명책"에 이름이 기록되어 있는 글레멘드나 그 밖의 동역자들과 협력하여 복음을 위해 나와 함께 싸워 준 여인들이다.) [빌립보서 4:3]

最後(さいご)に、兄弟(きょうだい)たちよ。すべて真実(しんじつ)なこと、すべて尊(たっと)ぶべきこと、すべて正(ただ)しいこと、すべて純真(じゅんしん)なこと、すべて愛(あい)すべきこと、すべてほまれあること、また徳(とく)といわれるもの、称賛(しょうさん)に値(あたい)するものがあれば、それらのものを心(こころ)にとめなさい。[ピリピ人への手紙 4:8]
(마지막으로, 형제들이여. 모든 진실한 것, 즉 존중해야 할 모든 것, 모든 올바른 것, 모든 순진한 것, 사랑해야 할 모든 것, 영예로운 모든 것과 또 덕이라고 하는 것, 칭찬할 만한 것이 있으면, 그것들을 마음에 담아 두어라.) [빌립보서 4:8]

しかし、主(しゅ)は真実(しんじつ)なかたであるから、あなたがたを強(つよ)め、悪(あ)しき者(もの)から守(まも)って下(くだ)さるであろう。[テサロニケ人への第二の手紙 3:3]
(그러나 주께서는 진실한 분이니, 여러분을 강하게 하고, 악한 자들로부터 지켜 주실 것이다.) [데살로니가후서 3:3]

信仰(しんこう)によるわたしの真実(しんじつ)な子(こ)テモテへ。父(ちち)なる神(かみ)とわたしたちの主(しゅ)キリスト・イエスから、恵(めぐ)みとあわれみと平安(へいあん)とが、あなたにあるように。[テモテへの第一の手紙 1:2]
(믿음에 의한 내 진실한 아들 디모데에게 이 편지를 씁니다. 아버지이신 하나님과 우리 주 그리스도 예수로부터 은혜와 자비와 평안이 그대에게 있기를 빕니다.) [디모데전서 1:2]

さらに、神(かみ)の子(こ)がきて、真実(しんじつ)なかたを知(し)る知力(ちりょく)をわたしたちに授(さず)けて下(くだ)さったことも、知(し)っている。そして、わたしたちは、真実(しんじつ)なかたにおり、御子(みこ)イエス・キリストにおるのである。このかたは真実(しんじつ)な神(かみ)であ

り、永遠(えいえん)のいのちである。[ヨハネの第一の手紙 5:20]
(또한 하나님의 아들이 와서, 그 진실한 분을 하는 지력을 우리에게 주신 것도 알고 있다. 그리고 우리는, 진실한 분 안에 있고, 하나님의 아들 예수 그리스도 안에 있는 것이다. 이분은 진실한 하나님이고 영원한 생명이다.) [요한일서 5:20]

愛(あい)する者(もの)よ。あなたが、兄弟(きょうだい)たち、しかも旅先(たびさき)にある者(もの)につくしていることは、みな真実(しんじつ)なわざである。[ヨハネの第三の手紙 1:5]
(사랑하는 사람이여. 그대가 형제들, 게다가 행선지에 있는 사람들에게 다하고 있는 것은 모두 진실한 행위이다.) [요한삼서 1:5]

われわれは皆(みな)、ひとりの人(ひと)の子(こ)で、真実(しんじつ)な者(もの)です。しもべらは回(まわ)し者(もの)ではありません」。[創世記 42:11]
(우리는 다 한 사람의 아들로 진실한 사람입니다. 종들은(저희는) 염탐꾼들이 아닙니다.") [창세기 42:11]

もしあなたがたが真実(しんじつ)な者(もの)なら、兄弟(きょうだい)のひとりをあなたがたのいる監禁所(かんきんじょ)に残(のこ)し、あなたがたは穀物(こくもつ)を携(たずさ)えて行(い)って、家族(かぞく)の飢(う)えを救(すく)いなさい。[創世記 42:19]
(만일 너희가 진실한 사람이라면, 형제들 중의 한 사람을 너희가 있는 감금소에 남기고 너희는 곡물을 가지고 가서 가족들의 굶주림을 구하라.) [창세기 42:19]

われわれは彼(かれ)に答(こた)えました、『われわれは真実(しんじつ)な者(もの)であって回(まわ)し者(もの)ではない。[創世記 42:31]
(우리는 그에게 대답하였습니다. '우리는 진실한 사람으로 염탐꾼들이 아니다.) [창세기 42:31]

その国(くに)の君(きみ)であるその人(ひと)はわれわれに言(い)いました、『わたしはこうしてあなたがたの真実(しんじつ)な者(もの)であるのを知(し)ろう。あなたがたは兄弟(きょうだい)のひとりをわたしのもとに残(の

こ)し、穀物(こくもつ)を携(たずさ)えて行(い)って、家族(かぞく)の飢(う)えを救(すく)いなさい。[創世記 42:33]
(그 나라의 지배자인 그 사람은 우리에게 말했습니다. '나는 이렇게 너희가 진실한 사람인 것을 알 것이다. 너희는 형제 중에서 한 사람을 나에게 남겨 두고, 곡물을 가지고 가서 가족의 굶주림을 구하라.) [창세기 42:33]

そして末(すえ)の弟(おとうと)をわたしのもとに連(つ)れてきなさい。そうすればあなたがたが回(まわ)し者(もの)ではなく、真実(しんじつ)な者(もの)であるのを知(し)って、あなたがたの兄弟(きょうだい)を返(かえ)し、この国(くに)であなたがたに取引(とりひき)させましょう』。[創世記 42:34]
(그리고 막내 남동생을 내게 데리고 오너라. 그렇게 하면 너희가 정탐꾼들이 아니고 진실한 사람인 것을 알고, 너희 형제를 돌려주고, 이 나라에서 너희에게 거래를 하게끔 하겠습니다.'") [창세기 42:34]

すべての聖徒(せいと)よ、主(しゅ)を愛(あい)せよ。主(しゅ)は真実(しんじつ)な者(もの)を守(まも)られるが、おごりふるまう者(もの)にはしたたかに報(むく)いられる。[詩篇 31:23]
(모든 성도들아, 주님을 사랑하여라. 주님께서는 진실한 사람을 지키시지만, 거만하게 행동하는 사람에게는 가차 없이 벌하신다.) [시편 31:23]

真実(しんじつ)な証人(しょうにん)はうそをいわない、偽(いつわ)りの証人(しょうにん)はうそをつく。[箴言 14:5]
(진실한 증인은 거짓말을 하지 않는다. 거짓 증인은 거짓말을 한다.) [잠언 14:5]

それは正(ただ)しいこと、真実(しんじつ)なことをあなたに示(しめ)し、あなたをつかわした者(もの)に真実(しんじつ)の答(こたえ)をさせるためであった。[箴言 22:21]
(그것은 올바른 것, 진실한 것을 너에게 보이고, 너를 보낸 사람에게 진실한 답을 하기 위해서이다.) [잠언 22:21]

彼(かれ)らはエレミヤに言(い)った、「もし、あなたの神(かみ)、主(しゅ)があ

なたをつかわしてお告(つ)げになるすべての言葉(ことば)を、われわれが行(おこな)わないときは、どうか主(しゅ)がわれわれに対(たい)してまことの真実(しんじつ)な証人(しょうにん)となられるように。[エレミヤ書 42:5]
(그들은 예레미야에게 말하였다. "만일, 예언자님의 하나님, 주님께서 예언자님을 보내서 전하여 주시는 모든 말씀을 우리가 행하지 않을 때는, 아무쪼록 우리에 대해 참되고 진실한 증인이 되시기를 빕니다.) [예레미야 42:5]

Ⅲ. 「真実(しんじつ)なる[神(かみ)]」: 형용동사적 용법

「真実(しんじつ)」는 「真実(しんじつ)なる[神(かみ)]」(진실하신 하나님), 「自己(じこ)に真実(しんじつ)なる輪郭(りんかく)」(자기에게 진실한 윤곽)과 같이 문어 계열의 「~なり」의 연체형인 「~なる」도 쓰이고 있다.

[例] 主(しゅ)は岩(いわ)であって、そのみわざは全(まった)く、その道(みち)はみな正(ただ)しい。主(しゅ)は真実(しんじつ)なる神(かみ)であって、偽(いつわ)りなく、義(ぎ)であって、正(せい)である。[申命記 32:4]
(주님께서는 반석이고, 그 하시는 일은 전부, 그 길은 모두 올바르다. 주님은 진실하신 하나님이고, 거짓이 없고, 의롭고, 곧다.) [신명기 32:4]

イスラエルのあがない主(ぬし)、イスラエルの聖者(せいじゃ)なる主(しゅ)は、人(ひと)に侮(あなど)られる者(もの)、民(たみ)に忌(い)みきらわれる者(もの)、つかさたちのしもべにむかってこう言(い)われる、「もろもろの王(おう)は見(み)て、立(た)ちあがり、もろもろの君(きみ)は立(た)って、拝(はい)する。これは真実(しんじつ)なる主(しゅ)、イスラエルの聖者(せいじゃ)が、あなたを選(えら)ばれたゆえである」。[イザヤ書 49:7]
(이스라엘의 속량자, 이스라엘의 성자이신 주께서는 남들에게 멸시를 받는 사람, 여러 백성들에게 몹시 미움을 받는 사람, 통치자들의 종들을 향해, 이렇게 말씀하신다. "여러 왕들은 보고 일어나고, 여러 귀족들은 서서 절한다. 이것은 진실하신 주님, 이스라엘의 성자가 너를 택하신 연유이다.") [이사야 49:7]

IV. 「真実(しんじつ)だ」의 부정 「不真実(ふしんじつ)だ」의 예도 발견된다.

[例] あなたは目(め)が清(きよ)く、悪(あく)を見(み)られない者(もの)、また不義(ふぎ)を見(み)られない者(もの)であるのに、何(なに)ゆえ<u>不真実(ふしんじつ)な者(もの)</u>に目(め)をとめていられるのですか。悪(あ)しき者(もの)が自分(じぶん)よりも正(ただ)しい者(もの)を、のみ食(く)らうのに、何(なに)ゆえ黙(だま)っていられるのですか。[ハバクク書 1:13]
(주님께서는 눈이 정결하고 악을 보지 않는 이, 또 죄악을 보지 않는 이임에도 불구하고, 무슨 때문에 진실하지 않은 사람을 보고 계시는 것입니까? 악한 사람이 자기보다도 의로운 사람들을 먹어 삼키는데, 무슨 연유로 잠자코 바라보기만 하시는 것입니까?) [하박국 1:13]

そこで、[1]わたしは彼(かれ)の足(あし)もとにひれ伏(ふ)して、彼(かれ)を拝(はい)そうとした。すると、彼(かれ)は言(い)った、「[2]そのようなことをしてはいけない。わたしは、あなたと同(おな)じ僕(しもべ)仲間(なかま)であり、また[3]イエスのあかしびとであるあなたの兄弟(きょうだい)たちと同(おな)じ僕(しもべ)仲間(なかま)である。ただ神(かみ)だけを拝(はい)しなさい。[4]イエスの証(あか)しは、すなわち預言(よげん)の霊(れい)である」。[ヨハネの黙示録 19:10]
(그때 나는 그의 발밑에 넙죽 엎드리고, 그를 예배하려고 했다. 그러자 그는 말했다. "그와 같은 일을 해서는 안 된다. 나는 너와 같은 종에 속한 동료의 하나이고 또 예수의 증인인 네 형제들과 같은 종에 속한 동료이다. 오직 하나님께만 예배하라. 예수의 증언은 곧 예언의 영이다.") [19:10]

[1] わたしは彼(かれ)の足(あし)もとにひれ伏(ふ)して、彼(かれ)を拝(はい)そうとした。: 나는 그의 발밑에 넙죽 엎드리고, 그를 예배하려고 했다.

여기에서 「彼(かれ)」는 「御使(みつかい)」 즉 「天使(てんし)」(천사)를 가리키는데, 이에 관해 타 번역본에서는 다음과 같이 서술하고 있다.

[例] 私(わたし)はその足下(あしもと)に平伏(へいふく)して彼(かれ)を拝(おが)もうとした。[塚本訳1963]
(나는 그 발밑에 평복하고, 그를 예배하려고 했다.)

私(わたし)は彼(かれ)を拝(おが)もうとして、その足(あし)もとにひれ伏(ふ)した。[新改訳1970]
(나는 그를 배례하려고 그 발밑에 넙죽 엎드렸다.)

わたしは彼(かれ)を拝(おが)もうとその足(あし)もとにひれ伏(ふ)した。[前田訳1978]
(나는 그를 배례하려고 그 발밑에 넙죽 엎드렸다.)

わたしは天使(てんし)の足(あし)もとにひれ伏して礼拝(れいはい)した。[フランシスコ会訳1984]
(나는 천사 발밑에 넙죽 엎드려서 예배했다.)

わたしは天使(てんし)を拝(おが)もうとしてその足(あし)もとにひれ伏(ふ)した。[新共同訳1987]
(나는 천사를 배례하려고 그 발밑에 넙죽 엎드렸다.)

私(わたし)は、天使(てんし)を礼拝(れいはい)しようとして、彼(かれ)の足(あし)もとに平伏(へいふく)した。[岩波翻訳委員会訳1995]
(나는 천사를 예배하려고 해서, 그 발밑에 평복했다.)

[2] そのようなことをしてはいけない。: 그와 같은 일을 해서는 안 된다.
「してはいけない」는 「해서는 안 된다」의 뜻으로 「~てはいけない」는 금지

표현 형식의 하나인데, 타 번역본에서는 어떻게 전개되는지 검토하자.

[例] (いけない)するな！[塚本訳1963]
  ((안 된다) 하지 마라!)

  いけません。[新改訳1970]
  (안 됩니다.)

  それはやめよ[前田訳1978]
  (그것은 그만두어라.)

  いけません。[フランシスコ会訳1984]
  (안 됩니다.)

  やめよ。[新共同訳1987]
  (그만두어라.)

  そんなことをしてはいけない。[岩波翻訳委員会訳1995]
  (그런 일을 해서는 안 된다.)

[3] イエスのあかしびとであるあなたの兄弟(きょうだい)たちと同(おな)じ僕(しもべ)仲間(なかま)である。: 예수의 증인인 네 형제들과 같은 종에 속한 동료이다.
「あかしびと【▽証人】＝証人(しょうにん)」는 사실을 증명하는 사람 즉 증인을 말한다.

[例] 「其(それ)を救(すく)う為(ため)の一個((ひとり)のあかしびとにならねばならぬ」
  ("그것을 구하기 위한 한 사람의 증인이 되지 않으면 안 된다.")
  [木下尚江(きのした なおえ)・火(ひ)の柱(はしら)]

[4] イエスの証(あか)しは、すなわち預言(よげん)の霊(れい)である」。 : 예수의 증언은 곧 예언의 영이다."

「イエスの証(あか)し」(예수의 증언)은 [フランシスコ会聖書研究所(1984)『新約聖書』サンパウロ. p. 961 주(19-9)에 의하면, 예수에 의해 증명된 하나님의 말씀이며 그리스도 신자도 예수를 통해 하나님의 말씀(1:29, 6:9, 12:7 참조)을 유지하는 것이라고 한다. 그리고 이 하나님의 말씀이 예언자를 격려한다고 한다.

타 번역본에서는 다음과 같이 해석하고 있다.

[例] イエスの証明(しょうめい)とは予言(よげん)の霊(れい)で(あり、お前(まえ)も私(わたし)も共(とも)にこれを有(も)っているので)ある(から)!」[塚本訳1963]
(예수의 증명은 예언의 영이고(너도 나도 함께 이것을 가지고 있는 것)이기 (때문에)!)

イエスの証(あかし)とは預言(よげん)の霊(れい)である」と。[前田訳1978]
(예수의 증언은 예언의 영이다." 라고)

このイエズスのなさった証(あか)しとは、予言(よげん)の霊(れい)のことです」。[フランシスコ会訳1984]
(이 예수께서 하신 증언은 예언의 영을 말합니다.")

イエスの証(あか)しは預言(よげん)の霊(れい)なのだ。[新共同訳1987]
(예수의 증언은 예언의 영이다.)

なぜなら、イエスの証言(よげん)[を伝(つた)えること]は、預言(よげん)の霊(れい)[に満(み)たされること]なのだから」。[岩波翻訳委員会訳1995]
(왜냐하면, 예수의 증언[을 전하는 것]은, 예언의 영[에 가득 찬 것]이기 때문에.")

イエスの証(あか)しは預言(よげん)の霊(れい)なのだ。」[聖書協会共同訳2018]
(예수의 증언은 예언의 영이다.)

〔38〕 終末(しゅうまつ)におけるメシアの勝利(しょうり)
종말에 있어서의 메시아의 승리[24]
ヨハネの黙示録 19:11 - 19:21

ヨハネの黙示 19:11 - 19:16
メシヤ現(あらわ)る

메시아, 나타나다

> またわたしが見(み)ていると、天(てん)が開(ひら)かれ、見(み)よ、[1]そこに白(しろ)い馬(うま)がいた。[2]それに乗(の)っているかたは、「忠実(ちゅうじつ)で真実(しんじつ)な者(もの)」と呼(よ)ばれ、[3]義(ぎ)によって裁(さば)き、また、戦(たたか)うかたである。[ヨハネの黙示録 19:11]
> (그리고 내가 보고 있으니 하늘이 열리고, 보아라! 거기에 흰 말이 있었다. 그것을 타고 있는 분은 "충실하고 진실한 자"라고 불리고, 의로써 심판하고 또 싸우는 분이다.) [19:11]

[1] そこに白(しろ)い馬(うま)がいた。 : 거기에 흰 말이 있었다.
「白(しろ)い馬(うま)」는 승리의 상징으로 쓰이고 있다[25].

[2] それに乗(の)っているかたは、「忠実(ちゅうじつ)で真実(しんじつ)な者(もの)」

---

24) [19:11~19:21]은, 그리스도 및 그리스도를 따르는 사람과 짐승 및 그것을 따르는 사람의 결정적인 전쟁이다. 이상은 フランシスコ会聖書研究所(1984)『新約聖書』サンパウロ. p. 961 주(19-10)에 의함.

25) そして見(み)ていると、見(み)よ、白(しろ)い馬(うま)が出(で)てきた。そして、それに乗(の)っている者(もの)は、弓(ゆみ)を手(て)に持(も)っており、また冠(かんむり)を与(あた)えられて、勝利(しょうり)の上(うえ)にもなお勝利(しょうり)を得(え)ようとして出(で)かけた。[ヨハネの黙示録 6:2]
(그리고 보고 있으니, 보아라! 흰 말이 나왔다. 그리고 그것을 타고 있는 사람은 활을 손에 들고 있고, 또 면류관을 받아, 승리에다가 더 승리를 얻으려고 나갔다.) [6:2]

と呼(よ)ばれ、: 그것을 타고 있는 분은 "충실하고 진실한 자"라고 불리고, [フランシスコ会聖書研究所(1984)『新約聖書』サンパウロ. p. 961 주(19-11)]에 의하면, 「忠実(ちゅうじつ)で真実(しんじつ)な者(もの)」는 그리스도의 2개의 칭호로 요한묵시록의 [1:5], [3:7], [3:14]를 참조하라고 설명하고 있다.

[例] また、忠実(ちゅうじつ)な証人(しょうにん)、死人(しにん)の中(なか)から最初(さいしょ)に生(う)まれた者(もの)、地上(ちじょう)の諸王(しょおう)の支配者(しはいしゃ)であるイエス・キリストから、恵(めぐ)みと平安(へいあん)とが、あなたがたにあるように。わたしたちを愛(あい)し、その血(ち)によってわたしたちを罪(つみ)から解放(かいほう)し、[ヨハネの黙示録 1:5]
(또 충실한 증인이고, 죽은 자들 가운데서 먼저 태어난 사람으로, 지상의 여러 왕의 지배자인 예수·그리스도로부터 은혜와 평화가 여러분에게 있기를 빕니다. 우리를 사랑하고, 그 피로 우리를 죄에서 해방하고,) [요한묵시록 1:5]

ヒラデルヒヤにある教会(きょうかい)の御使(みつかい)に、こう書(か)きおくりなさい。『聖(せい)なる者(もの)、真(まこと)なる者(もの)、ダビデのかぎを持(も)つ者(もの)、開(ひら)けばだれにも閉(と)じられることがなく、閉(と)じればだれにも開(ひら)かれることのない者(もの)が、次(つぎ)のように言(い)われる。[口語訳 / ヨハネの黙示録 3:7]
("빌라델비아에 있는 교회의 천사에게 이렇게 써 보내라. '거룩한 이, 참된 이, 다윗의 열쇠를 가지고 있는 이, 열면 누구도 닫을 수 없고, 닫으면 누구도 열 수 없는 이가 다음과 같이 말씀하신다.) [요한묵시록 3:7]

ラオデキヤにある教会(きょうかい)の御使(みつかい)に、こう書(か)きおくりなさい。『ァァメンたる者(もの)、忠実(ちゅうじつ)な、まことの証人(しょうにん)、神(かみ)に造(つく)られたものの根源(こんげん)であるかたが、次(つぎ)のように言(い)われる。[口語訳 / ヨハネの黙示録 3:14]
("라오디게아에 있는 교회에 이렇게 써 보내라. '아멘인 이, 충실하고 참된 증인, 하나님께서 만든 것의 근원인 분께서 다음과 같이 말씀하신다.) [요한묵시록 3:14]

[3] 義(ぎ)によって裁(さば)き、また、戦(たたか)うかたである。: 의로써 심판하고 또 싸우는 분이다.

[フランシスコ会聖書研究所(1984)『新約聖書』サンパウロ. p. 961 주(19-11)]에 의하면, 「義(ぎ)によって裁(さば)き、」에 관해서는 [시편 96:13], [이사야 11:4]를 참조하라고 나와 있다.

[例] 主(しゅ)は来(こ)られる、地(ち)をさばくために来(こ)られる。主(しゅ)は義(ぎ)をもって世界(せかい)をさばき、まことをもってもろもろの民(たみ)をさばかれる。[詩篇 96:13]
(주께서 오신다. 땅을 심판하기 위해 오신다. 주께서는 의로써 세상을 심판하고, 진심으로써 여러 백성들을 심판하신다.) [시편 96:13]

正義(せいぎ)をもって貧(まず)しい者(もの)をさばき、公平(こうへい)をもって国(くに)のうちの柔和(にゅうわ)な者(もの)のために定(さだ)めをなし、その口(くち)のむちをもって国(くに)を撃(う)ち、そのくちびるの息(いき)をもって悪(あ)しき者(もの)を殺(ころ)す。[イザヤ書 11:4]
(정의로써 가난한 사람들을 심판하고, 공평으로써 나라 안의 온화한 사람들을 위해 논죄하고, 그 입의 채찍으로 나라를 치고, 그 입술의 숨으로 악한 자를 죽인다.) [이사야 11:4]

[1]その目(め)は燃(も)える炎(ほのお)であり、[2]その頭(あたま)には多(おお)くの冠(かんむり)があった。また、[3]彼(かれ)以外(いがい)にはだれも知(し)らない名(な)がその身(み)にしるされていた。[ヨハネの黙示録 19:12]
(그 눈은 타는 불꽃이고, 그 머리에는 많은 관이 있었다. 그리고 그이 이외에는 아무도 모르는 이름이 몸에 적혀 있었다.) [19:12]

[1]その目(め)は燃(も)える炎(ほのお)であり、: 그 눈은 타는 불꽃이고,

「その目(め)は燃(も)える炎(ほのお)であり」에 관해서는 [フランシスコ会聖書研究所(1984)『新約聖書』サンパウロ. p. 961 주(19-12)]에 따르면, [요한묵시록 1:14, 2:18], [다니엘 10:6]을 참조하라고 나와 있다.

[예] その頭(かしら)と髪(かみ)の毛(け)とは、雪(ゆき)のように白(しろ)い羊毛(ようもう)に似(に)て真白(まっしろ)であり、目(め)は燃(も)える炎(ほのお)のようであった。[ヨハネの黙示録 1:14]
(그 머리와 머리털은 눈처럼 흰 양털과 같이 새하얗고 눈은 타오르는 불꽃과 같았다.) [요한묵시록 1:14]

テアテラにある教会(きょうかい)の御使(みつかい)に、こう書(か)きおくりなさい。『燃(も)える炎(ほのお)のような目(め)と光(ひか)り輝(かがや)くしんちゅうのような足(あし)とを持(も)った神(かみ)の子(こ)が、次(つぎ)のように言(い)われる。[口語訳 / ヨハネの黙示録 2:18]
("두아디라 교회의 천사에게 이렇게 써 보내라. '타오르는 불꽃과 같은 눈과 눈부시게 빛나는 신주와 같은 발을 가진 하나님의 아들이 다음과 같이 말씀하신다.) [요한묵시록 2:18]

そのからだは緑柱石(りょくちゅうせき)のごとく、その顔(かお)は電光(でんこう)のごとく、その目(め)は燃(も)えるたいまつのごとく、その腕(うで)と足(あし)は、みがいた青銅(せいどう)のように輝(かがや)き、その言葉(ことば)の声(こえ)は、群衆(ぐんしゅう)の声(こえ)のようであった。[ダニエル書 10:6]
(그의 몸은 녹주석과 같고 그 얼굴은 전광과 같고, 그 눈은 불타는 횃불과 같고, 팔과 발은 잘 닦은 청동처럼 빛나고, 그 목소리는 군중의 소리와 같았다.) [다니엘 10:6]

[2] その頭(あたま)には多(おお)くの冠(かんむり)があった。: 그 머리에는 많은 관이 있었다.

「多(おお)くの冠(かんむり); 많은 관, 많은 왕관」은 그리스도는 왕이고, 용

(12:3)과 바다의 노래(13:1)와 대조시키고 있다.

[3] 彼(かれ)以外(いがい)にはだれも知(し)らない名(な)がその身(み)にしるされていた。: 그이 이외에는 아무도 모르는 이름이 몸에 적혀 있었다.

「だれも知(し)らない名(な)」에 관해, [フランシスコ会聖書研究所(1984)『新約聖書』サンパウロ. p. 961 주(19-12)]에 따르면, 이 이름이 어디에 쓰여 있는지 확실하지 않지만, 아마 왕관 위이고, 그 이름은 「하나님의 말씀」일 것이라는 설명을 달고 있다.

이 부분을 타 번역본에서는 다음과 같이 옮기고 있다.

[例] 自分(じぶん)でなければ、誰(だれ)も(その意味(いみ)を)知(し)らない名(な)が(それに)書(か)いてある。[塚本訳1963]
(자기가 아니면 아무도 (그 의미를) 모르는 이름이 (그것에) 쓰여 있다.)

自分(じぶん)でなければ、誰(だれ)も (その意味(いみ)を) 知(し)らない名(な)が(それに)書(か)いてある。[新改訳1970]
(자기가 아니면 아무도 (그 의미를) 모르는 이름이 (그것에) 쓰여 있다.)

彼(かれ)には彼(かれ)のほかだれも知(し)らぬ名(な)が書(か)かれている。[前田訳1978]
(그이에게는 그 이외 아무도 모르는 이름이 쓰여 있다.)

また、彼(かれ)以外(いがい)は誰(だれ)も知(し)らない、一(ひと)つの名前(なまえ)が書(か)かれていた。[岩波翻訳委員会訳1995]
(그리고 그이 이외에는 아무도 모르는, 이름 하나가 쓰여 있었다.)

それにはご自分(じぶん)のほかはだれも知(し)らない名(な)が記(しる)されていた。[フランシスコ会訳1984]
(그것에는 당신 이외에는 아무도 모르는 이름이 적혀 있었다.)

この方(かた)には、自分(じぶん)のほかはだれも知(し)らない名(な)が記(しる)されていた。[新共同訳1987]
(이 분에게는 자신 이외는 아무도 모르는 이름이 적혀 있었다.)

[1]彼(かれ)は血染(ちぞ)めの衣(ころも)をまとい、その名(な)は「神(かみ)の言(ことば)」と呼(よ)ばれた。[ヨハネの黙示録 19:13]
(그는 피로 물든 옷을 걸치고, 그 이름은 "하나님의 말씀"이라고 불렸다.) [19:13]

[1] 彼(かれ)は血染(ちぞ)めの衣(ころも)をまとい、その名(な)は「神(かみ)の言(ことば)」と呼(よ)ばれた。: 그는 피로 물든 옷을 걸치고, 그 이름은 "하나님의 말씀"이라고 불렸다.

「血染(ちぞ)めの衣(ころも)」(피로 물든 옷)는 [이사야 63:1~63:3]에 기초한다고 한다. 이상은 [フランシスコ会聖書研究所(1984)『新約聖書』サンパウロ. p. 961 주(19-13)에 의함.

[例]「このエドムから来(く)る者(もの)、深紅(しんく)の衣(ころも)を着(き)て、ボズラから来(く)る者(もの)はだれか。その装(よそお)いは、はなやかに、大(おお)いなる力(ちから)をもって進(すす)み来(く)る者(もの)はだれか」「義(ぎ)をもって語(かた)り、救(すく)いを施(ほどこ)す力(ちから)あるわたしがそれだ」。[イザヤ書 63:1]
(이 에돔에서 오는 이는 심홍의 옷을 입고 보스라에서 오는 이는 누구인가? 그 치장은 화려하고 큰 힘으로 나아가는 이는 누구신가?" "의로써 말하고 구원할 힘이 있는 내가 바로 그 사람이다.") [이사야 63:1]

「何(なに)ゆえあなたの装(よそお)いは赤(あか)く、あなたの衣(ころも)は酒(さか)ぶねを踏(ふ)む者(もの)のように赤(あか)いのか」。[イザヤ書 63:2]

(무슨 연유로 그대의 치장은 빨갛고 그대의 옷은 술주자를 밟는 사람처럼 빨간가?) [이사야 63:2]

「わたしはひとりで酒(さか)ぶねを踏(ふ)んだ。もろもろの民(たみ)のなかに、わたしと事(こと)を共(とも)にする者(もの)はなかった。わたしは怒(いか)りによって彼(かれ)らを踏(ふ)み、憤(いきどお)りによって彼(かれ)らを踏(ふ)みにじったので、彼(かれ)らの血(ち)がわが衣(ころも)にふりかかり、わが装(よそお)いをことごとく汚(けが)した。[イザヤ書 63:3]
("나는 혼자서 술주자를 밟았다. 여러 백성 중에 나와 함께한 사람은 없었다. 나는 진노로 그들을 밟았고 분개로 그들을 짓밟았기 때문에, 그들의 피가 내 옷에 튀어서 내 옷을 온통 더럽혔다.) [이사야 63:3]

이 부분을 타 번역본에서는 다음과 같이 기술하고 있다.

[1] 彼(かれ)は血染(ちぞ)めの衣(ころも)をまとい、その名(な)は「神(かみ)の言(ことば)」と呼(よ)ばれた。: 그는 피로 물든 옷을 걸치고, 그 이름은 "하나님의 말씀"이라고 불렸다.

[例] 彼(かれ)は<u>血染(ちぞ)めの衣(ころも)</u>をまとい、その名(な)は「神(かみ)のことば」と呼(よ)ばれる。[前田訳1978]
(그는 피로 물든 옷을 걸치고, 그 이름은 "하나님의 말씀"이라고 불린다.)

彼(かれ)は<u>血(ち)で染(そ)められた(真赤(まっか)な)衣(ころも)</u>を纏(まと)い、その名(な)は「神(かみ)の言(ことば)」と呼(よ)ばれる。[塚本訳1963]
(그는 피로 물든 (새빨간) 옷을 걸치고, 그 이름은 "하나님의 말씀"이라고 불린다.)

彼(かれ)は<u>血(ち)で染(そ)められた(真赤(まっか)な)衣(ころも)</u>を纏(まと)い、その名(な)は「神(かみ)の言(ことば)」と呼(よ)ばれる。[新改訳1970]
(그는 피로 물든 (새빨간) 옷을 걸치고, 그 이름은 "하나님의 말씀"이라고 불린다.)

彼(かれ)は血(ち)で染(そ)められた着物(きもの)を身(み)にまとい、その名前(なまえ)は「神(かみ)の言葉(ことば)」と呼(よ)ばれた。[岩波翻訳委員会訳1995]
(그는 피로 물든 옷을 몸에 걸치고, 그 이름은 "하나님의 말씀"이라고 불렸다.)

彼(かれ)は血(ち)に染(そ)まった衣(ころも)をまとい、彼(かれ)の名(な)は「神(かみ)のことば」と呼(よ)ばれた。[フランシスコ会訳1984]
(그는 피에 물든 옷을 걸치고, 그의 이름은 "하나님의 말씀"이라고 불렸다.)

また、血(ち)に染(そ)まった衣(ころも)を身(み)にまとっており、その名(な)は「神(かみ)の言葉(ことば)」と呼(よ)ばれた。[新共同訳1987]
(또 피에 물든 옷을 몸에 걸치고 있고, 그 이름은 "하나님의 말씀"이라고 불렸다.)

> そして、[1]天(てん)の軍勢(ぐんぜい)が、純白(じゅんぱく)で、汚(けが)れのない麻布(あさぬの)の衣(ころも)を着(き)て、白(しろ)い馬(うま)に乗(の)り、彼(かれ)に従(したが)った。[ヨハネの黙示録 19:14]
> (그리고 하늘의 군대가 순백의 더러움이 없는 아마포(세마포)의 옷을 입고 흰 말을 타고 그를 따랐다.) [19:14]

[1] 天(てん)の軍勢(ぐんぜい)が、純白(じゅんぱく)で、汚(けが)れのない麻布(あさぬの)の衣(ころも)を着(き)て、: 하늘의 군대가 순백의 더러움이 없는 아마포(세마포)의 옷을 입고

「天(てん)の軍勢(ぐんぜい)」(하늘의 군대)의 예를 구어역과 신공동역에서 찾으면 다음과 같다.

[例] するとたちまち、おびただしい天(てん)の軍勢(ぐんぜい)が現(あらわ)れ、御使(みつかい)と一緒(いっしょ)になって神(かみ)をさんびして言(い)った、

[ルカによる福音書 2:13]
(그러자 갑자기 굉장히 많은 하늘의 군대가 나타나서, 천사와 함께 하나님을 찬미하며 말하였다.) [누가복음 2:13]

その日(ひ)、主(しゅ)は天(てん)において、天(てん)の軍勢(ぐんぜい)を罰(ばっ)し、地(ち)の上(うえ)で、地(ち)のもろもろの王(おう)を罰(ばっ)せられる。[イザヤ書 24:21]
(그 날, 주께서는 하늘에서 하늘의 군대를 벌하고, 땅 위에서 세상의 여러 왕들을 벌하실 것이다.) [이사야 24:21]

あなたのみが主(しゅ)。天(てん)とその高(たか)き極(きわ)みを / そのすべての軍勢(ぐんぜい)を / 地(ち)とその上(うえ)にあるすべてのものを / 海(うみ)とその中(なか)にあるすべてのものを / あなたは創造(そうぞう)された。あなたは万物(ばんぶつ)に命(いのち)をお与(あた)えになる方(かた)。天(てん)の軍勢(ぐんぜい)はあなたを伏(ふ)し拝(おが)む。[新共同訳 / ネヘミヤ記 9:6]
(주님만이 주. 하늘과 그 높은 하늘의 끝을 / 그 모든 군대를 땅과 그 위에 있는 모든 것을 / 바다와 그 안에 있는 모든 것을 / 주님께서는 창조하셨다. 주님께서는 만물에 생명을 주신 분. 하늘의 군대는 주님에게 넙죽 엎드려서 배례한다.) [신공동역 / 느헤미야 9:6]

その日(ひ)が来(く)れば、主(しゅ)が罰(ばっ)せられる / 高(たか)い天(てん)では、天(てん)の軍勢(ぐんぜい)を / 大地(だいち)の上(うえ)では、大地(だいち)の王(おう)たちを。[新共同訳 / イザヤ書 24:21]
(그 날이 오면, 주께서 벌하실 것이다. / 높은 하늘에서는 하늘의 군대를 / 대지 위에서는 대지의 왕들을.) [신공동역 / 이사야 24:21]

すべて地(ち)に住(す)む者(もの)は無(む)に等(ひと)しい。天(てん)の軍勢(ぐんぜい)をも地(ち)に住(す)む者(もの)をも御旨(みむね)のままにされる。その手(て)を押(お)さえて / 何(なに)をするのかと言(い)いうる者(もの)はだ

れもいない。[新共同訳 / ダニエル書 4:32]
(땅에 사는 사람들은 없는 것과 마찬가지다. 하늘의 군대도 땅에 사는 사람들도, 그 뜻대로 된다. 그 손을 누르고 / 무엇을 하는 것인가 하고 말할 수 있는 사람들은 아무도 없다.) [신공동역 / 다니엘 4:32]

主(しゅ)は、いと高(たか)き天(てん)の軍勢(ぐんぜい)を観閲(かんえつ)される。人間(にんげん)は皆(みな)、土(つち)くれと灰(はい)にすぎない。[新共同訳 / シラ書[集会の書]17:32]
(주님께서는 매우 높은 하늘의 군대를 검열하신다. 인간은 모두 흙덩이와 재에 지나지 않는다.) [신공동역 / 집회서 17:32]

月々(つきづき)の名前(なまえ)は、空(そら)のこの月(つき)によって付(つ)けられ、/ 月(つき)は驚(おどろ)くばかりに形(かたち)を変(か)え、満(み)ちていく。それは天(てん)の軍勢(ぐんぜい)の合図(あいず)の光(ひかり)、/ 天(てん)の大空(おおぞら)にあって照(て)り輝(かがや)く。[新共同訳 / シラ書[集会の書] 43: 8]
(매달의 이름은 하늘의 이 달에 의해 붙여지고 / 달은 놀랄 정도로 모양이 바꾸면서 차오른다. 그것은 하늘의 군대의 신호의 빛, / 하늘 창공에서 아름답게 빛난다.) [신공동역 / 집회서 43: 8]

그런데 본 절의 「天(てん)の軍勢(ぐんぜい)」(하늘의 군대)는, 성서에 종종 등장하는 「天使(てんし)の軍勢(ぐんぜい) ; 천사의 군대」(마태복음 26:53, 데살로니가후서 1:7~1:8 참조)라고 보기보다는 성화(聖化)를 나타내는 흰옷을 걸친 성스러운 사람들이나 순교자의 「軍勢(ぐんぜい)」로 보는 쪽이 좋다고 한다.26).

[例] それとも、わたしが父(ちち)に願(ねが)って、天(てん)の使(つかい)たちを十

---

26) 이상은 フランシスコ会聖書研究所(1984) 『新約聖書』 サンパウロ. p. 961 주(19-14)에 의함.

<u>二軍団(じゅうにぐんだん)</u>以上(いじょう)も、今(いま)つかわしていただくことができないと、あなたは思(おも)うのか。[マタイによる福音書 26:53]
(그렇지 아니면 내가 아버지께 청하여, 하늘의 천사들을 열두 군단 이상 지금 보내주실 수 없겠다고, 너는 생각하느냐?) [마태복음 26:53]

それは、主(しゅ)イエスが炎(ほのお)の中(なか)で力(ちから)ある天使(てんし)たちを率(ひき)いて天(てん)から現(あらわ)れる時(とき)に実現(じつげん)する。[テサロニケ人への第二の手紙 1:7]
(그것은 주 예수께서 불꽃 안에서 힘 있는 천사들을 이끌고 하늘에서 나타낼 때 실현된다.) [데살로니가후서 1:7]

その時(とき)、主(しゅ)は神(かみ)を認(みと)めない者(もの)たちや、わたしたちの主(しゅ)イエスの福音(ふくいん)に聞(き)き従(したが)わない者(もの)たちに報復(ほうふく)し、[テサロニケ人への第二の手紙 1:8]
(그 때, 주께서는 하나님을 인정하지 않는 사람들이나 우리 주 예수의 복음을 듣고 따르지 않는 사람들에게 보복하고,) [데살로니가후서 1:8]

[1]その口(くち)からは、諸国民(しょこくみん)を打(う)つために、鋭(するど)い剣(つるぎ)が出(で)ていた。[2]彼(かれ)は、鉄(てつ)の杖(つえ)をもって諸国民(しょこくみん)を治(おさ)め、また、[3]全能者(ぜんのうしゃ)なる神(かみ)の激(はげ)しい怒(いか)りの酒(さか)ぶねを踏(ふ)む。[ヨハネの黙示録 19:15]
(그 입에서는 여러 백성을 치기 위해 날카로운 칼이 나와 있다. 그는 쇠 지팡이를 가지고 여러 백성을 다스리고 또 전능자이신 하나님의 격렬한 진노의 술주자를 밟는다.) [19:15]

[1] その口(くち)からは、諸国民(しょこくみん)を打(う)つために、鋭(するど)い剣(つるぎ)が出(で)ていた。: 그 입에서는 여러 백성을 치기 위해 날카로운 칼이 나

와 있다.

[フランシスコ会聖書研究所(1984)『新約聖書』サンパウロ. p. 961 주(19-15)]에 의하면, 본 절의 상기 내용은 멸망을 초래하는 하나님의 말씀을 상징하는 것으로 다음 성구와 관계가 있다고 한다.

[例] 正義(せいぎ)をもって貧(まず)しい者(もの)をさばき、公平(こうへい)をもって国(くに)のうちの柔和(にゅうわ)な者(もの)のために定(さだ)めをなし、その口(くち)のむちをもって国(くに)を撃(う)ち、そのくちびるの息(いき)をもって悪(あ)しき者(もの)を殺(ころ)す。[イザヤ書 11:4]
(정의로써 가난한 사람을 심판하고, 공평으로써 나라 안의 온화한 사람들을 위해 판결하고, 그 입의 채찍으로써 나라를 치고 그 입술의 숨으로써 악한 사람들을 죽일 것이다.) [이사야 11:4]

あなたの全能(ぜんのう)の言葉(ことば)は天(てん)の王座(おうざ)から、/ 情(なさ)け容赦(ようしゃ)のないつわもののように、/ この滅(ほろ)びの地(ち)に下(くだ)った。[新共同訳 / 旧約聖書続編 / 知恵の書 18:15]
(당신의 전능한 말씀은 하늘의 왕좌에서, / 인정사정없는 전사처럼, / 이 멸망의 땅에 내려왔다.) [지혜서 18:15]

それは、取(と)り消(け)しのきかないあなたの命令(めいれい)を / 鋭(するど)い剣(つるぎ)のように手(て)にして、/ すべてを死(し)で満(み)たし、/ 天(てん)に触(ふ)れながらも、地(ち)を踏(ふ)んで立(た)っていた。[新共同訳 / 旧約聖書続編 / 知恵の書 18:16]
(그것은 취소할 수 없는 당신의 명령을 / 날카로운 칼처럼 들고 / 모든 것을 죽음으로 가득 채우고, / 하늘에 닿으면서 땅을 밟고 서 있었다.) [지혜서 18:16]

[1] その口(くち)からは、諸国民(しょこくみん)を打(う)つために、鋭(するど)い剣(つるぎ)が出(で)ていた。: 그 입에서는 여러 백성을 치기 위해 날카로운 칼이 나

와 있다.

그리고 이 부분에 관해 타 번역본에서는 다음과 같이 기술되어 있다.

[例] 彼(かれ)の口(くち)からは、諸国(しょこく)の民(たみ)を撃(う)つために鋭(するど)い剣(つるぎ)が突(つ)き出(で)ている。[塚本訳1963]
(그 입에서는 여러 나라의 백성을 치기 위해 날카로운 칼이 튀어 나와 있다.)

彼(かれ)の口(くち)からは、諸国(しょこく)の民(たみ)を撃(う)つために鋭(するど)い剣(つるぎ)が突(つ)き出(で)ている。[新改訳1970]
(그 입에서는 여러 나라의 백성을 치기 위해 날카로운 칼이 튀어 나와 있다.)

彼(かれ)の口(くち)から鋭(するど)い剣(つるぎ)が出(で)ている。諸国民(しょこくみん)を打(う)つためである。[前田訳1978]
(그 입에서 날카로운 칼이 나와 있다. 여러 백성을 치기 위해서이다.)

このかたの口(くち)から鋭(するど)い剣(けん)が出(で)ていたが、それは諸国民(しょこくみん)を打(う)ち砕(くだ)くためであった。[フランシスコ会訳1984]
(이 분의 입에서 날카로운 검이 나와 있었는데, 그것은 여러 백성을 쳐부수기 위해서이었다.)

この方(かた)の口(くち)からは、鋭(するど)い剣(つるぎ)が出(で)ている。諸国(しょこく)の民(たみ)をそれで打(う)ち倒(たお)すのである。[新共同訳1987]
(이 분의 입에서는 날카로운 칼이 나와 있다. 여러 나라의 백성을 그것으로 쳐부수기 위해서이다.)

彼(かれ)の口(くち)からは鋭(するど)い太刀(たち)が出(で)ている。その太刀(たち)で諸民族(しょみんぞく)を打(う)つためである。[岩波翻訳委員会訳1995]
(그의 입에서는 날카로운 칼이 나와 있다. 그 칼로 여러 백성을 치기 위해서이다.)

[2] 彼(かれ)は、鉄(てつ)の杖(つえ)をもって諸国民(しょこくみん)を治(おさ)め)、: 그는 쇠 지팡이를 가지고 여러 백성을 다스리고,

[フランシスコ会聖書研究所(1984) 『新約聖書』 サンパウロ. p. 961 주(19-15)]에 의하면, 「鉄(てつ)の杖(つえ)」에 관해서는 다음 성구와 관계가 있다고 한다.

[例] 彼(かれ)は鉄(てつ)の杖(つえ)をもって、ちょうど土(つち)の器(うつわ)を砕(くだ)くように、彼(かれ)らを治(おさ)めるであろう。[ヨハネの黙示録 2:27]
(그는 쇠 지팡이로 마치 토기 그릇을 부수는 것과 같이 그들을 다스릴 것이다.) [요한묵시록 2:27]

[3] 全能者(ぜんのうしゃ)なる神(かみ)の激(はげ)しい怒(いか)りの酒(さか)ぶねを踏(ふ)む。: 전능자이신 하나님의 격렬한 진노의 술주자를 밟는다.

[フランシスコ会聖書研究所(1984) 『新約聖書』 サンパウロ. p. 961 주(19-15)]에 따르면, 「怒(いか)りの酒(さか)ぶね」에 관해서는 다음 성구와 관계가 있다고 한다.

[例] そこで、御使(みつかい)はそのかまを地(ち)に投(な)げ入(い)れて、地(ち)のぶどうを刈(か)り集(あつ)め、神(かみ)の激(はげ)しい怒(いか)りの大(おお)きな酒(さか)ぶねに投(な)げ込(こ)んだ。[ヨハネの黙示録 14:19]
(그래서 천사는 그 낫을 땅에 휘둘러, 땅의 포도를 베어 모으고, 하나님의 격노의 큰 술주자에 던져 넣었다.) [요한묵시록 14:19]

そして、その酒(さか)ぶねが都(みやこ)の外(そと)で踏(ふ)まれた。すると、血(ち)が酒(さか)ぶねから流(なが)れ出(で)て、馬(うま)のくつわに届(とど)くほどになり、一千(いっせん)六百(ろっぴゃく)丁(ちょう)にわたって広(ひろ)がった。[ヨハネの黙示録 14:20]

(그리고 그 술주자가 도읍 밖에서 짓밟혔다. 그러자 피가 술주자에서 흘러나와 말 재갈에 닿을 정도가 되고, 천육백 스타디온에 걸쳐 퍼졌다.) [요한묵시록 14:20]

> [1]その着物(きもの)にも、そのももにも、[2]「王(おう)の王(おう)、主(しゅ)の主(しゅ)」という名(な)がしるされていた。[ヨハネの黙示録 19:16]
> (그 옷에도 그 넓적다리에도 "왕들의 왕, 군주들의 군주"라고 하는 이름이 적혀 있었다.) [19:16]

[1] その着物(きもの)にも、そのももにも、: 그 옷에도 그 넓적다리에도

「もも[股·腿]」의 표기에는 번역서에 따라 다음과 같이 이동이 보인다.

[例] そして彼(かれ)の衣(ころも)と股(もも)とには、[塚本訳1963]
(그리고 그이의 옷과 넓적다리에는,)

そして彼(かれ)の衣(ころも)と股(もも)とには、[新改訳1970]
(그리고 그이의 옷과 넓적다리에는,)

その者(もの)の着物(きもの)にも股(もも)にも、[岩波翻訳委員会訳1995]
(그 사람의 옷에도 넓적다리에도,)

この方(かた)の衣(ころも)と腿(もも)のあたりには、[新共同訳1987]
(이 분의 옷과 넓적다리 언저리에는,)

その衣(ころも)と腰(こし)に、[前田訳1978]
(그 옷과 넓적다리에,)

その衣(ころも)にも、もものあたりにも、[フランシスコ会訳1984]
(그 옷에도, 넓적다리 언저리에도,)

[2] 「王(おう)の王(おう)、主(しゅ)の主(しゅ)」という名(な)がしるされていた。 : "왕들의 왕, 군주들의 군주"라고 하는 이름이 적혀 있었다.

「王(おう)の王(おう)、主(しゅ)の主(しゅ)」에 관해서는 본서 [17:14]의 설명 [1]을 참조할 것.

ヨハネの黙示 19：17 - 19：21
メシヤ戦争(せんそう)の序曲(じょきょく)
메시아 전쟁의 서곡

> また見(み)ていると、一人(ひとり)の御使(みつかい)が太陽(たいよう)の中(なか)に立(た)っていた。彼(かれ)は、中空(なかぞら)を飛(と)んでいるすべての鳥(とり)にむかって、大声(おおごえ)で叫(さけ)んだ、「[1]さあ、神(かみ)の大宴会(だいえんかい)に集(あつ)まって来(こ)い。[ヨハネの黙示録 19:17]
> (그리고 보고 있으니, 한 천사가 태양 안에 서 있었다. 그는 중천을 나는 모든 새를 향해 큰소리로 외쳤다. "자, 하나님의 큰 연회에 모여들어라.) [19:17]

[1] さあ、神(かみ)の大宴会(だいえんかい)に集(あつ)まって来(こ)い。: "자, 하나님의 큰 연회에 모여들어라.

[フランシスコ会聖書研究所(1984) 『新約聖書』 サンパウロ. p. 961 주 (19-17)]에 따르면, 「神(かみ)の大宴会(だいえんかい)」는 이 경우, 하나님이 준비하신 만찬이라는 의미가 아니라, 단지 「ゲヘンナ；지옥」과 같은 의미이며(마태복음 25:41 참조), 이것에 관해서는 [창세기 30:8]을 참조하라고 설명하고 있다.

[例] それから、左(ひだり)にいる人々(ひとびと)にも言(い)うであろう、『のろわれた者(もの)どもよ、わたしを離(はな)れて、悪魔(あくま)とその使(つかい)たちとのために用意(ようい)されている永遠(えいえん)の火(ひ)にはいってしまえ。[マタイによる福音書 25:41]
(그리고 왼쪽에 있는 사람들에게도 말할 것이다. '저주받은 자들아, 내게서 떠나서, 악마와 그 사자들을 위해 준비되어 있는 영원한 불에 들어가 버려라.) [마태복음 25:41]

そこでラケルは、「わたしは激(はげ)しい争(あらそ)いで、姉(あね)と争(あらそ)って勝(か)った」と言(い)って、名(な)をナフタリと名(な)づけた。[創世記 30:8]
(그래서 라헬은 "나는 격렬한 논쟁에서 언니와 싸워서 이겼다." 라고 하며, 이름을 납달리라고 지었다.) [창세기 30:8]

그리고 「神(かみ)の大宴会(だいえんかい)」는 구어역에서는 본 절의 예가 유일하다.

「集(あつ)まって来(こ)い」는 「集(あつ)まる」에 「~て来(く)る」의 명령형 「~て来(こ)い」가 접속된 것인데, 타 번역본에서 다음과 같이 기술하고 있다.

[例]「さあ、神(かみ)の大宴会(だいえんかい)に集(あつ)まって来(こ)い。[塚本訳1963]
("자, 하나님의 큰 연회에 모여들어라.)

「さあ、神(かみ)の大宴会(だいえんかい)に集(あつま)って来(こ)い。[岩波翻訳委員会訳1995]
("자, 하나님의 큰 연회에 모여들어라.)

「来(き)たれ、神(かみ)の大饗宴(だいえんかい)に集(あつ)まれ、[前田訳1978]
("와라, 하나님의 큰 연회에 모여라.)

「さあ、神(かみ)の大宴会(だいえんかい)に集(あつ)まれ。[新共同訳1987]
("자, 하나님의 큰 연회에 모여라.)

「さあ、神(かみ)の大宴会(だいえんかい)に集(あつ)まれ。[聖書協会共同訳2018]
("자, 하나님의 큰 연회에 모여라.)

「さあ、豪勢(ごうせい)な大宴会(だいえんかい)に集(あつ)まれ。[フランシスコ会訳1984]
("자, 호사스러운 큰 연회에 모여라.)

「さあ、神(かみ)の大宴会(だいえんかい)に集(あつ)まり、[新改訳1970]
("자, 하나님의 큰 연회에 모여,)

そして、[1]王(おう)たちの肉(にく)、将軍(しょうぐん)の肉(にく)、勇者(ゆうしゃ)の肉(にく)、馬(うま)の肉(にく)、馬(うま)に乗(の)っている者(もの)の肉(にく)、また、すべての自由人(じゆうじん)と奴隷(どれい)との肉(にく)、小(ちい)さき者(もの)と大(おお)いなる者(もの)との肉(にく)を食(く)らえ」。[ヨハネの黙示録 19:18]
(그리고 왕들의 살, 장군들의 살, 용자들의 살, 말의 살점, 말을 타고 있는 사람들의 살, 또 모든 자유인과 노예의 살, 작은 사람과 큰 사람의 살을 먹어라.") [19:18]

[フランシスコ会聖書研究所(1984) 『新約聖書』 サンパウロ. p. 961 주 (19-17)]에 따르면 전 절 [19:17]과 본 절[19:18]은 [에스겔 39:17~39:20]에 기초한다고 한다.

[例] 主(しゅ)なる神(かみ)はこう言(い)われる、人(ひと)の子(こ)よ、諸種(しょしゅ)の鳥(とり)と野(の)の獣(けもの)とに言(い)え、みな集(あつ)まってこい。わたしがおまえたちのために供(そな)えた犠牲(ぎせい)、すなわちイスラエルの山々(やまやま)の上(うえ)にある、大(おお)いなる犠牲(ぎせい)に、四方(しほう)から集(あつ)まり、その肉(にく)を食(く)い、その血(ち)を飲(の)め。[エゼキエル書 39:17]
(주님인 하나님께서는 이렇게 말씀하신다. 너 사람아, 온갖 종류의 새들과 들의

모든 짐승에게 말하라. 다들 모여들어라. 내가 너희들을 위해 바친 희생 제물, 즉 이스라엘의 산들 위에 있는 큰 희생 제물에, 사방에서 모이고, 그 고기를 먹고 그 피를 마셔라.) [에스겔 39:17]

おまえたちは勇士(ゆうし)の肉(にく)を食(く)い、地(ち)の君(きみ)たちの血(ち)を飲(の)め。雄羊(おひつじ)、小羊(こひつじ)、雄(お)やぎ、雄牛(おうし)などすべてバシャンの肥(こ)えた獣(けもの)を食(く)え。[エゼキエル書 39:18]
(너희는 용사들의 살을 먹고, 땅의 지배자들의 피를 마셔라. 숫양과 어린 양과 숫염소와 수소 등 모든 바산의 살찐 짐승을 먹어라.) [에스겔 39:18]

わたしがおまえたちのために供(そな)えた犠牲(ぎせい)は、飽(あ)きるまでその脂肪(しぼう)を食(た)べ、酔(よ)うまで血(ち)を飲(の)め。[エゼキエル書 39:19]
(내가 너희를 위해 바친 희생 제사는 실컷 그 지방을 먹고, 취할 때까지 피를 마셔라.) [에스겔 39:19]

おまえたちはわが食卓(しょくたく)について馬(うま)と、騎手(きしゅ)と、勇士(ゆうし)と、もろもろの戦士(せんし)とを飽(あ)きるほど食(た)べると、主(しゅ)なる神(かみ)は言(い)われる。[エゼキエル書 39:20]
(너희는 내 식탁에 앉아 말과 기수와 용사와 모든 전사를 실컷 먹으라고, 주님인 하나님께서는 말씀하신다.) [에스겔 39:20]

[1] 王(おう)たちの肉(にく)、将軍(しょうぐん)の肉(にく)、勇者(ゆうしゃ)の肉(にく)、馬(うま)の肉(にく)、馬(うま)に乗(の)っている者(もの)の肉(にく)、また、すべての自由人(じゆうじん)と奴隷(どれい)との肉(にく)、小(ちい)さき者(もの)と大(おお)いなる者(もの)との肉(にく)を食(く)らえ」。: 왕들의 살, 장군들의 살, 용자들의 살, 말의 살점, 말을 타고 있는 사람들의 살, 또 모든 자유인과 노예의 살, 작은 사람과 큰 사람의 살을 먹어라".

일본어의 경우 복수 개념이 의무범주가 아니라 임의범주이기 때문에 「王(おう)たちの[왕들의]肉(にく)[살]」과 같이 복수 표시가 요구될 때는 복수의 접미사가 발동하지만, 「将軍(しょうぐん)の[장군들의]・勇者(ゆうしゃ)の[용자들의]・馬(うま)の[말의]・馬(うま)に乗(の)っている者(もの)の[말을 타고 있는 사람들의]」肉(にく)[살], 「すべての自由人(じゆうじん)と奴隷(どれい)との[모든 자유인과 노예의]」肉(にく)[살], 「小(ちい)さき者(もの)と大(おお)いなる者(もの)と[작은 사람과 큰 사람의]」の肉(にく)[살]과 같이 그 자체에 복수 개념을 내포하는 명사에 있어서는 복수 표시를 반드시 할 필요가 없다.

「肉(にく)を食(く)らえ」(살을 먹어라)의 「食(く)らう・喰(く)らう」는 「食(た)べる」(먹다)「飲(の)む」(마시다)의 거친 말씨로, 본 절에서는 명령형으로 쓰이고 있는데, 구어역 성서에서는 본 절의 예가 유일하다.

타 번역본에서는 다음과 같이 서술하고 있다.

[例] 肉(にく)を(悉(ことごと)く)食(く)らえ。[塚本訳1963]
　　(살을 모두 먹어라.)

　　肉(にく)を食(く)らえ。[岩波翻訳委員会訳1995]
　　(살을 먹어라.)

　　肉(にく)を食(く)らえ。[フランシスコ会訳1984]
　　(살을 먹어라.)

　　肉(にく)を食(た)べよ。[新改訳1970]
　　(살을 먹어라.)

　　肉(にく)を食(た)べよ。」[新共同訳1987]
　　(살을 먹어라.)

肉(にく)を食(た)べるために」と。[前田訳1978]
(살을 먹기 위해.' 라고.)

なお見(み)ていると、獣(けもの)と地(ち)の王(おう)たちと彼(かれ)らの軍勢(ぐんぜい)とが集(あつ)まり、馬(うま)に乗(の)っているかたとその軍勢(ぐんぜい)とに対(たい)して、戦(たたか)いをいどんだ。[ヨハネの黙示録 19:19]
(또한 보고 있으니, 짐승과 땅의 왕들과 그들의 군대가 모여, 말을 타고 있는 분과 그 군대에 대해 싸움을 걸었다.) [19:19]

[19:19]에서는 「獣(けもの)と地(ち)の王(おう)たちと彼(かれ)らの軍勢(ぐんぜい)とが集(あつ)まり、」와 같은 단문(単文)과 「馬(うま)に乗(の)っているかたとその軍勢(ぐんぜい)とに対(たい)して、戦(たたか)いをいどんだ」와 같은 단문(単文)으로 구성된 중문(重文) 구조를 이루고 있다.

이에 대해 타 번역본에서는 다음과 같이 전개되고 있다.

[例] また見(み)ていると、獣(けもの)と地上(ちじょう)の王(おう)たちと、その軍勢(ぐんぜい)が集(あつ)まって、馬(うま)にまたがったかたとその軍勢(ぐんぜい)に対(たい)して戦(たたか)いをいどんだ。[フランシスコ会訳1984](重文;じゅうぶん)
(또한 보고 있으니, 짐승과 땅의 왕들과 그 군대가 모여, 말을 타고 있는 분과 그 군대에 대해 싸움을 걸었다.)

私(わたし)は獣(けもの)と地(ち)の王達(おうたち)とその軍勢(ぐんぜい)とが、(かの白(しろ)い) 馬(うま)に乗(の)り給(たま)う者(もの)とその軍勢(ぐんぜい)とに対(たい)し戦争(せんそう)をするために集(あつ)まって来(く)るのを見(み)た。[新改訳1970](複文;ふくぶん)
(나는 짐승과 땅의 왕들과 그의 군대가 (그 흰) 말을 타신 사람과 그 군대에 대해

전쟁을 하기 위해 모여드는 것을 보았다.)

獣(けもの)と地(ち)の王(おう)たちとその軍勢(ぐんぜい)とが、馬(うま)に乗(の)るものとその軍勢(ぐんぜい)と戦(たたか)うために集(あつ)められた。[前田訳1978](複文;ふくぶん)
(짐승과 땅의 왕들과 그의 군대가 말을 타는 사람과 그 군대와 싸우기 위해 모였다.)

わたしはまた、あの獣(けもの)と、地上(ちじょう)の王(おう)たちとその軍勢(ぐんぜい)とが、馬(うま)に乗(の)っている方(かた)とその軍勢(ぐんぜい)に対(たい)して戦(たたか)うために、集(あつ)まっているのを見(み)た。[新共同訳1987](複文;ふくぶん)
(나는 또 그 짐승과 지상의 왕들과 그 군대가 말을 타고 있는 분과 그 군대에 대해 싸우기 위해 모여 있는 것을 보았다.)

私(わたし)はまた、かの獣(けもの)と地上(ちじょう)の王(おう)たちとその軍勢(ぐんぜい)とが、馬(うま)に乗(の)った騎士(きし)とその軍勢(ぐんぜい)とに戦(たたか)いを挑(いど)むために、結集(けっしゅう)しているのを見(み)た。[岩波翻訳委員会訳1995](複文;ふくぶん)
(나는 또 그 짐승과 지상의 왕들과 그 군대가 말을 탄 기사와 그 군대에 싸움을 걸기 위해 결집하고 있는 것을 보았다.)

しかし、獣(けもの)は捕(とら)えられ、また、この獣(けもの)の前(まえ)でしるしを行(おこな)って、獣(けもの)の刻印(こくいん)を受(う)けた者(もの)とその像(ぞう)を拝(おが)む者(もの)とを惑(まど)わした[1]にせ預言者(よげんしゃ)も、獣(けもの)と共(とも)に捕(とら)えられた。[2]そして、この両者(りょうしゃ)とも、生(い)きながら、硫黄(いおう)の燃(も)えている火(ひ)の池(いけ)に投(な)げ込(こ)まれた。[ヨハネの黙示録 19:20]
(그러나 짐승은 붙잡히고, 또 이 짐승 앞에서 표징을 행하고, 짐승의 각인을 받은 사람들과 그 상에게 배례하는 자들을 미혹시킨 거짓 예언자도 짐승과 함

께 붙잡혔다. 그리고 이 둘 다 산 채로 유황이 타고 있는 불 연못에 내던져졌다.) [19:20]

[1] にせ預言者(よげんしゃ)も、獣(けもの)と共(とも)に捕(とら)えられた。 : 거짓 예언자도 짐승과 함께 붙잡혔다.

「捕(とら)えられた」는 「捕(とら)える」의 수동 「捕(とら)えられる」의 과거로 본 절에서는 「獣(けもの)は捕(とら)えられ、」와 「にせ預言者(よげんしゃ)も、獣(けもの)と共(とも)に捕(とら)えられた」와 같이 2회 쓰이고 있다.

그럼 구어역 신약성서에서 「捕(とら)えられる」의 예를 들면 다음과 같다.

[例] さて、イエスはヨハネが捕(とら)えられたと聞(き)いて、ガリラヤへ退(しりぞ)かれた。[マタイによる福音書 4:12]
(그런데 예수께서는 요한이 붙잡혔다고 하는 말을 듣고, 갈릴리로 물러가셨다.) [마태복음 4:12]

ヨハネが捕(とら)えられた後(のち)、イエスはガリラヤに行(い)き、神(かみ)の福音(ふくいん)を宣(の)べ伝(つた)えて言(い)われた、[マルコによる福音書 1:14]
(요한이 붙잡힌 뒤에, 예수께서는 갈릴리에 가서 하나님의 복음을 전하며 말씀하셨다.) [마가복음 1:14]

彼(かれ)らはつるぎの刃(は)に倒(たお)れ、また捕(とら)えられて諸国(しょこく)へ引(ひ)きゆかれるであろう。そしてエルサレムは、異邦人(いほうじん)の時期(じき)が満(み)ちるまで、彼(かれ)らに踏(ふ)みにじられているであろう。[ルカによる福音書 21:24]
(그들은 칼날에 쓰러지고, 또 붙잡혀서 여러 나라에 끌려갈 것이다. 그리고 예루살렘은 이방인의 시기가 찰 때까지, 그들에게 짓밟히고 있을 것이다.) [누가복음 21:24]

本人(ほんにん)のパウロが、ユダヤ人(じん)らに捕(とら)えられ、まさに殺(ころ)されようとしていたのを、彼(かれ)のローマ市民(しみん)であることを知(し)ったので、わたしは兵卒(へいそつ)たちを率(ひき)いて行(い)って、彼(かれ)を救(すく)い出(だ)しました。[使徒行伝 23:27]
(당사자인 바울이 유대 사람들에게 붙잡혀서, 자칫 죽음을 당할 뻔했는데, 그가 로마 시민인 것을 알고, 나는 병졸들을 이끌고 가서 그를 구해 냈습니다.) [사도행전 23:27]

わたしがすでにそれを得(え)たとか、すでに完全(かんぜん)な者(もの)になっているとか言(い)うのではなく、ただ捕(とら)えようとして追(お)い求(もと)めているのである。そうするのは、キリスト・イエスによって捕(とら)えられているからである。[ピリピ人への手紙 3:12]
(내가 이미 그것을 얻었다든가, 이미 완전한 사람이 되었다든가 말하는 것이 아니라, 다만 붙잡으려고 하여 좇고 있는 것이다. 그렇게 하는 것은 그리스도 예수에 의해 붙잡혀 있기 때문이다.) [빌립보서 3:12]

一度(いちど)は悪魔(あくま)に捕(とら)えられてその欲(ほっ)するままになっていても、目(め)ざめて彼(かれ)のわなからのがれさせて下(くだ)さるであろう。[テモテへの第二の手紙 2:26]
(한 번은 악마에게 붙잡혀서 그가(악마가) 하고 싶은 대로 되어 있어도, 눈을 뜨고 그 악마의 올무에서 벗어나게 해 주실 것이다.) [디모데후서 2:26]

これらの者(もの)は、捕(とら)えられ、ほふられるために生(うま)れてきた、分別(ふんべつ)のない動物(どうぶつ)のようなもので、自分(じぶん)が知(し)りもしないことをそしり、その不義(ふぎ)の報(むく)いとして罰(ばつ)を受(う)け、必(かなら)ず滅(ほろ)ぼされてしまうのである。[ペテロの第二の手紙 2:12]
(이런 사람들은 붙잡혀서 죽기 위해 태어난, 분별이 없는 동물과 같은 것으로, 자기가 알지도 못하는 일을 비방하고, 그 불의의 응보로서 벌을 받고 반드시 멸망을 당하고 말 것이다.) [베드로후서 2:12]

[2] そして、この両者(りょうしゃ)とも、生(い)きながら、硫黄(いおう)の燃(も)えている火(ひ)の池(いけ)に投(な)げ込(こ)まれた。: 그리고 이 둘 다 산 채로 유황이 타고 있는 불 연못에 내던져졌다.

「この両者(りょうしゃ)とも」(이 양자 모두, 이 둘 다)의 「~とも[共]」는 다음과 같이 〈복수를 나타내는 명사에 접속되어 그것이 전부 같은 상태라는 것〉을 나타내며 한국어의 「모두, 전부, 다」에 상당하는 뜻을 나타낸다.

[例] 男女(だんじょ)共(とも)若(わか)かった。
(남녀 모두 젊었다.)

わたしの兄弟(きょうだい)は四人(よにん)とも医者(いしゃ)です。
(내 형제는 네 명 모두 의사입니다.)

その書類(しょるい)は二枚(にまい)ともサインが必要(ひつよう)である。
(그 서류는 두 장 다 사인이 필요하다.)

その日(ひ)は二日(ふつか)とも出張(しゅっちょう)なんです。すみません。
(그 날은 이틀 다 출장입니다. 미안합니다.)

そのジュースは三本(さんぼん)とも甘(あま)すぎるので、わたしはお茶(ちゃ)を飲(の)みます。
(그 주스는 세 병 다 너무 달아서 저는 차를 마시겠습니다.)

「生(い)きながら」는 ①「산 채로」, ②「살면서(도)」의 뜻을 나타내는데, 본 절에서는 ①의 의미로 쓰이고 있다. 「生(い)きながら」는 구어역에서 본 절의 예 이외에 다음의 성구도 등장한다.

I. 「生(い)きながら」가 「산 채로」의 의미로 쓰이는 경우.

[例] すなわち、彼(かれ)らと、彼(かれ)らに属(ぞく)するものは、皆(みな)生(い)きながら陰府(よみ)に下(くだ)り、地(ち)はその上(うえ)を閉(と)じふさいで、彼(かれ)らは会衆(かいしゅう)のうちから、断(た)ち滅(ほろ)ぼされた。[民数記 16:33]

(즉 그들과 그들에 속하는 것은 모두 산 채로 음부로 내려가고, 땅은 그 위를 닫아 막아서 그들은 회중 중에서 끊어져 멸망을 당했다.) [민수기 16:33]

僕(ぼく)たちは彼女(かのじょ)を生(い)きながら墓(はか)のなかへ入(い)れてしまったのだ。
(우리들은 그녀를 산 채로 무덤 안에 넣어 버린 것이다.)

ジュリエットの答(こた)えは、パリスと結婚(けっこん)するくらいなら、生(い)きながら墓(はか)に入(はい)るつもりです、愛(あい)する夫(おっと)が生(い)きているのですから、というものだった。
(줄리엣의 답은 패리스와 결혼할 것이라면 차라리 산 채로 무덤에 들어갈 생각입니다. 사랑하는 남편이 살아 있으니까요, 라는 것이었다.)

II. 「生(い)きながら」가 「살면서(도)」의 의미로 쓰이는 경우.

[例] 彼(かれ)らは人々(ひとびと)に、罪(つみ)の中(なか)に生(い)きながらも、クリスチャンになれると教(おし)えるでしょう。
(그들은 사람들에게 죄 속에 살면서도 크리스천이 될 수 있다고 가르칠 것입니다.)

이 부분을 타 번역본에서는 다음과 같이 표현하고 있다.

[2] そして、この両者(りょうしゃ)とも、生(い)きながら、硫黄(いおう)の燃(も)えている火(ひ)の池(いけ)に投(な)げ込(こ)まれた。: 그리고 이 둘 다 산 채로 유황이

타고 있는 불 연못에 내던져졌다.

[例] 二人(ふたり)とも活(い)きながら硫黄(いおう)の燃(も)えている火(ひ)の池(いけ)に放(ほう)り込(こ)まれ (てしまっ) た。[新改訳1970]
(둘 다 산 채로 유황이 타고 있는 불 연못에 던져졌다.)

両者(りょうしゃ)とも、硫黄(いおう)の燃(も)えている火(ひ)の池(いけ)も、生(い)きながらに投(な)げ込(こ)まれた。[フランシスコ会訳1984]
(둘 다 유황이 타고 있는 불 연못도 산 채로 던져졌다.)

これらの両者(りょうしゃ)は、生(い)きながらに、硫黄(いおう)の燃(も)えている火(ひ)の池(いけ)に投(な)げ込(こ)まれた。[岩波翻訳委員会訳1995]
(이들 양자는 산 채로 유황이 타고 있는 불 연못에 던져졌다.)

両方(りょうほう)とも生(い)きたまま硫黄(いおう)で燃(も)える火(ひ)の池(いけ)に投(な)げ込(こ)まれた。[前田訳1978]
(양쪽 모두 산 채로 유황이 타고 있는 불 연못에 던져졌다.)

獣(けもの)と偽予言者(にせよげんしゃ)の両者(りょうしゃ)は、生(い)きたまま硫黄(いおう)の燃(も)えている火(ひ)の池(いけ)に投(な)げ込(こ)まれた。[新共同訳1987]
(짐승과 거짓 예언자 모두는 산 채로 유황이 타고 있는 불 연못에 던져졌다.)

「硫黄(いおう)の燃(も)えている火(ひ)の池(いけ)に投(な)げ込(こ)まれた」는 [フランシスコ会聖書研究所(1984)『新約聖書』サンパウロ. p. 961 주(19-18)]에 따르면, 정해진 악마와 악인의 주거(14:10~14:11, 20:10, 20:14~20:15 참조)이며, 「지옥」과 같은 의미라고 한다. [마태복음 25:11], [이사야 30:33]을 참조하라고 설명하고 있다.

[例] 神(かみ)の怒(いか)りの杯(さかずき)に混(ま)ぜものなしに盛(も)られた、神(かみ)の激(はげ)しい怒(いか)りのぶどう酒(しゅ)を飲(の)み、聖(せい)なる御使(みつかい)たちと小羊(こひつじ)との前(まえ)で、火(ひ)と硫黄(いおう)とで苦(くる)しめられる。[ヨハネの黙示録 14:10]
(하나님의 진노의 잔에 다른 것이 섞이지 않고 담긴, 하나님의 격노의 포도주를 마시고, 거룩한 천사들과 어린 양 앞에서 불과 유황으로 고통을 받는다.) [요한묵시록 14:10]

その苦(くる)しみの煙(けむり)は世々(よよ)限(かぎ)りなく立(た)ち上(のぼ)り、そして、獣(けもの)とその像(ぞう)とを拝(おが)む者(もの)、また、だれでもその名(な)の刻印(こくいん)を受(う)けている者(もの)は、昼(ひる)も夜(よる)も休(やす)みが得(え)られない。[ヨハネの黙示録 14:11]
(그 고통의 연기는 세세 영원토록 오르고, 그리고 짐승과 그 상에 배례하는 자, 또 누구든지 그 이름의 각인을 받는 자는 밤에도 낮에도 휴식을 얻을 수 없다.) [요한묵시록 14:11]

そして、彼(かれ)らを惑(まど)わした悪魔(あくま)は、火(ひ)と硫黄(いおう)との池(いけ)に投(な)げ込(こ)まれた。そこには、獣(けもの)もにせ預言者(よげんしゃ)もいて、彼(かれ)らは世々(よよ)限(かぎ)りなく日夜(にちや)、苦(くる)しめられるのである。[ヨハネの黙示録 20:10]
(그리고 그들을 미혹한 악마는 불과 유황의 연못에 내던져졌다. 거기에는 짐승도 거짓 예언자도 있고 그들은 세세 영원토록 밤낮으로 고통을 받을 것이다.) [요한묵시록 20:10]

それから、死(し)も黄泉(よみ)も火(ひ)の池(いけ)に投(な)げ込(こ)まれた。この火(ひ)の池(いけ)が第二(だいに)の死(し)である。[ヨハネの黙示録 20:14]
(그리고 나서 죽음도 황천도 불의 연못에 내던져졌다. 이 불 연못이 두 번째 죽음이다.) [요한묵시록 20:14]

このいのちの書(しょ)に名(な)がしるされていない者(もの)はみな、火(ひ)の池(いけ)に投(な)げ込(こ)まれた。[ヨハネの黙示録 20:15]

(이 생명책에 이름이 적혀 있지 않은 사람들은 모두 불 연못에 내던져졌다.) [요한묵시록 20:15]

焼(や)き場(ば)はすでに設(もう)けられた。しかも王(おう)のために深(ふか)く広(ひろ)く備(そな)えられ、火(ひ)と多(おお)くのたきぎが積(つ)まれてある。主(しゅ)の息(いき)はこれを硫黄(いおう)の流(なが)れのように燃(も)やす。[イザヤ書 30:33]
(태우는 곳은 이미 마련되었다. 또한 왕을 위해 깊고 넓게 준비되고, 불과 많은 장작이 쌓여 있다. 주님의 숨결은 이것은 유황 흐름처럼 태운다.) [이사야 30:33]

それ以外(いがい)の者(もの)たちは、[1]馬(うま)に乗(の)っておられるかたの口(くち)から出(で)るつるぎで切(き)り殺(ころ)され、[2]その肉(にく)を、すべての鳥(とり)が飽(あ)きるまで食(た)べた。[ヨハネの黙示録 19:21]
(그들 이외의 자들은 말을 타고 계신 분의 입에서 나오는 칼로 베어 죽음을 당하고 그 살점을 모든 새가 물릴 때까지 먹었다.) [19:21]

[1] 馬(うま)に乗(の)っておられるかたの口(くち)から出(で)るつるぎで切(き)り殺(ころ)され、: 말을 타고 계신 분의 입에서 나오는 칼로 베어 죽음을 당하고
「乗(の)っておられる」는 「乗(の)っている」의 레루형 경어로 여기에서는 〈かた〉를 높이는 데에 쓰이고 있는데 구어역 성서에서는 본 절의 예와 다음의 [마가복음 4:36]에만 사용되고 있다.

[例] そこで、彼(かれ)らは群衆(ぐんしゅう)をあとに残(のこ)し、イエスが舟(ふね)に乗(の)っておられるまま、乗(の)り出(だ)した。ほかの舟(ふね)も一緒(いっしょ)に行(い)った。[マルコによる福音書 4:36]
(그래서 그들은 군중을 뒤에 남겨두고, 예수께서 배에 타고 계신 채로 나아갔다. 다른 배도 함께 갔다.) [마가복음 4:36]

「切(き)り殺(ころ)され、」는 복합동사「切(き)り殺(ころ)す」(칼로 베어 죽이다)의 수동「切(き)り殺(ころ)される」의 연용 중지법으로 후속문에 단순 연결의 용법으로 쓰이고 있다.

「切(き)り殺(ころ)される」는 구어역에서 본 절과 다음 [히브리서 11:37]에서만 쓰이고 있다.

[例] あるいは、石(いし)で打(う)たれ、さいなまれ、のこぎりで引(ひ)かれ、<u>つるぎで切(き)り殺(ころ)され</u>、羊(ひつじ)の皮(かわ)や、やぎの皮(かわ)を着(き)て歩(ある)きまわり、無一物(むいちもつ)になり、悩(なや)まされ、苦(くる)しめられ、[ヘブル人への手紙 11:37]
(혹은 (그들은) 돌로 맞기도 하고, 괴롭힘을 당하고, 톱으로 켜이기도 하고, 칼로 베어 죽음을 당하기도 하였다. (그들은) 양 가죽과 염소의 가죽을 입고 떠돌아다니고, 털터리가 되고 고난을 겪으며, 학대를 받으면서,) [히브리서 11:37]

[2] その肉(にく)を、すべての鳥(とり)が飽(あ)きるまで食(た)べた。: 그 살점을 모든 새가 물릴 때까지 먹었다.

「飽(あ)きるまで」는「飽(あ)きる」(싫증나다, 물리다)에 부조사「~まで」가 접속한 것으로 한국어의「물릴 때까지」에 상당하는 뜻을 나타낸다.

그럼 구어역 성서에서「飽(あ)きる」의 예를 들면 다음과 같다.

[例] イスラエルの人々(ひとびと)は彼(かれ)らに言(い)った、「われわれはエジプトの地(ち)で、肉(にく)のなべのかたわらに座(ざ)し、<u>飽(あ)きるほど</u>パンを食(た)べていた時(とき)に、主(しゅ)の手(て)にかかって死(し)んでいたら良(よ)かった。あなたがたは、われわれをこの荒野(あらの)に導(みちび)き出(だ)して、全会衆(ぜんかいしゅう)を餓死(がし)させようとしている」。[出エジプト記 16:3]

(이스라엘 사람들은 그들에게 말하였다. "우리는 이집트 땅에서, 고기 냄비 곁에 앉아 배불리 빵을 먹고 있었던 때에, 주의 손에 넘겨져서 죽었더라면 좋았을 텐데. 너희들은 우리를 이 광야로 끌어내서, 모든 회중을 굶어 죽이려고 하고 있다.") [출애굽기 16:3]

地(ち)はその実(み)を結(むす)び、あなたがたは飽(あ)きるまでそれを食(た)べ、安(やす)らかにそこに住(す)むことができるであろう。[レビ記 25:19]
(땅은 그 열매를 맺고, 너희는 실컷 그것을 먹고, 평안하게 거기에 살 수 있을 것이다.) [레위기 25:19]

あなたがたの麦打(むぎう)ちは、ぶどうの取入(とりい)れの時(とき)まで続(つづ)き、ぶどうの取入(とりい)れは、種(たね)まきの時(とき)まで続(つづ)くであろう。あなたがたは飽(あ)きるほどパンを食(た)べ、またあなたがたの地(ち)に安(やす)らかに住(す)むであろう。[レビ記 26:5]
(너희의 보리타작은 포도 수확 때까지 계속되고, 포도 수확은 씨앗을 뿌릴 때까지 계속될 것이다. 너희는 실컷 빵을 먹고, 또 너희 땅에 평안하게 살 것이다.) [레위기 26:5]

あなたが満(み)たしたものでないもろもろの良(よ)い物(もの)を満(み)たした家(いえ)を得(え)させ、あなたが掘(ほ)ったものでない掘(ほ)り井戸(いど)を得(え)させ、あなたが植(う)えたものでないぶどう畑(はたけ)とオリブの畑(はたけ)とを得(え)させられるであろう。あなたは食(た)べて飽(あ)きるであろう。[申命記 6:11]
(네가 가득 채운 것이 아닌, 온갖 좋은 것을 가득 채운 집을 얻게 하고, 네가 판 것이 아닌, 땅을 파서 만든 우물을 얻게 하고, 네가 심은 것이 아닌 포도밭과 올리브 밭을 얻게 하실 것이다. 너는 먹고 질릴 것이다.) [신명기 6:11]

また家畜(かちく)のために野(の)に草(くさ)を生(は)えさせられるであろう。あなたは飽(あ)きるほど食(た)べることができるであろう。[申命記 11:15]
(또 가축을 위해, 들에 풀을 자라게 해 주실 것이다. 너는 배불리 먹을 수 있을

것이다.) [신명기 11:15]

あなたが隣人(りんじん)のぶどう畑(はたけ)にはいる時(とき)、そのぶどうを心(こころ)にまかせて飽(あ)きるほど食(た)べてもよい。しかし、あなたの器(うつわ)の中(なか)に取(と)り入(い)れてはならない。[申命記 23:24]
(네가 이웃 사람의 포도밭에 들어갈 때, 그 포도를 마음대로 실컷 따먹어도 좋다. 그러나 네 그릇 안에 담아가면 안 된다.) [신명기 23:24]

第三年(だいさんねん)すなわち十分(じゅうぶん)の一(いち)を納(おさ)める年(とし)に、あなたがすべての産物(さんぶつ)の十分(ぶん)の一(いち)を納(おさ)め終(おわ)って、それをレビびとと寄留(きりゅう)の他国(たこく)人(じん)と孤児(こじ)と寡婦(かふ)とに与(あた)え、町(まち)のうちで彼(かれ)らに飽(あ)きるほど食(た)べさせた時(とき)、[申命記 26:12]
(삼 년째, 즉 십일조를 바치는 해로, 네가 모든 산물의 열의 하나를 다 바치고, 그것을 레위 사람과 기류하는 타국 사람과 고아와 과부에게 주고, 성 안에서 그들에게 마음껏 먹게 했을 때,) [신명기 26:12]

食事(しょくじ)の時(とき)、ボアズは彼女(かのじょ)に言(い)った、「ここへきて、パンを食(た)べ、あなたの食(た)べる物(もの)を酢(す)に浸(ひた)しなさい」。彼女(かのじょ)が刈(か)る人々(ひとびと)のかたわらにすわったので、ボアズは焼麦(やきむぎ)を彼女(かのじょ)に与(あた)えた。彼女(かのじょ)は飽(あ)きるほど食(た)べて残(のこ)した。[ルツ記 2:14]
(식사 때, 보아스는 그녀에게 말하였다. "여기에 와서 빵을 먹고, 그대가 먹는 것을 초에 흠뻑 적셔라." 그녀가(룻이) 수확하는 사람들 옆에 앉으니, 보아스는 볶은 보리를 그녀에게 주었다. 그녀는 배불리 먹고 남겼다.) [룻기 2:14]

ザドクの家(いえ)から出(で)た祭司(さいし)の長(ちょう)アザリヤは彼(かれ)に答(こた)えて言(い)った、「民(たみ)が主(しゅ)の宮(みや)に供(そな)え物(もの)を携(たずさ)えて来(く)ることを始(はじ)めてからこのかた、われわれは飽(あ)きるほど食(た)べたが、たくさん残(のこ)りました。主(しゅ)が

その民(たみ)を恵(めぐ)まれたからです。それでわれわれは、このように多(おお)くの残(のこ)った物(もの)をもっているのです」。[歴代志下 31:10]
(사독의 집안에서 나온 대사제장 아사랴는 그에게(왕에게) 대답하여 말하였다. "백성이 주의 성전에 예물을 가지고 오는 것을 시작하고 나서 지금까지 우리는 실컷 먹었지만, 많이 남았습니다. 주께서 그의 백성에게 은혜를 베푸셨기 때문입니다. 그래서 우리는 이렇게 많이 남은 것을 가지고 있는 것입니다.") [역대지하 31:10]

その子(こ)らがふえればつるぎに渡(わた)され、その子孫(しそん)は食物(しょくもつ)に飽(あ)きることがない。[ヨブ記 27:14]
(그 자손이 늘면 칼에 넘겨져서, 그 자손은 먹을 것에 물리지 않는다.) [욥기 27:14]

自分(じぶん)の行(おこな)いの実(み)を食(く)らい、自分(じぶん)の計(はか)りごとに飽(あ)きる。[箴言 1:31]
(자기가 뿌린 씨의 열매를 먹고 자기 계략에 배가 부른다.) [잠언 1:31]

自分(じぶん)の田地(でんち)を耕(たがや)す者(もの)は食糧(しょくりょう)に飽(あ)きる、無益(むえき)な事(こと)に従(したが)う者(もの)は知恵(ちえ)がない。[箴言 12:11]
(자기 논밭을 가는 사람은 식량이 넉넉하다. 무익한 것을 따르는 사람은 지혜가 없다.) [잠언 12:11]

人(ひと)は自分(じぶん)の言葉(ことば)の結(むす)ぶ実(み)によって、満(み)ち足(た)り、そのくちびるの産物(さんぶつ)によって自(みずか)ら飽(あ)きる。[箴言 18:20]
(사람은 자기 말이 맺는 열매에 의해 흡족하고, 그 입술의 산물에 의해 자연히 만족한다.) [잠언 18:20]

自分(じぶん)の田地(でんち)を耕(たがや)す者(もの)は食糧(しょくりょう)に飽(あ)き、無益(むえき)な事(こと)に従(したが)う者(もの)は貧乏(びんぼう)に飽(あ)きる。[箴言 28:19]
(자기 논밭을 가는 사람은 식량이 넉넉하고, 무익한 것을 따르는 사람은 찌들게

가난하다.) [잠언 28:19]

すべての事(こと)は人(ひと)をうみ疲(つか)れさせる、人(ひと)はこれを言(い)いつくすことができない。目(め)は見(み)ることに飽(あ)きることがなく、耳(みみ)は聞(き)くことに満足(まんぞく)することがない。[伝道の書 1:8]
(모든 일이 사람을 싫증이 나서 지치게 한다. 사람은 이것을 말로 다 나타낼 수 없다. 눈은 보는 것에 질리지 않고, 귀는 듣는 것에 만족하지 않는다.) [전도서 1:8]

なぜ、あなたがたは、かてにもならぬもののために金(かね)を費(ついや)し、飽(あ)きることもできぬもののために労(ろう)するのか。わたしによく聞(き)き従(したが)え。そうすれば、良(よ)い物(もの)を食(た)べることができ、最(もっと)も豊(ゆた)かな食物(しょくもつ)で、自分(じぶん)を楽(たの)しませることができる。[イザヤ書 55:2]
(왜 너희는 양식도 되지 못하는 것을 위해 돈을 쓰고, 배부르게 해 줄 수도 없는 것을 위해 수고하느냐? 내 말을 잘 듣고 따라라. 그렇게 하면 좋은 것을 먹을 수 있고, 가장 풍부한 음식으로 자신을 즐겁게 할 수가 있다.) [이사야 55:2]

わたしがおまえたちのために供(そな)えた犠牲(ぎせい)は、飽(あ)きるまでその脂肪(しぼう)を食(た)べ、酔(よ)うまで血(ち)を飲(の)め。[エゼキエル書 39:19]
(내가 너희를 위해 준비한 희생 제사는, 배불리 그 지방을 먹고 취할 때까지 피를 마셔라.) [에스겔 39:19]

おまえたちはわが食卓(しょくたく)について馬(うま)と、騎手(きしゅ)と、勇士(ゆうし)と、もろもろの戦士(せんし)とを飽(あ)きるほど食(た)べると、主(しゅ)なる神(かみ)は言(い)われる。[エゼキエル書 39:20]
(너희는 내 식탁에 앉아 말과 기마병과 용사와 모든 전사들과 배불리 먹을 것이라고, 주님이신 하나님께서 말씀하신다.) [에스겔 39:20]

主(しゅ)は答(こた)えて、その民(たみ)に言(い)われた、「見(み)よ、わたしは穀物(こくもつ)と新(あたら)しい酒(さけ)と油(あぶら)とをあなたがたに送

(おく)る。あなたがたはこれを食(た)べて飽(あ)きるであろう。わたしは重(かさ)ねてあなたがたにもろもろの国民(くにたみ)のうちでそしりを受(う)けさせない。[ヨエル書 2:19]

(주께서는 대답하여, 그 백성들에게 말씀하셨다, "보아라! 나는 곡물과 새 술과 기름을 너희에게 보내겠다. 너희가 이것을 먹고 배가 부를 것이다. 나는 다시 너희에게 여러 백성들 중에서 비난을 받게 하지 않겠다.) [요엘 2:19]

あなたがたは多(おお)くまいても、取入(とりい)れは少(すく)なく、食(た)べても、飽(あ)きることはない。飲(の)んでも、満(み)たされない。着(き)ても、暖(あたた)まらない。賃銀(ちんぎん)を得(え)ても、これを破(やぶ)れた袋(ふくろ)に入(い)れているようなものである。[ハガイ書 1:6]

(너희는 많이 씨를 뿌려도 수확은 적과 먹어도 배부르지 않는다. 마셔도 채워지지 않는다. 입어도 따뜻하지 않는다. 품삯을 얻어도 이것을 찢어진 주머니에 넣고 있는 것과 같은 것이다.) [학개 1:6]

그리고「飽(あ)きる」는 다음과 같이 복합동사의 후항동사로도 기능한다.

[例] 聞(き)き飽(あ)きる [싫증이 나도록 듣다]
　　食(く)い飽(あ)きる [실컷 먹다, 음식 등에 물리다]
　　食(た)べ飽(あ)きる [실컷 먹다, 음식 등에 물리다]
　　寝(ね)飽(あ)きる [너무 오래 자서 질리다, 진력이 나도록 자다]
　　見(み)飽(あ)きる [지겨울 정도로 보다]

ヨハネの黙示録(もくしろく)　第20章[27]

---

27) 종말적 심판의 최후의 장면을 기록하고 있는 본 장은, 다음과 같이 구분할 수가 있다. (1) 천년에 걸쳐 용이 사슬에 묶여 있는 기간(20:1~20:3). (2) 그리스도와 그 성스러운 사람들이 평화 속에 천 년간 왕권을 쥔다 (20:4~20:6). (3) 천년이 끝나면, 곡과 마곡의 군세가, 용과 함께 교회를 멸망시키기 위해 싸운다. 그러나 하나님에 의해, 전멸당해, 용은 영원히 불의 연못에 내던져진다(20:7~20:10). (4) 마지막으로 전 인류의 부활과 심판이 행해진 뒤에, 죽음도 황천의 나라도, 불의 연못에 내던져진다(20:11~20:15). 이상은 フランシスコ会聖書研究所(1984) 『新約聖書』 サンパウロ. p. 963 주(20-1)에 의함.

〖39〗キリストの一千年間(いっせんねんかん)の支配(しはい)
그리스도의 천 년간의 지배
ヨハネの黙示録 20:1 - 20:6

ヨハネの黙示 20:1 - 20:3

サタンの幽閉(ゆうへい)

사탄의 유폐

> またわたしが見(み)ていると、一人(ひとり)の御使(みつかい)が、[1]底(そこ)知(し)れぬ所(ところ)のかぎと[2]大(おお)きな鎖(くさり)とを手(て)に持(も)って、天(てん)から降(お)りてきた。[ヨハネの黙示録 20:1]
> (또 내가 보고 있으니, 한 천사가 밑을 알 수 없는 곳의 열쇠와 큰 사슬을 손에 들고 하늘에서 내려왔다.) [20:1]

[1] 底(そこ)知(し)れぬ所(ところ)のかぎ : 밑을 알 수 없는 곳의 열쇠 : [28]「底(そこ)知(し)れぬ所(ところ)」에 관해, [フランシスコ会聖書研究所(1984)『新約聖書』サンパウロ. p. 933 주(9-1)]에서는 사탄과 그를 따르는 것, 즉 용과 거짓 예언자 등을 위해 준비된 천 년의 벌을 받는 일시적인 장소이다(9:11, 17:8, 20:1~20:37 참조). 그러나 그들이 영구히 벌을 받는 장소는 불의 연못이다(14:10, 14:11, 19:20, 20:1, 20:9, 20:10, 20:14, 10:15 참조)라고 설명을 달고 있다.

[2] 大(おお)きな鎖(くさり) : 큰 사슬

---
28) 요한묵시록 [1:18] [9:1]의 설명을 참조할 것.

「大(おお)きな鎖(くさり)」라는 표현은 구어역에서는 본 절의 예가 유일하고, 타 번역본 즉 「[塚本訳1963][新改訳1970][前田訳1978][新共同訳1987][岩波翻訳委員会訳1995][聖書協会共同訳2018]」에서도 동일한 표현이 쓰이고 있다.

> [1]彼(かれ)は、悪魔(あくま)でありサタンである龍(りゅう)、すなわち、かの年(とし)を経(へ)たへびを捕(とら)えて[2]千年(せんねん)の間(あいだ)つなぎおき、[ヨハネの黙示録 20:2]
> (그는(천사는), 악마이고 사탄인 용, 즉 그 늙은 뱀을 붙잡아 천년 동안 묶어 놓고,) [20:2]

[1] 彼(かれ)は、悪魔(あくま)でありサタンである龍(りゅう)、すなわち、かの年(とし)を経(へ)た蛇(へび)を捕(とら)えて : 그는(천사는), 악마이고 사탄인 용, 즉 그 늙은 뱀을 붙잡아,

[フランシスコ会聖書研究所(1984)『新約聖書』サンパウロ. p. 963 주(20-3)]에 따르면 「悪魔(あくま)」(악마), 「サタン」(사탄), 「蛇(へび)」(뱀), 「竜(りゅう)」(용)에 관해서는 [12:9] 주(7) 참조[29]하라고 주를 달고 있고, 악천사(惡天使)들이 벌로서 일시적으로 사슬에 묶이는 것에 관해서는, 다음의 [베드로후서 2:4]의 내용과 부합한다고 있다.

[예] 神(かみ)は、罪(つみ)を犯(おか)した御使(みつかい)たちを許(ゆる)しておかないで、彼(かれ)らを下界(げかい)におとしいれ、さばきの時(とき)まで暗(くら)やみの穴(あな)に閉(と)じ込(こ)めておかれた。[ペテロの第二の手紙 2:4]
(하나님께서는 죄를 지은 천사들을 용서해 두지 않고, 그들을 하계에 빠뜨리고, 심판 때까지 어둠의 구멍에 가두어 두셨다.) [베드로후서 2:4]

---

29) 「年(とし)を経(へ)た蛇(へび)」는 낙원의 뱀(창세기 3:1 참조). 또한 [지혜서 2:24] 참조. 이상은 フランシスコ会聖書研究所(1984)『新約聖書』サンパウロ. p. 941 주(12-7)에 의함.

[2] 千年(せんねん)の間(あいだ)つなぎおき、: 천년 동안 묶어 놓고,

「つなぎおき」는 복합동사 「つなぎおく[繋(つな)ぎ置(お)く]」의 연용형인데, 현대어만을 다루는 사전에서는 표제어로 나와 있지 않고, [精選版 日本国語大辞典「繋置」](他力四) 에서 ①〈[꽉 매다, 묶어 놓다, 붙들어 매다]의 상태로 해 두거나 또는 어떤 관계가 끊어지지 않도록 하다〉와 같이 설명하고 있다. 이에 본 절에서는 「つなぎおく」의 연용 중지법 「つなぎおき、」을 「묶어 놓고」로 번역해 둔다.

「つなぎおき、」및 「つなぎおく」의 예는 구어역에서도 본 절에만 등장한다. 타 번역본에서는 다음과 같이 표현되고 있다.

[例] 一千年(いっせんねん)の間(あいだ)鎖(くさり)につなぎ、[フランシスコ会訳1984]
(천년 동안 쇠사슬에 묶어 놓고,)

千年(せんねん)の間(あいだ)それを縛(しば)り、[塚本訳1963]
(천년 동안 그것을 붙들어 매고,)

これを千年(せんねん)の間(あいだ)縛(しば)って、[新改訳1970]
(이것을 천년 동안 붙들어 매고,)

彼(かれ)はそれを千年(せんねん)の間(あいだ)縛(しば)った。[前田訳1978]
(그는 그것을 천년 동안 붙들어 매고,)

千年(せんねん)の間(あいだ)縛(しば)っておき、[新共同訳1987]
(천년 동안 붙들어 묶고 두고,)

一千年間(いっせんねんかん)縛(しば)った。[岩波翻訳委員会訳1995]
(그는 그것을 천년 동안 붙들어 매었다.)

> そして、底(そこ)知(し)れぬ所(ところ)に投(な)げ込(こ)み、入口(いりぐち)を閉(と)じてその上(うえ)に封印(ふういん)し、[1]千年(ねん)の期間(きかん)が終(お)わるまで、諸国民(しょこくみん)を惑(まど)わすことがないようにしておいた。[2]その後(のち)、しばらくの間(あいだ)だけ解放(かいほう)されることになっていた。[ヨハネの黙示録 20:3]
> (그리고 밑을 알 수 없는 곳에 내던지고, 입구를 닫고 그 위에 봉인하고 천년 기간이 끝날 때까지 여러 백성을 미혹하지 않도록 해 두었다. 그 후 잠시 동안만 해방되게 되어 있었다.) [20:3]

[1] 千年(ねん)の期間(きかん)が終(お)わるまで、諸国民(しょこくみん)を惑(まど)わすことがないようにしておいた。: 천년 기간이 끝날 때까지 여러 백성을 미혹하지 않도록 해 두었다.

「諸国民(しょこくみん)を惑(まど)わすことがないようにしておいた」의 「惑(まど)わすことがないようにしておいた」는 「まどわすことがない」(미혹하는 일이 없다 → 미혹하지 않다)에 동작의 목적을 나타내는 「~ようにする」가 접속한 것에 유지를 나타내는 「~ておく」의 과거 「~ておいた」가 후접한 것이다.

[2] その後(のち)、しばらくの間(あいだ)だけ解放(かいほう)される〈受動〉ことになっていた。: 그 후 잠시 동안만 해방되게 되어 있었다.

「解放(かいほう)される〈受動〉ことになっていた」는 「解放(かいほう)する」의 수동 「解放(かいほう)される」에 「~ことになっている」의 과거가 후접한 것으로 한국어의 「해방되게 되어 있었다」에 상당하는 뜻을 나타낸다.

「~ことになっている」와 「~ようになっている」는 양자 모두 한국어의 「~(하)게 되어 있다」에 해당되어 구별이 안 되는데, 본 절의 「~ことになっている」는 규칙이나 습관, 예정 등으로 그렇게 할 것, 또는 그렇게 하지 않는 것이 이미 정해져 있다는 의미를 내포한다. 이에 대해 「~ようになっている」는 그렇게 되

는 것이 자연스러운 상태변화의 결과라는 점을 암시한다.

[例] ただ国民(こくみん)のためだけではなく、また散在(さんざい)している神(かみ)の子(こ)らを一つに集(あつ)めるために、死(し)ぬことになっていると、言(い)ったのである。[ヨハネによる福音書 11:52]
(단지 백성을 위해서뿐만 아니라, 또 산재되어 있는 하나님의 자녀들을 하나로 모으기 위해 죽게 되어 있다고 말한 것이다.) [요한묵시록 11:52]

18歳(じゅうはっさい)未満(みまん)はこのディスコには入(はい)れないことになっている。
(18세 미만은 이 디스코에는 들어올 수 없게 되어 있다.)

車(くるま)に乗(の)る時(とき)は、シートベルとをしなくてはいけないことになっている。
(차를 탈 때는 안전벨트를 하지 않으면 안 되게 되어 있다.)

館内(かんない)ではものを食(た)べたり、たばこを吸(す)ったりしてはいけないことになっている。
(관내에서는 음식을 먹거나 담배를 피우거나 해서는 안 되게 되어 있다.)

5時(ごじ)に新宿(しんじゅく)にあるホテルで村山(むらやま)さんに会(あ)うことになっている。
(5시에 신주쿠에 있는 호텔에서 무라야마 씨를 만나기로 되어 있다.)

日本(にほん)ではお正月(しょうがつ)に家族(かぞく)みんなで新年(しんねん)を祝(いわ)うことになっている。
(일본에서는 설날에 가족 모두가 신년을 축하하게 되어 있다.)[30]

---

30) 李成圭 等著(1996)『홍익나가누마 일본어2 해설서』홍익미디어. pp. 285-286에서 인용하여 일부 수정함.

ヨハネの黙示 20：4 - 20：6
千年期(せんねんき)
천 년 기간

また見(み)ていると、[1]かず多(おお)くの座(ざ)があり、その上(うえ)に人々(ひとびと)がすわっていた。そして、彼(かれ)らにさばきの権(けん)が与(あた)えられていた)。[2]また、イエスのあかしをし神(かみ)の言(ことば)を伝(つた)えたために首(くび)を切(き)られた人々(ひとびと)の霊(れい)がそこにおり、また、獣(けもの)をもその像(ぞう)をも拝(おが)まず、その刻印(こくいん)を額(ひたい)や手(て)に受(う)けることをしなかった人々(ひとびと)がいた。[3]彼(かれ)らは生(い)き返(かえ)って、キリストと共(とも)に千年(せんねん)の間(あいだ)、支配(しはい)した。[ヨハネの黙示録 20:4]
(또 보고 있으니, 수많은 자리가 있고, 그 위에 사람들이 앉아 있었다. 그리고 그들에게 심판할 권한이 주어져 있었다. 그리고 예수의 증언을 하고, 하나님의 말씀을 전해서 목이 베인 사람들의 영이 거기에 있고, 짐승도 그 상도 배례하지 않고 그 각인을 이마나 손에 받지 않았던 사람들이 있었다. 그들은 다시 살아나서 그리스도와 함께 천 년 동안 지배했다.) [20:4]

[1] かず多(おお)くの座(ざ)があり、その上(うえ)に人々(ひとびと)がすわっていた。: 수많은 자리가 있고, 그 위에 사람들이 앉아 있었다.

「かず多(おお)くの座(ざ)」는 「かず多(おお)く+の+座(ざ)」의 구조를 취하고 있는 형용사 「多(おお)い」는 연체수식 기능이 없기 때문에 명사를 수식할 경우에는 「多(おお)くの」와 같은 형태를 취해야 한다. 따라서 한국어의 「수많은 자리」를 일본어로 표현할 경우에는 본 절과 같이 「[かず多(おお)く·数(かず)多(おお)く]の座(ざ)」가 된다.

구어역 성서에서는 본 절의 「かず多(おお)くの」가 유일한 예이고, 「数(か

ず)多(おお)くの」는 등장하지 않는다.

[2] また、イエスのあかしをし神(かみ)の言(ことば)を伝(つた)えたために首(くび)を切(き)られた人々(ひとびと)の霊(れい)がそこにおり、：그리고 예수의 증언을 하고, 하나님의 말씀을 전해서 목이 베인 사람들의 영이 거기에 있고,

「首(くび)を切(き)られた人々(ひとびと)」는 「[誰(だれ)かが]人々(ひとびと)の首(くび)を切(き)った」라는 [소유자+の+소유물] 구조의 목적어를 지닌 능동 타동사문에서 파생된 소유수동문이다.

그리고 「~を切(き)られる」가 「~を切(き)る」의 レル형 경어로 쓰이는 예도 있다.

[例] 主(しゅ)はおのをもって茂(しげ)りあう林(はやし)を切(き)られる。みごとな木(き)の茂(しげ)るレバノンも倒(たお)される。[イザヤ書 10:34]
(주께서 도끼로 빽빽한 삼림의 나무를 찍으신다. 멋진 나무가 무성한 레바논도 쓰러뜨리신다.) [이사야 10:34]

[3] 彼(かれ)らは生(い)き返(かえ)って、キリストと共(とも)に千年(せんねん)の間(あいだ)、支配(しはい)した。：그들은 다시 살아나서 그리스도와 함께 천 년 동안 지배했다.

「生(い)き返(かえ)って」는 「生(い)き」에 후항동사 「返(かえ)る」가 결합한 복합동사 「生(い)き返(かえ)る」의 「テ형」으로 후속문에 단순 연결하는 용법으로 쓰이고 있다.

「彼(かれ)らは生(い)き返(かえ)って、キリストと共(とも)に千年(せんねん)の間(あいだ)、支配(しはい)した」는 [フランシスコ会聖書研究所(1984)『新約聖書』サ

ンパウロ. p. 963 주(20-4)]에 따르면, [이사야 26:19]와 [에스겔 37:1~37:6]과 마찬가지로, 상징적으로 해석하는 것이 적절할 것이라고 한다. 따라서 순교자의 부활은 로마 시대의 대박해 이후, 교회가 자유로워지고, 신생(新生)하는 것을 상징하는 것으로, 천 년 동안 지배(통치)한다는 것은 지상에 있어서의 하나님의 나라에 적용해서 로마 대박해의 종말 때부터 이 세상의 종말에 있어서의 그리스도의 재림 때까지의 기간을 가리키는 것일 것이라고 주를 달고 있다.

([1]それ以外(いがい)の死人(しにん)は、千年(ねん)の期間(きかん)が終(お)るまで生(い)きかえらなかった。) これが第(だい)一の復活(ふっかつ)である。[ヨハネの黙示録 20:5]
((그 밖의 죽은 사람들은 천 년 기간이 끝날 때까지 살아나지 못했다.) 이것이 첫 번째 부활이다.) [20:5]

[1]この第一(だいいち)の復活(ふっかつ)にあずかる者(もの)は、幸(さいわ)いな者(もの)であり、また聖(せい)なる者(もの)である。[2]この人(ひと)たちに対(たい)しては、第二(だいに)の死(し)はなんの力(ちから)もない。[3]彼(かれ)らは神(かみ)とキリストとの祭司(さいし)となり、キリストと共(とも)に千年(ねん)の間(あいだ)、支配(しはい)する。[ヨハネの黙示録 20:6]
(이 첫 번째 부활에 참여하는 사람들은 복이 있는 사람이고, 또 거룩한 사람이다. 이 사람들에 대해서는 두 번째 죽음은 아무런 힘도 없다. 그들은 하나님과 그리스도의 제사장이 되어, 그리스도와 함께 천 년 동안, 지배한다.) [20:6]

[1]この第一(だいいち)の復活(ふっかつ)にあずかる者(もの)は、幸(さいわ)いな者(もの)であり、また聖(せい)なる者(もの)である。 : 이 첫 번째 부활에 참여하는 사람들은 복이 있는 사람이고, 또 거룩한 사람이다.

이 부분에 관해 타 번역본에서는 다음과 같이 서술하고 있다.

[例] この第一(だいいち)の復活(ふっかつ)にあずかる者(もの)は幸(さいわ)いな者(もの)、聖(せい)なる者(もの)である。[新改訳1970]
(이 첫 번째 부활에 참여하는 사람들은 복이 있는 사람이고, 거룩한 사람이다.)

さいわいで聖(せい)なのは第一(だいいち)の復活(ふっかつ)にあずかる人(ひと)。[前田訳1978]
(복이 있고 거룩한 사람은 첫 번째 부활에 참여하는 사람들.)

第一(だいいち)の復活(ふっかつ)にあずかる者(もの)は、幸(さいわ)いな者(もの)、聖(せい)なる者(もの)である。[新共同訳1987]
(첫 번째 부활에 참여하는 사람들은 복이 있는 사람이고, 거룩한 사람이다.)

幸福(こうふく)なる哉(かな)、聖(せい)なる哉(かな)、第一(だいいち)の復活(ふっかつ)に預(あずか)り得(う)る者(もの)！[塚本訳1963]
(얼마나 행복한가? 얼마나 거룩한가? 첫 번째 부활에 참여할 수 있는 사람들은!)

幸(さいわ)いなる者(もの)であり、聖(せい)なる者(もの)でもある。[フランシスコ会訳1984]
(복이 있는 사람이고, 거룩한 사람이다.)

幸(さいわ)いなるかな、また聖(せい)なるかな、第一(だいいち)の復活(ふっかつ)に与かる者(もの)、[岩波翻訳委員会訳1995]
(얼마나 행복한가? 또한 얼마나 거룩한가? 첫 번째 부활에 참여할 수 있는 사람들은!)

[2] この人(ひと)たちに対(たい)しては、第二(だいに)の死(し)はなんの力(ちから)もない。: 이 사람들에 대해서는 두 번째 죽음은 아무런 힘도 없다.
[フランシスコ会聖書研究所(1984)『新約聖書』サンパウロ. p. 963 주(20-5)]

에 따르면, 「第二(だいに)の死(し)」는 불의 연못의 벌을 받은 영원한 죽음이고(20:14 참조), 「第二(だいに)の死(し)」라고 불리는 것은 「第一(だいいち)の死(し)」인 육체의 죽음과 구별하기 위해서이라고 한다.

[3] 彼(かれ)らは神(かみ)とキリストとの祭司(さいし)となり、キリストと共(とも)に千年(ねん)の間(あいだ)、支配(しはい)する。: 그들은 하나님과 그리스도의 제사장이 되어, 그리스도와 함께 천 년 동안, 지배한다.

「彼(かれ)らは神(かみ)とキリストとの祭司(さいし)となり」에 관해서는 [フランシスコ会聖書研究所(1984)『新約聖書』サンパウロ. p. 963 주(20-5)]에 따르면, 요한묵시록 1:6, 5:10 주(7)을 참조하라고 나와 있다.

[例] わたしたちを、その父(ちち)なる神(かみ)のために、御国(みくに)の民(たみ)とし、[2]祭司(さいし)として下(くだ)さった方(かた)に、世々(よよ)限(かぎ)りなく栄光(えいこう)と権力(けんりょく)とがあるように、アァメン。[口語訳 / ヨハネの黙示録 1:6]
(우리를 그 아버지인 하나님을 위해, 하나님의 나라의 백성으로 삼고, 제사장으로 해주신 분에게 세세 영원토록 영광과 권력이 있기를 빕니다. 아멘.) [요한묵시록 1:6]

わたしたちの神(かみ)のために、彼(かれ)らを御国(みくに)の民(たみ)とし、祭司(さいし)となさいました。彼(かれ)らは地上(ちじょう)を支配(しはい)するに至(いた)るでしょう」。[ヨハネの黙示録 5:10]
(우리 하나님을 위해 그들을 하늘나라의 백성으로 만들고, 제사장으로 삼으셨습니다. 그들은 지상을 지배하게 되겠지요.") [요한묵시록 5:10]

〔40〕 終末(しゅうまつ)の戦(たたか)い
종말의 싸움
ヨハネの黙示録 20:7 - 20:10

ヨハネの黙示 20：7 - 20：10
サタン硫黄(いおう)の池(いけ)に投(とう)ぜらる
사탄, 유황의 연못에 던져지다

> 千年(せんねん)の期間(きかん)が終(おわ)ると、[1]サタンはその獄(ごく)から解放(かいほう)される。[ヨハネの黙示録 20:7]
> (천 년 기간이 끝나면, 사탄은 그 옥에서 해방된다.) [20:7]

[1] サタンはその獄(ごく)から解放(かいほう)される。: 사탄은 그 옥에서 해방된다.

본 절에서는 「サタンはその獄(ごく)から解放(かいほう)される」와 같이 「解放(かいほう)する」의 수동 「解放(かいほう)される」이 쓰이고 있는데, 타 번역본에서는 다음과 같이 표현되고 있다.

[例] サタンはその牢(ろう)から釈放(しゃくほう)され、[塚本訳1963]
　　(사탄은 그 옥에서 해방되고,)

　　サタンは牢(ろう)から解放(かいほう)され、[前田訳1978]
　　(사탄은 그 옥에서 해방되고,)

　　サタンはその牢(ろう)から解放(かいほう)され、[新共同訳1987]
　　(사탄은 그 옥에서 해방되고,)

サタンはその牢(ろう)から解(と)き放(はな)され、[新改訳1970]
(사탄은 그 옥에서 해방되고,)

サタンはその牢獄(ろうごく)から解(と)き放(はな)たれる。[岩波翻訳委員会訳1995]
(사탄은 그 뇌옥에서 해방된다.)

サタンは牢獄(ろうごく)から解(と)き放(はな)たれ、[聖書協会共同訳2018]
(사탄은 그 뇌옥에서 해방되고,)

そして、出(で)て行(い)き、地(ち)の四方(しほう)にいる諸国民(しょこくみん)、[1]すなわちゴグ、マゴグを惑(まど)わし、彼(かれ)らを戦(たたか)いのために召集(しょうしゅう)する。[2]その数(かず)は、海(うみ)の砂(すな)のように多(おお)い。[ヨハネの黙示録 20:8]
(그리고 나와서 땅의 사방에 있는 여러 백성, 즉 곡과 마곡을 미혹하고 그들을 전쟁을 위해 소집한다. 그 수는 바다 모래처럼 많다.) [20:8]

[1] すなわちゴグ、マゴグを惑(まど)わし、彼(かれ)らを戦(たたか)いのために召集(しょうしゅう)する。 : 즉 곡과 마곡을 미혹하고 그들을 전쟁을 위해 소집한다. [フランシスコ会聖書研究所(1984)『新約聖書』サンパウロ. p. 963 주(20-6)]에 의하면 ゴグ와 マゴグ는 [에스겔 38:2, 38:9, 38:14, 38:15, 38:18, 39:1~39:2, 39:6, 39:11]에 의거하는 것으로 「ゴク ; 곡」[31)]은 「マゴク ; 마곡」

---

31) 「라이프성경사전」에서는 곡(Gog)과 마곡(Magog)에 관해 다음과 같이 설명하고 있다.
'곡'은 로스와 메섹과 두발 지역에 세워진 마곡 왕국의 통치자(에스겔 38:2). 또 '마곡'은 노아의 손자요 야벳의 둘째 아들이며(창세기 10:2), 동시에 그가 팔레스타인 북방 로스, 메섹, 두발 지역에 세운 나라 이름이기도 하다. 에스겔 선지자는 마곡의 왕 곡이 북방 군대를 인솔하여 이스라엘을 공격하나 하나님의 권능으로 멸망하게 될 것을 예언한다(에스겔 38장). 신약성경에서는 곡과 마곡이 불신 세력을 규합하여 하나님의 백성을 대적하는 지상 최후의 전쟁, 곧 아마겟돈 전쟁을 일으킬 적그리스도 세력으로 묘사된다(요한묵시록 20:8).
한편, 곡과 마곡이 누구를 가리키느냐에 대해서는 많은 연구들이 있어 왔다. 루디아 왕 구게스(Gyges, B.C. 687-651년경), 수리아 왕 안티오쿠스 4세(에피파네스), 헬라의 알렉산더 대제, 세대주의(dispensationalism)에서 땅의 왕이고, 「마곡」은 흑해와 카스피 해의 사이(창세기 10:2 참조)에 위치하는 땅이라고 한다.

[例]「人(ひと)の子(こ)よ、メセクとトバルの大君(おおぎみ)であるマゴグの地(ち)のゴグに、あなたの顔(かお)を向(む)け、これに対(たい)して預言(よげん)して、[エゼキエル書 38:2]
("사람아, (로스와) 메섹과 두발의 왕인 마곡 땅의 곡에 네 얼굴을 돌리고, 이것에 대해 예언하고,) [에스겔 38:2]

あなたはそのすべての軍隊(ぐんたい)および多(おお)くの民(たみ)を率(ひき)いて上(のぼ)り、暴風(ぼうふう)のように進(すす)み、雲(くも)のように地(ち)をおおう。[エゼキエル書 38:9]
(너는 그 모든 군대 및 많은 백성을 이끌고 올라가서, 폭풍처럼 전진하여, 구름처럼 땅을 덮을 것이다.) [에스겔 38:9]

それゆえ、人(ひと)の子(こ)よ、ゴグに預言(よげん)して言(い)え。主(しゅ)なる神(かみ)はこう言(い)われる、わが民(たみ)イスラエルの安(やす)らかに住(す)むその日(ひ)に、あなたは立(た)ちあがり、[エゼキエル書 38:14]
(그러므로, 사람아, 곡에게 예언하여 말하라. 주님이신 하나님께서는 이렇게 말씀하신다. 내 백성 이스라엘이 평안하게 사는 그 날에 너는 일어나서,) [에스겔 38:14]

北(きた)の果(はて)のあなたの所(ところ)から来(く)る。多(おお)くの民(たみ)はあなたと共(とも)におり、みな馬(うま)に乗(の)り、その軍隊(ぐんたい)は大(おお)きく、その兵士(へいし)は強(つよ)い。[エゼキエル書 38:15]

는 '로스'를 러시아, '메섹'을 모스크바, '곡'을 러시아 지도자로 보는 등 극단적 해석도 있다. 하지만 곡과 마곡을 역사적 실존 인물과 정확하게 결부시키기는 어렵다. 분명한 것은 이들이 하나님의 백성 이스라엘을 대적하고 위협했던 이방인 세력이며, 또 세상 종말에 하나님의 백성들을 대적할 적그리스도와 그 추종 세력이지만 하나님께서는 절대적 권능으로 이 대적자들을 물리치고 당신의 존귀한 백성들을 구원해 주신다는 사실이다.
이상은 [네이버 지식백과] 곡과 마곡 [Gog and Magog] (라이프성경사전, 2006. 8. 15., 가스펠서브)에서 인용함.
https://terms.naver.com/entry.naver?docId=2390343&cid=50762&categoryId=51387

(북쪽 끝에 너에게 온다. 많은 백성들은 너와 함께 있고, 모두 말을 타고, 그 군대는 크고, 그 병사는 강하다.) [에스겔 38:15]

しかし主(しゅ)なる神(かみ)は言(い)われる、その日(ひ)、すなわちゴグがイスラエルの地(ち)に攻(せ)め入(い)る日(ひ)に、わが怒(いか)りは現(あらわ)れる。[エゼキエル書 38:18]
(그러나 주님이신 하나님께서는 말씀하신다. 그 날, 즉 곡이 이스라엘 땅을 쳐들어 오는 날에, 내 진노가 나타난다.) [에스겔 38:18]

人(ひと)の子(こ)よ、ゴグに向(む)かって預言(よげん)して言(い)え。主(しゅ)なる神(かみ)はこう言(い)われる、メセクとトバルの大君(おおぎみ)であるゴグよ、見(み)よ、わたしはあなたの敵(てき)となる。[エゼキエル書 39:1]
(사람아, 곡을 향해 예언하고 말하라. 주님이신 하나님께서는 이렇게 말씀하신다. (로스와) 메섹과 두발의 왕인 곡아, 보아라, 나는 너의 적이 된다.) [에스겔 39:1]

わたしはあなたを引(ひ)きもどし、あなたを押(お)しやり、北(きた)の果(はて)から上(のぼ)らせ、イスラエルの山々(やまやま)に導(みちび)き、[エゼキエル書 39:2]
(나는 너를 되돌리고, 너를 밀어서 보내고, 북쪽 끝에서 올라가게 해서, 이스라엘의 산들로 이끌고,) [에스겔39:2]

わたしはゴグと、海沿(うみぞ)いの国々(くにぐに)に安(やす)らかに住(す)む者(もの)に対(たい)して火(ひ)を送(おく)り、彼(かれ)らにわたしが主(しゅ)であることを悟(さと)らせる。[エゼキエル書 39:6]
(나는 해안가의 나라들에 평안히 사는 사람들에 대해 불을 보내고, 그들에게 내가 주인 것을 깨우치게 한다.) [에스겔39:6]

その日(ひ)、わたしはイスラエルのうちに、墓地(ぼち)をゴグに与(あた)える。これは旅(たび)びとの谷(たに)にあって海(うみ)の東(ひがし)にある。これは旅(たび)びとを妨(さまた)げる。そこにゴグとその民衆(みんしゅう)を埋(う)めるからである。これをハモン・ゴグの谷(たに)と名(な)づける。[エ

ゼキエル書 39:11]
(그 날, 나는 이스라엘 안에, 묘지를 곡에게 주겠다. 이것은 '아바림' 골짜기에 있고, 사해의 동쪽에 있다. 이것은 여행자들을 방해한다. 거기에 그 민중을 묻기 때문이다. 이것을 '하몬곡 골짜기'라고 이름을 짓겠다.) [에스겔 39:11]

[2] その数(かず)は、海(うみ)の砂(すな)のように多(おお)い。: 그 수는 바다 모래처럼 많다.

「海(うみ)の砂(すな)のように多(おお)い」에서 「海(うみ)の砂(すな)のように」(바다 모래처럼)의 「~ように」는 비유의 용법으로 쓰인 것이다.

이 부분을 타 번역본에서는 다음과 같이 묘사하고 있다.

[例] その数(かず)は海(うみ)の砂(すな)のよう (に沢山(たくさん)であった)。
[塚本訳1963]
(그 수는 바다 모래처럼 많았다.)

彼(かれ)らの数(かず)は海(うみ)べの砂(すな)のようである。[新改訳1970]
(그들의 수는 바닷가 모래와 같았다.)

民(たみ)の数(かず)は海(うみ)の砂(すな)のようである。[前田訳1978]
(백성의 수는 바다 모래와 같다.)

その数(かず)は海(うみ)の砂(すな)のように多(おお)い。[新共同訳1987]
(그 수는 바다 모래처럼 많다.)

彼(かれ)らの数(かず)は海辺(うみべ)の砂(すな)のように多(おお)い。[岩波翻訳委員会訳1995]
(그들의 수는 바닷가 모래처럼 많다.)

その数(かず)は海(うみ)の砂(すな)のように多(おお)い。[聖書協会共同訳

2018]

(그 수는 바다 모래처럼 많다.)

> [1]彼(かれ)らは地上(ちじょう)の広(ひろ)い所(ところ)に上(のぼ)って来(き)て、聖徒(せいと)たちの陣営(じんえい)と愛(あい)されていた都(みやこ)とを包囲(ほうい)した。すると、[2]天(てん)から火(ひ)が下(くだ)ってきて、彼(かれ)らを焼(や)き尽(つく)した。[ヨハネの黙示録 20:9]
> (그들은 지상의 넓은 곳에 올라와서 성도들의 진영과 하나님께서 사랑하시던 도읍을 포위했다. 그러자 하늘에서 불이 내려와서 그들을 모두 태웠다.) [20:9]

[1] 彼(かれ)らは地上(ちじょう)の広(ひろ)い所(ところ)に上(のぼ)って来(き)て、聖徒(せいと)たちの陣営(じんえい)と愛(あい)されていた都(みやこ)とを包囲(ほうい)した。: 그들은 지상의 넓은 곳에 올라와서 성도들의 진영과 하나님께서 사랑하시던 도읍을 포위했다.

[フランシスコ会聖書研究所(1984)『新約聖書』サンパウロ. p. 963 주(20-7)]에서는 「地上(ちじょう)の広(ひろ)い所(ところ)」는 약속의 땅 팔레스티나를 가리킨다고 한다.

「愛(あい)されていた」는 수동문 「[神(かみ)に]愛(あい)されていた」에서 동작주가 생략된 것인데 직역하면 어색하기 때문에 「하나님으로부터 사랑받은 → 하나님께서 사랑하시던」과 같이 능동으로 번역해 둔다.

이 부분을 타 번역본에서는 다음과 같이 서술하고 있다.

[例] 彼(かれ)らは地(ち)の面(めん)に上(のぼ)って、聖徒(せいと)の陣営(じんえい)と (神(かみ)に) 愛(あい)された都(みやこ) (エルサレム) とを取(と)り囲(かこ)んだ。[塚本訳1963]
(그들은 지상에 올라와서 성도들의 진영과 (하나님께서) 사랑하시던 도읍 (예루살

렘)을 에워쌌다.)

彼(かれ)らは、地上(ちじょう)の広(ひろ)い平地(へいち)に上(のぼ)って来(き)て、聖徒(せいと)たちの陣営(じんえい)と愛(あい)された都(みやこ)とを取(と)り囲(かこ)んだ。[新改訳1970]
(그들은 지상의 넓은 평지에 올라와서 성도들의 진영과 사랑하시던 도읍을 에워쌌다.)

彼(かれ)らは地(ち)の平(たい)らなところへ上(のぼ)り、聖徒(せいと)らの陣営(じんえい)と愛(あい)される町(まち)を囲(かこ)んだ。[前田訳1978]
(그들은 지상의 평평한 곳에 올라와서 성도들의 진영과 사랑하시는 도읍을 둘러쌌다.)

彼(かれ)らは地上(ちじょう)の広(ひろ)い場所(ばしょ)に攻め(のぼ)上(のぼ)って行(い)って、聖(せい)なる者(もの)たちの陣営(じんえい)と、愛(あい)された都(みやこ)とを囲(かこ)んだ。[新共同訳1987]
(그들은 지상의 넓은 장소에 올라가서 거룩한 사람들의 진영과 사랑하시던 도읍을 둘러쌌다.)

彼(かれ)らは地上(ちじょう)の広(ひろ)い場所(ばしょ)に攻(せ)めのぼって、聖徒(せいと)たちの陣営(じんえい)と愛(あい)された都(みやこ)とを包囲(ほうい)した。[岩波翻訳委員会訳1995]
(그들은 지상의 넓은 장소를 공격해 올라가서 성도들의 진영과 사랑하시던 도읍을 포위했다)

彼(かれ)らは地上(ちじょう)の広(ひろ)い場所(ばしょ)に攻(せ)め上(のぼ)って行(い)って、聖(せい)なる者(もの)たちの陣営(じんえい)と、愛(あい)された都(みやこ)を囲(かこ)んだ。[聖書協会共同訳2018]
(그들은 지상의 넓은 장소를 공격해 올라가서 거룩한 사람들의 진영과 사랑하시던 도읍을 둘러쌌다.)

이「愛(あい)されていた都(みやこ)」는 예루살렘이라고 하는데 이와 관계된

성구는 들면 다음과 같다. ([시편 78:68, 87:2] 참조)

[例] ユダの部族(ぶぞく)を選(えら)び、神(かみ)の愛(あい)するシオンの山(やま)を選(えら)ばれた。[詩篇 78:68]
(유다 지파를 선택하여, 하나님께서 사랑하는 시온 산을 선택하셨다.) [시편 78:68]

主(しゅ)はヤコブのすべてのすまいにまさって、シオンのもろもろの門(もん)を愛(あい)される。[詩篇 87:2]
(주님은 야곱의 모든 거처보다 더 시온의 모든 문을 사랑하신다.) [시편 87:2]

[2] 天(てん)から火(ひ)が下(くだ)って来(き)て、彼(かれ)らを焼(や)き尽(つく)した。: 하늘에서 불이 내려와서 그들을 모두 태웠다.

「焼(や)き尽(つく)した」는 「焼(や)き」에 「끝까지 ~다, 다 ~하여 버리다」의 뜻을 나타내는 후항동사 「~尽(つく)す」가 결합한 복합동사 「焼(や)き尽(つく)す」(남김없이 태우다, 모두 태우다)의 과거이다.

그리고 [フランシスコ会聖書研究所(1984) 『新約聖書』 サンパウロ. p. 963 주(20-7)]에 의하면, 「天(てん)から火(ひ)が下(くだ)って来(き)て、彼(かれ)らを焼(や)き尽(つく)した」에 관해서는 [에스겔 38:22, 39:6], [열왕기하 1:10]을 참조하라고 되어 있다.

[例] わたしは疫病(えきびょう)と流血(りゅうけつ)とをもって彼(かれ)をさばく。わたしはみなぎる雨(あめ)と、ひょうと、火(ひ)と、硫黄(いおう)とを、彼(かれ)とその軍隊(ぐんたい)および彼(かれ)と共(とも)におる多(おお)くの民(たみ)の上(うえ)に降(ふ)らせる。[エゼキエル書 38:22]
(나는 역병과 유혈로써 그를 심판하겠다. 나는 넘치는 비와 우박과 불과 유황을 그와 그의 군대 및 그와 함께 있는 많은 백성들 위에 내리게 하겠다.) [에스겔 38:22]

わたしはゴグと、海沿(うみぞ)いの国々(くにぐに)に安(やす)らかに住(す)む者(もの)に対(たい)して火(ひ)を送(おく)り、彼(かれ)らにわたしが主(しゅ)であることを悟(さと)らせる。[エゼキエル書 39:6]
(나는 곡과 바닷가 여러 나라에게 평안하게 사는 사람들에 대해 불을 보내고, 그들에게 내가 주인 것을 깨닫게 하겠다.) [에스겔 39:6]

しかしエリヤは五十人(ごじゅうにん)の長(ちょう)に答(こた)えた、「わたしがもし神の人(ひと)であるならば、火(ひ)が天(てん)から下(くだ)って、あなたと部下(ぶか)の五十人(ごじゅうにん)とを焼(や)き尽(つく)すでしょう」。そのように火(ひ)が天(てん)から下(くだ)って、彼(かれ)と部下(ぶか)の五十人(にん)とを焼(や)き尽(つく)した。[列王紀下 1:10]
(그러나 엘리야는 오십부장에게 대답했다. "내가 만약 하나님의 사람이라면 불이 하늘에서 내려와서 너와 부하 50명을 태워 버릴 것이다." 그렇게 불이 하늘에서 불이 내려와서 그와 (오십부장과) 부하 50명을 태워 버렸다.) [열왕기하 1:10]

そして、彼(かれ)らを惑(まど)わした悪魔(あくま)は、火(ひ)と硫黄(いおう)との池(いけ)に投(な)げ込(こ)まれた。[1]そこには、獣(けもの)もにせ預言者(よげんしゃ)もいて、[2]彼(かれ)らは世々(よよ)限(かぎ)りなく日夜(にちや)、苦(くる)しめられるのである。[ヨハネの黙示録 20:10]
(그리고 그들을 미혹한 악마는 불과 유황의 연못에 내던져졌다. 거기에는 짐승도 거짓 예언자도 있고 그들은 세세 영원토록 밤낮으로 고통을 받을 것이다.) [20:10]

[1] そこには、獣(けもの)もにせ預言者(よげんしゃ)もいて、: 거기에는 짐승도 거짓 예언자도 있고,

이 부분에 관해 타 번역본에서는 다음과 같이 기술하고 있다.

[예] 其処(そこ)には獣(けもの)も偽預言者(にせよげんしゃ)も (放(ほう)り込

(こ)まれて) いた。[塚本訳1963]
(거기에는 짐승도 거짓 예언자도 (내던져져) 있었다.)

そこは獣(けもの)も、にせ預言者(よげんしゃ)もいる所(ところ)で、[新改訳1970]
(거기는 짐승도 거짓 예언자도 있는 곳으로,)

そこには獣(けもの)も偽預言者(にせよげんしゃ)もいる。[前田訳1978]
(거기에는 짐승도 거짓 예언자도 있다.)

そこにはあの獣(けもの)と偽預言者(にせよげんしゃ)がいる。[新共同訳1987]
(거기에는 짐승과 거짓 예언자가 있다.)

同(おな)じ炉(ろ)には、かの獣(けもの)と偽預言者(にせよげんしゃ)も〔投(な)げ込(こ)まれていた〕。[岩波翻訳委員会訳1995]
(같은 화로에는 그 짐승과 거짓 예언자도 〔내던져져 있었다〕.)

そこにはあの獣(けもの)と偽預言者(にせよげんしゃ)もいる。[聖書協会共同訳1984]
(거기에는 그 짐승과 거짓 예언자도 있다.)

[2] 彼(かれ)らは世々(よよ)限(かぎ)りなく日夜(にちや)、苦(くる)しめられるのである。: 그들은 세세 영원토록 밤낮으로 고통을 받을 것이다.

「日夜(にちや)」는 ①「낮과 밤, 주야(=昼夜(ちゅうや))」, ②부사적으로 쓰여 「밤낮으로=昼(ひる)も夜(よる)も=いつも」의 뜻을 나타내는데, 여기에서는 ②의 용법으로 쓰이고 있는 데, 유의어로는 「昼夜(ちゅうや)」「夜昼(よるひる)」가 있다.

□ 「昼夜(ちゅうや)」「日夜(にちや)」「夜昼(よるひる)」의 의미・용법

1. 「昼夜(ちゅうや)」

[例] 昼夜(ちゅうや)おかず警官(けいかん)が出動(しゅつどう)する。
(밤낮을 가리지 않고(조금도 쉬지 않고) 경찰관이 출동한다.)

昼夜(ちゅうや)を分(わ)かたず働(はたら)く。
(밤낮을 가리지 않고 일하다.)

事件(じけん)から一昼夜(いっちゅうや)経(た)った。
(사건이 일어난 지 만 하루 지났다.)

2. 「日夜(にちや)」

[例] 日夜(にちや)、努力(どりょく)を重(かさ)ねる。
(밤낮으로 노력을 거듭하다.)

日夜(にちや)会社(かいしゃ)の再建(さいけん)に腐心(ふしん)する。
(밤낮으로 회사 재건에 부심하다.)

不安(ふあん)な日夜(にちや)をおくる。
(불안한 나날을 보내다.)

3. 「夜昼(よるひる)」

[例] 夜昼(よるひる)を問(と)わず仕事(しごと)に精(せい)を出(だ)す。
(밤낮을 불문하고 열심히 일에 집중하다.)

夜昼(よるひる)かまわず大声(おおごえ)で歌(うた)う。
(밤낮을 가리지 않고 큰 소리로 노래를 부르다.)

그리고 이 부분을 타 번역본에서는 다음과 같이 기술하고 있다.

[例] 彼(かれ)らは昼(ひる)となく夜(よる)となく永遠(えいえん)より永遠(えいえん)に苦(くる)しめらるるであろう。[塚本訳1963]
(그들은 밤낮으로 세세 영원토록 고통을 받을 것이다.)

彼(かれ)らは永遠(えいえん)に昼(ひる)も夜(よる)も苦(くる)しみを受(う)ける。[新改訳1970]
(그들은 영원히 밤낮으로 고통을 받는다.)

彼(かれ)らは昼(ひる)も夜(よる)も世々(よよ)とこしえに苦(くる)しめられよう。[前田訳1978]
(그들은 밤낮으로 세세 영원토록 고통을 받을 것이다.)

この者(もの)どもは昼(ひる)も夜(よる)も世々(よよ)限(かぎ)りなく責(せ)めさいなまれる。[新共同訳1987]
(이 자들은 밤낮으로 세세 영원토록 심하게 괴롭힘을 당한다.)

かの者(もの)どもは昼(ひる)も夜(よる)も、世々(よよ)永遠(えいえん)に苦(くる)しめられる。[岩波翻訳委員会訳1995]
(이 자들은 밤낮으로 세세 영원토록 고통을 받는다.)

そして、この者(もの)どもは昼(ひる)も夜(よる)も世々(よよ)限(かぎ)りなく責(せ)めさいなまれる。[聖書協会共同訳]
(그리고 이 자들은 밤낮으로 세세 영원토록 심하게 괴롭힘을 당한다.)

〔41〕 最後(さいご)の審判(しんぱん)
최후의 심판
ヨハネの黙示録 20:11 - 20:15

ヨハネの黙示 20：11 - 20：15
全人類(ぜんじんるい)の復活(ふっかつ)と審判(しんぱん)
전 인류의 부활과 심판

> また見(み)ていると、[1]大(おお)きな白(しろ)い御座(みざ)があり、そこにいますかたがあった。[2]天(てん)も地(ち)も御顔(みかお)の前(まえ)から逃(に)げ去(さ)って、[3]あとかたもなくなった。[ヨハネの黙示録 20:11]
> (그리고 보고 있으니, 크고 흰 보좌가 있고, 거기에 계시는 분이 있었다. 하늘도 땅도 존안 앞에서 도망치고 흔적도 없어졌다.) [20:11]

[1] 大(おお)きな白(しろ)い御座(みざ)があり、そこにいますかたがあった。 : 크고 흰 보좌가 있고, 거기에 계시는 분이 있었다.

「そこにいますかたがあった」는 「거기에 계시는 분이 있었다」의 뜻으로 유생명사(有生名詞)의 존재에 「ある」 동사의 과거가 쓰여 존재 유무에 방점이 놓여 있다.

그럼 구어역 신약성서에서 유생명사의 존재에 「あった」가 쓰인 예를 들면 다음과 같다.

[例] あなたがたはどう思(おも)うか。ある人(ひと)にふたりの子(こ)があったが、兄(あに)のところに行(い)って言(い)った、『子(こ)よ、きょう、ぶどう園(えん)へ行(い)って働(はたら)いてくれ』。[マタイによる福音書 21:28]

(너희는 어떻게 생각하느냐? 어떤 사람에게 아들이 둘 있는데, 맏아들에게 가서 말했다. '얘야, 오늘 포도원에 가서 일해라.') [마태복음 21:28]

彼(かれ)に十二歳(じゅうにさい)ばかりになるひとり娘(むすめ)があったが、死(し)にかけていた。ところが、イエスが出(で)て行(い)かれる途中(とちゅう)、群衆(ぐんしゅう)が押(お)し迫(せま)ってきた。[口語訳 8:42]
(그에게 열두 살 쯤 되는 외동딸이 있었는데, 죽어 가고 있었다. 그런데 예수께서 나와 가시는 도중에, 군중이 바싹 다가왔다.) [누가복음 8:42]

また言(い)われた、「ある人(ひと)に、ふたりのむすこがあった。[ルカによる福音書 15:11]
(또 말씀하셨다. "어떤 사람에게 아들이 둘 있었다.) [누가복음 15:11]

イエスはまた、弟子(でし)たちに言(い)われた、「ある金持(かねもち)のところにひとりの家令(かれい)がいたが、彼(かれ)は主人(しゅじん)の財産(ざいさん)を浪費(ろうひ)していると、告(つ)げ口(ぐち)をする者(もの)があった。[ルカによる福音書 16:1]
(예수께서는 다시 제자들에게도 말씀하셨다. "어떤 부자한테 청지기가 하나 있었는데, 그가 주인의 재산을 낭비한다고, 고자질하는 사람이 있었다.) [누가복음 16:1]

あなたには五人(ごにん)の夫(おっと)があったが、今(いま)のはあなたの夫(おっと)ではない。あなたの言葉(ことば)のとおりである」。[ヨハネによる福音書 4:18]
(너에게는 5명의 남편이 있었지만, 지금 있는 남자는 네 남편이 아니다. 네가 한 말은 사실이다.) [요한복음 4:18]

さて、そこに三十八年(さんじゅうはちねん)の間(あいだ)、病気(びょうき)に悩(なや)んでいる人(ひと)があった。[ヨハネによる福音書 5:5]
(그런데 거기에는 38년 동안 병에 시달린 사람이 있었다.) [요한복음 5:5]

役人(やくにん)たちやパリサイ人(びと)たちの中(なか)で、一人(ひとり)で

も彼(かれ)を信(しん)じた者(もの)があっただろうか。[ヨハネによる福音書 7:48]
(관리들이나 바리새파 사람들 중에서 한 사람이라도 그를 믿은 사람이 있었을까?) [요한복음 7:48]

この人(ひと)に四人(にん)の娘(むすめ)があったが、いずれも処女(しょじょ)であって、預言(よげん)をしていた。[使徒行伝 21:9]
(이 사람에게 딸이 넷 있었는데, 모두 처녀이고, 예언을 하고 있었다.) [사도행전 21:9]

すると、どうなるのか。もし、彼(かれ)らのうちに不真実(ふしんじつ)の者(もの)があったとしたら、その不真実(ふしんじつ)によって、神(かみ)の真実(しんじつ)は無(む)になるであろうか。[ローマ人への手紙 3:3]
(그러면 어떻게 될까? 만일 그들 중에 진실하지 못한 사람이 있다고 하면 그 진실하지 못한 것에 의해, 하나님의 진실함은 무가 될까요?) [로마서 3:3]

そのしるすところによると、アブラハムにふたりの子(こ)があったが、ひとりは女(おんな)奴隷(どれい)から、ひとりは自由(じゆう)の女(おんな)から生(うま)れた。[ガラテヤ人への手紙 4:22]
(그 기록하는 바에 의하면, 아브라함에게 두 아들이 있었는데, 하나는 여자 노예에게서, 하나는 자유인 여자에게서 태어났다.) [갈라디아서 4:22]

[2] 天(てん)も地(ち)も御顔(みかお)の前(まえ)から逃(に)げ去(さ)って、 : 하늘도 땅도 존안 앞에서 도망치고

「みかお」는 구어역에서는 「御顔(みかお)」와 「み顔(かお)」의 두 가지 표기가 등장하는데, 「御顔(みかお)」는 요한묵시록에서 [6:16]의 「御座(みざ)にいますかたの御顔(みかお)」(보좌에 계시는 분의 존안), [20:11]의 「御顔(みかお)の前(まえ)から逃(に)げ去(さ)って」(존안(하나님의 얼굴) 앞에서 도망치고), [22:4]의 「御顔

(みかお)を仰(あお)ぎ見(み)るのである」(존안(하나님의 얼굴)을 우러러볼 것이다)와 같이 3회 등장하고, 나머지는 다음과 같이 쓰이고 있다.

[例] 主(しゅ)の目(め)は義人(ぎじん)たちに注(そそ)がれ、主(しゅ)の耳(みみ)は彼(かれ)らの祈(いのり)にかたむく。しかし主(しゅ)の御顔(みかお)は、悪(あく)を行(おこな)う者(もの)に対(たい)して向(む)かう」。[ペテロの第一の手紙 3:12]
(주님께서는 의인들을 주시하시고, 주님의 귀는 그들의 기도에 기울어진다. 그러나 주님의 존안은 악을 행하는 자들에 대해 향한다.") [베드로전서 3:12]

[3] あとかたもなくなった。: 흔적도 없어졌다.

무언가가 있었던 흔적이 전혀 남아 있지 않을 때「あとかたもない[跡形もない]」(흔적도 없다)라는 표현을 쓴다.「あとかたもなくなった」는「あとかたもない」에 상태변화를 나타내는「~なる」의 과거「~なった」가 접속한 것으로 성서에서 그 예를 들면 다음과 같다.

[例] こうして鉄(てつ)と、粘土(ねんど)と、青銅(せいどう)と、銀(ぎん)と、金(きん)とはみな共(とも)に砕(くだ)けて、夏(なつ)の打(う)ち場(ば)のもみがらのようになり、風(かぜ)に吹(ふ)き払(はら)われて、あとかたもなくなりました。[ダニエル書 2:35]
(이렇게 해서 쇠와 점토와, 진흙과 청동과 은과 금은 모두 부서지고, 여름의 타작마당의 겨와 같이 되어, 바람에 불려 날려가 버리고, 흔적도 없어졌습니다.) [다니엘 2:35]

以前(いぜん)にもテウダが、自分(じぶん)を何(なに)か偉(えら)い者(もの)のように言(い)って立(た)ち上(あ)がり、その数(かず)四百人(よんひゃくにん)くらいの男(おとこ)が彼(かれ)に従(したが)ったことがあった。彼(かれ)は

殺(ころ)され、従(したが)っていた者(もの)は皆(みな)散(ち)らされて、跡形(あとかた)もなくなった。[新共同訳 / 使徒言行録 5:36]
(이전에도 드다가 자기를 무슨 위대한 사람인 것처럼 말하며 일어나서, 그 수가 사백 명 정도의 남자들이 그를 따른 적이 있었다. 그는 죽임을 당하고, 그를 따르던 사람들은 모두 흩어지고, 흔적도 없어졌다.) [사도행전 5:36]

異国(いこく)の者(もの)たちが市場(いちば)に築(きず)いた盛(も)り土(つち)の祭壇(さいだん)はもとより、その囲(かこ)みまで跡形(あとかた)もなく取(と)り払(はら)い、[新共同訳 / マカバイ記二 10:2]
(이민족들이 시장에 쌓은 성토의 제단은 말할 것도 없이 그 둘레까지 흔적도 없이 헐고,) [마카베오기 하권 10:2]

この罪(つみ)が跡形(あとかた)もなくぬぐい去(さ)られることを、ひたすら祈願(きがん)した。高潔(こうけつ)なユダは、これらの戦死者(せんししゃ)たちの罪(つみ)の結果(けっか)を目撃(もくげき)したのであるから、この上(うえ)はだれも罪(つみ)を犯(おか)してはならないと一同(いちどう)を鼓舞(こぶ)した。[新共同訳 / マカバイ記二 12:42]
(이 죄가 흔적도 없이 완전히 없애지기를 오로지 기원했다. 고결한 유다는 이들 전사자들의 죄의 결과를 목격했기 때문에 더 이상은 누구도 죄를 범해서는 안 된다고 일동을 고무했다.) [마카베오기 하권 12:42]

ニカノルは右手(みぎて)を神殿(しんでん)に向(む)かって上(あ)げ、豪語(ごうご)して誓(ちか)った。「もし囚人(しゅうじん)ユダを引(ひ)き渡(わた)さないなら、この神(かみ)の聖域(せいいき)を跡形(あとかた)もなく打(う)ち壊(こわ)し、祭壇(さいだん)を粉々(こなごな)に破壊(はかい)し、ここに目(め)もくらむようなディオニソスの神殿(しんでん)を建(た)ててやる。」[新共同訳 / マカバイ記二 14:33]
(니카노르는 오른손을 성전을 향하여 들고 호언장담하며 맹세하였다. "만일 죄수 유다를 넘기지 않는다면, 이 하느님의 성역을 흔적도 없이 무너뜨리고, 제단을 산산조각으로 파괴하여, 여기에 현기증이 나는 그런 다디오니소스의 신전을 짓겠

다.") [마카베오기 하권 14:33]

> また、死(し)んでいた者(もの)が、大(おお)いなる者(もの)も小(ちい)さき者(もの)も共(とも)に、御座(みざ)の前(まえ)に立(た)っているのが見(み)えた。[1] 数々(かずかず)の書物(しょもつ)が開(ひら)かれたが、もう一(ひと)つの書物(しょもつ)が開(ひら)かれた。これはいのちの書(しょ)であった。[2]死人(しにん)はそのしわざに応(おう)じ、[3]この書物(しょもつ)に書(か)かれていることにしたがって、さばかれた。[ヨハネの黙示録 20:12]
> (그리고 죽어 있던 자가, 큰 자도 작은 자도 함께, 보좌 앞에 서 있는 것이 보였다. 수많은 서책들이 펼쳐졌지만, 또 다른 서책이 펼쳐졌다. 이것은 생명의 책이었다. 죽은 사람은 그 행위에 따라 이 서책에 쓰여 있는 것에 따라 심판을 받았다.) [20:12]

[1] 数々(かずかず)の書物(しょもつ)が開(ひら)かれたが、: 수많은 서책들이 펼쳐졌지만,

「開(ひら)かれた」는 타동사 용법으로 쓰인 「開(ひら)く」의 수동 「開(ひら)かれる」의 과거로 해당 상태 변화에 있어서 동작주가 관여하고 있다고 파악하고 있다.

그리고 [フランシスコ会聖書研究所(1984) 『新約聖書』 サンパウロ. p. 963 주(20-8)]에 의하면, 「数々(かずかず)の書物(しょもつ)」는 일반 사람들의 지상에서의 행위를 적은 것이라고 설명하고 있다.

[2] 死人(しにん)はそのしわざに応(おう)じ、: 죽은 사람은 그 행위에 따라,

「~に応(おう)じ、」(~에 따라)는 격조사 「~に」에 「応(おう)じる」의 연용 중지법인 「応(おう)じ、」가 결합한 복합사(複合辭)로서 〈어떤 변화나 다양성에 대응하여 후건을 대신하는 것을 나타내는〉 의미를 나타내는데, 「~に応(おう)じ

て」(~에 따라)와 같은 「テ형」도 문체적 차이를 제외하면 같은 용법을 가지고 있다.

[例] そしてあなたの神(かみ)、主(しゅ)のために七週(ななしゅう)の祭(まつり)を行(おこな)い、あなたの神(かみ)、主(しゅ)が賜(たま)わる祝福(しゅくふく)にしたがって、力(ちから)に応(おう)じ、自発(じはつ)の供(そな)え物(もの)をささげなければならない。[申命記 16:10]
(그리고 너희 하나님, 주를 위해 칠칠절을 행하고, 너희 하나님, 주께서 주신 축복에 따라, 힘에 따라, 자발적인 예물을 바쳐야 한다.) [신명기 16:10]

ただ、各自(かくじ)は、主(しゅ)から賜(たま)わった分(ぶん)に応(おう)じ、また神(かみ)に召(め)されたままの状態(じょうたい)にしたがって、歩(あゆ)むべきである。これが、すべての教会(きょうかい)に対(たい)してわたしの命(めい)じるところである。[コリント人への第一の手紙 7:17]
(다만, 각자는 주께서 주신 몫에 따라, 또 하나님께서 부르신 상태에 따라, 걸어가야 한다. 이것이 모든 교회에 대해 내가 명하는 것이다.) [고린도전서 7:17]

一人(ひとり)ひとりの体力(たいりょく)に応(おう)じて、トレーニングの内容(ないよう)を考(かんが)えます。
(한 사람 한 사람의 체력에 따라, 트레이닝의 내용을 생각합니다.)

売上(うりあ)げに応(おう)じ、生産量(せいさんりょう)を変(か)えている。32)
(매상에 따라, 생산량을 바꾸고 있다.)

[3] この書物(しょもつ)に書(か)かれていることにしたがって、さばかれた。: 이 서책에 쓰여 있는 것에 따라 심판을 받았다.

「~にしたがって」는 격조사 「~に」에 「したがう[従う]」의 「テ형」인 「したがっ

---

32) https://detail.chiebukuro.yahoo.co.jp/qa/question_detail/q132107747453에서 인용하여 적의 번역함.

て」가 결합한 복합사로서 한국어로는 「~에 따라」로 번역되기 때문에, 번역만으로는 유의어 관계에 있는 일본어의 「~に応(おう)じて」「~につれて」「~に伴(ともな)って」 등과 구별이 안 되는 경우가 많다.

「~にしたがって」는 〈어떤 것이 변화하면, 그것에 대응하여 다른 것도 변화하는〉 것을 나타낸다. 전건(前件)과 후건(後件) 모두 「増(ふ)える[늘다]・減(へ)る[줄다]・広(ひろ)がる[넓어지다]・~くなる[~해지다]・~になる[~가 되다]・~てくる[~해지다〈상태변화〉]」 등의 상태변화 동사가 오는데, 일회성 변화가 아니라 계속성이 있는 변화인 경우에 사용할 수 있다.

[例] イエスはこのような多(おお)くの譬(たとえ)で、人々(ひとびと)の聞(き)く力(ちから)にしたがって、御言(みことば)を語(かた)られた。[マルコによる福音書 4:33]
(예수께서는 이와 같은 많은 비유로 사람들의 들을 수 있는 힘에 따라 하나님의 말씀을 전파하셨다.) [마가복음 4:33]

そこで、パリサイ人(びと)と律法(りっぽう)学者(がくしゃ)たちとは、イエスに尋(たず)ねた、「なぜ、あなたの弟子(でし)たちは、昔(むかし)の人(ひと)の言伝(いいつた)えに従(したが)って歩(あゆ)まないで、不浄(ふじょう)な手(て)でパンを食(た)べるのですか」。[マルコによる福音書 7:5]
(그래서 바리새파 사람들과 율법학자들은 예수에게 물었다. "왜 당신 제자들은 옛 사람의 구전에 따라 생활하지 않고 깨끗하지 못한 손으로 빵을 먹습니까?") [마가복음 7:5]

神(かみ)は約束(やくそく)にしたがって、このダビデの子孫(しそん)の中(なか)から救主(すくいぬし)イエスをイスラエルに送(おく)られたが、[使徒行伝 13:23]
(하나님은 약속에 따라, 이 다윗의 자손 중에서 구주 예수를 이스라엘에게 보내셨지만,) [사도행전 13:23]

さて、ある人(ひと)たちがユダヤから下(くだ)って来(き)て、兄弟(きょうだい)たちに「あなたがたも、モーセの慣例(かんれい)にしたがって割禮(かつれい)を受(う)けなければ、救(すく)われない」と、説(と)いていた。[使徒行伝 15:1]
(그런데 어떤 사람들이 유대에서 내려와서, 형제(신도)들에게 "너희도 모세의 관례에 따라 할례를 받지 않으면, 구원을 받을 수 없다."고 설명하고 있었다.) [사도행전 15:1]

わたしは、自分(じぶん)に与(あた)えられた恵(めぐ)みによって、あなたがた一人(ひとり)びとりに言(い)う。思(おも)うべき限度(げんど)を越(こ)えて思(おも)い上(あ)がることなく、むしろ、神(かみ)が各自(かくじ)に分(わ)け与(あた)えられた信仰(しんこう)の量(はか)りにしたがって、慎(つつし)み深(ぶか)く思(おも)うべきである。[ローマ人への手紙 12:3]
(나는 내가 받은 은혜에 의해, 너희 한 사람 한 사람에게 말한다. 마땅히 생각해야 하는 한도를 넘어 잘난 체하지 말고, 오히려 하나님께서 각자에게 나누어 주신 믿음의 분량에 따라 조신하게 생각해야 한다.) [로마서 12:3]

彼(かれ)らは、イエスの死体(したい)を取(と)り下(お)ろし、ユダヤ人(じん)の埋葬(まいそう)の習慣(しゅうかん)にしたがって、香料(こうりょう)を入(い)れて亜麻布(あまぬの)で巻(ま)いた。[ヨハネによる福音書 19:40]
(그들은 예수의 시신을 내려놓고 유대인의 매장 관습에 따라, 향료를 넣고 아마천으로 감았다.) [요한복음 19:40]

街(まち)の工業化(えいぎょうか)が進(すす)むにしたがって、失業率(しつぎょうりつ)も減(へ)ってきた。
(거리의 공업화가 진행됨에 따라, 실업률도 줄었다.)

このグラフから、年齢(ねんれい)がたかくなるにしたがって、貯蓄(ちょちく)が増(ふ)えていることが分(わ)かる。
(이 그래프에서, 연령이 높아짐에 따라, 저축이 늘고 있는 것을 알 수 있다.)

携帯電話(けいたいでんわ)の普及(ふきゅう)にしたがい、家庭(かてい)の電話(でんわ)が必要(ひつよう)なくなった。33)
(휴대전화가 보급됨에 따라, 가정 전화가 필요 없게 되었다.)

> [1]海(うみ)はその中(なか)にいる死人(しにん)を出(だ)し、死(し)も黄泉(よみ)もその中(なか)にいる死人(しにん)を出(だ)し、[2]そして、[3]おのおのそのしわざに応(おう)じて、さばきを受(う)けた。[ヨハネの黙示録 20:13]
> (바다는 그 속에 있는 죽은 사람을 내놓고 죽음도 황천도 그 속에 있는 죽은 사람을 내놓고, 그리고, 각자 그 행위에 따라 심판을 받았다.) [20:13]

[1] 海(うみ)はその中(なか)にいる死人(しにん)を出(だ)し、死(し)も黄泉(よみ)もその中(なか)にいる死人(しにん)を出(だ)し、: 바다는 그 속에 있는 죽은 사람을 내놓고 죽음도 황천도 그 속에 있는 죽은 사람을 내놓고,

「海(うみ)はその中(なか)にいる死人(しにん)を出(だ)し、死(し)も黄泉(よみ)もその中(なか)にいる死人(しにん)を出(だ)し、」는 「[海(うみ)はその中(なか)にいる死人(しにん)を出(だ)し、] + [死(し)も黄泉(よみ)もその中(なか)にいる死人(しにん)を出(だ)し、]」와 같은 중문 구조를 취하고 있는데,「海(うみ)」「死(し)」와 같은 무생명사가「出(だ)す」의 행위 주체로 되어 있다.

이 부분은 타 번역본에서는 다음과 같이 묘사하고 있다.

[1] 海(うみ)はその中(なか)にいる死人(しにん)を出(だ)し、死(し)も黄泉(よみ)もその中(なか)にいる死人(しにん)を出(だ)し、:

[例] 海(うみ)はその中(なか)にあった死人(しにん)を出(だ)し、死(し)も陰府(いん

---

33) https://detail.chiebukuro.yahoo.co.jp/qa/question_detail/q132107747453에서 인용하여 적의 번역함.

ぶ)もその中(なか)にあった死人(しにん)を出(だ)し、[塚本訳1963]
(바다는 그 속에 있던 죽은 사람을 내놓고 죽음도 음부도 그 속에 있던 죽은 사람을 내놓고,)

海(うみ)はその中(なか)にいる死者(ししゃ)を出(だ)し、死(し)もハデスも、その中(なか)にいる死者(ししゃ)を出(だ)した。[新改訳1970]
(바다는 그 속에 있는 죽은 사람을 내놓고 죽음도 하데스도 그 속에 있는 죽은 사람을 내놓았다.)

海(うみ)は、その中(なか)にいた死者(ししゃ)を外(そと)に出(だ)した。死(し)と陰府(いんぷ)も、その中(なか)にいた死者(ししゃ)を出(だ)し、[新共同訳1987]
(바다는 그 속에 있던 죽은 사람을 밖에 내놓았다. 죽음과 음부도 그 속에 있던 죽은 사람을 내놓았고,)

海(うみ)はその中(なか)の死人(しにん)たちを引(ひ)き渡(わた)した。死(し)も黄泉(よみ)もその中(なか)の死人(しにん)たちを引(ひ)き渡(わた)した。[前田訳1978]
(바다는 그 속에 있는 죽은 사람들을 넘겨주었다. 죽음도 황천도 그 속에 있는 죽은 사람을 넘겨주었다.)

海(うみ)は自分(じぶん)が抱(かか)えていた死人(しにん)たちを引(ひ)き渡(わた)し、また死(し)と黄泉(よみ)も自分(じぶん)たちが抱(かか)えていた死人(しにん)たちを引(ひ)き渡(わた)した。[岩波翻訳委員会訳1995]
(바다는 자기가 떠안고 있던 죽은 사람들을 넘겨주고, 또 죽음과 황천도 자기들이 떠안고 있던 죽은 사람을 넘겨주었다.)

海(うみ)は、その中(なか)にいた死者(ししゃ)を吐(は)き出(だ)し、死(し)と陰府(いんぷ)も、その中(なか)にいた死者(ししゃ)を吐(は)き出(だ)した。[聖書協会共同訳2018]
(바다는 그 속에 있던 죽은 사람을 토해내고, 죽음과 음부도 그 속에 있던 죽은

사람을 토해냈다.)

[2] そして、おのおのそのしわざに応(おう)じて、さばきを受(う)けた。: 그리고, 각자 그 행위에 따라 심판을 받았다.

「おのおののしわざ」의 「おのおの[各々(おのおの)]」는 ①사람에 관해서는 「한 사람 한 사람, 각자」의 뜻을 나타내며 유의어로는 「一人一人(ひとりひとり)」「銘々(めいめい)」「各自(かくじ)」 등이 있다.

[例] おのおのの業務(ぎょうむ)。
(각자의 업무.)

おのおの一(ひと)つずつ持(も)つ。
(각자 하나씩 가지고 있다.)

②사물에 관해서는 「하나하나, 각각」의 뜻을 나타내며 유의어로는 「ひとつひとつ」「それぞれ」「各個(かっこ)」 등이 있다.

[例] おのおのの条項(じょうこう)を参照(さんしょう)する。
(각각의 조항을 참조하다.)

본 절에서는 ①의 용법으로 쓰이고 있다.

[例] われわれは王(おう)のもとにいるのではない。おのおのが自(みずか)らのあり方(かた)を求(もと)めるがいい。
(우리들은 왕의 곁에 있는 것은 아니다. 각자가 자기의 바람직한 태도를 구하라.)

そしておのおのが必死(ひっし)に頑張(がんば)って、痛(いた)みがあるときは痛(いた)みを共有(きょうゆう)する、そういう会社(かいしゃ)でないと、公務員(こうむいん)と民間(みんかん)とが何(なに)か敵対(てきたい)するような議論(ぎろん)になってはお互(たが)い不幸(ふこう)でありますし、公務員(こうむいん)の方(ほう)も必死(ひっし)に頑張(がんば)っておられる、そういう中(なか)で理解(りかい)できる議論(ぎろん)をされるべきだと思(おも)います。
(그리고 각자가 필사적으로 분발하여 아픔이 있을 때는 아픔을 공유하는, 그런 회사가 아니면 공무원과 민간이 무슨 적대적인 그런 토론이 되어서는 서로 불행하고, 공무원 쪽도 필사적으로 분발하고 계신, 그런 속에서 이해할 수 있는 토론이 이루어져야 한다고 생각합니다.)

真実(しんじつ)と道理(どうり)はおのおのの人間(にんげん)に共通(きょうつう)のもので、それらは、それらをはじめに言(い)った人(ひと)たちのものでも、あとから言(い)った人(ひと)たちのものでもありません。
(진실과 도리는 각자 사람에 공통적인 것으로 그것들은 그것들을 처음 말한 사람들 것도 나중에 말한 사람들의 것도 아닙니다.)

捜査員(そうさいん)はおのおの聴取(ちょうしゅ)対象者(たいしょうしゃ)の家(いえ)の前(まえ)で張(は)り込(こ)んでいたから、すべての捜査員(そうさいん)が一分(いっぷん)以内(いない)に対象者宅(たいしょうしゃたく)の呼(よ)び鈴(りん)を鳴(な)らした。
(수사원은 각자의 청취 대상자의 집 앞에서 잠복하고 있었기 때문에 모든 수사원이 1분 이내에 대상자의 집의 초인종을 울렸다.)[34]

そして、人々(ひとびと)はおのおの家(いえ)に帰(かえ)って行(い)った。[ヨハネによる福音書 7:53]
(그리고 사람들은 각자 집에 돌아갔다.) [요한복음 7:53])

---

34) [ヨハネによる**福音書** 7:53]의 설명에서 인용.

さて、兵卒(へいそつ)たちはイエスを十字架(じゅうじか)につけてから、その上着(うわぎ)を取(と)って四(よっ)つに分(わ)け、各々(おのおの)、その一(ひと)つを取(と)った。また下着(したぎ)を手(て)に取(と)ってみたが、それには縫(ぬ)い目(め)がなく、上(うえ)の方(ほう)から全部(ぜんぶ)一(ひと)つに織(お)ったものであった。[ヨハネによる福音書 19:23]
(그런데, 병사들은 예수를 십자가에 매단 다음, 그 겉옷을 가져 와서 네 개로 나누고, 각자 그 하나를 가졌다. 그리고 속옷을 손으로 집어 보았지만, 그것에는 바느질 자리가 없고, 위에서 전부 하나로 짠 것이었다.) [요한복음 19:23]

神(かみ)は、おのおのに、そのわざにしたがって報(むく)いられる。[ローマ人への手紙 2:6]
(하나님께서는 각자에게 그의 행위에 따라 갚아 주신다.) [로마서 2:6]

こういうわけだから、あなたがたは偽(いつわ)りを捨(す)てて、おのお隣(とな)り人(ひと)に対(たい)して、真実(しんじつ)を語(かた)りなさい。わたしたちは、お互(たが)いに肢体(したい)なのであるから。[エペソ人への手紙 4:25]
(이런 까닭으로, 여러분은 거짓을 버리고, 각각 이웃 사람에 대해 진실을 말하라. 우리는 서로 지체이기 때문이다.) [에베소서 4:25]

おのおの、自分(じぶん)のことばかりでなく、他人(たにん)のことも考(かんが)えなさい。[ピリピ人への手紙 2:4]
(각기 자기에 관해서만 아니라. 다른 사람에 관해서도 생각하여라.) [빌립보서 2:4]

[3] おのおのそのしわざに応(おう)じて、さばきを受(う)けた。: 각자 그 행위에 따라 심판을 받았다.

「~に応(おう)じて」(~에 따라)는 격조사 「~に」에 「応(おう)じる」의 「テ형」인 「応(おう)じて」가 결합한 복합사(複合辭)로서 문체적 차이를 제외하면 [20:12]의 「~に応(おう)じ、」(~에 따라)와 같은 의미를 나타낸다.

[例] 人(ひと)の子(こ)は父(ちち)の栄光(えいこう)のうちに、御使(みつかい)たちを従(したが)えて来(く)るが、その時(とき)には、実際(じっさい)のおこないに応(おう)じて、それぞれに報(むく)いるであろう。[マタイによる福音書 16:27]
(인자는 아버지의 영광 속에, 천사들을 거느리고 오지만, 그 때에는 실제 행실에 따라, 각자에게 갚아 줄 것이다.) [마태복음 16:27]

主人(しゅじん)がその家(いえ)の僕(しもべ)たちの上(うえ)に立(た)てて、時(とき)に応(おう)じて食物(しょくもつ)をそなえさせる忠実(ちゅうじつ)な思慮(しりょ)深(ぶか)い僕(しもべ)は、いったい、だれであろう。[マタイによる福音書 24:45]
(주인이 그 집의 하인들 위에 세우고, 때에 따라 식량을 준비시키는 충실한, 사려 깊은 종은 도대체 누구일까?) [마태복음 24:45]

すなわち、それぞれの能力(のうりょく)に応(おう)じて、ある者(もの)には五(ご)タラント、ある者(もの)には二(に)タラント、ある者(もの)には一(いち)タラントを与(あた)えて、旅(たび)に出(で)た。[マタイによる福音書 25:15]
(즉 각자의 능력에 따라, 어떤 사람에게는 다섯 달란트, 또 어떤 사람에게는 두 달란트, 또 어떤 사람에게는 한 달란트를 주고 여행을 떠났다.) [마태복음 25:15]

そこで主(しゅ)が言(い)われた、「主人(しゅじん)が、召使(めしつかい)たちの上(うえ)に立(た)てて、時(とき)に応(おう)じて定(さだ)めの食事(しょくじ)をそなえさせる忠実(ちゅうじつ)な思慮(しりょ)深(ぶか)い家令(かれい)は、いったいだれであろう。[ルカによる福音書 12:42]
(그래서 주께서 말씀하셨다. "주인이 하인들 위에 세워, 때에 따라 정해진 식사를 준비시키는 충실한, 사려 깊은 가령은 도대체 누구일까?) [누가복음 12:42]

そして、暴動(ぼうどう)と殺人(さつじん)とのかどで獄(ごく)に投(とう)ぜられた者(もの)の方(ほう)を、彼(かれ)らの要求(ようきゅう)に応(おう)じて

ゆるしてやり、イエスの方(ほう)は彼(かれ)らに引(ひ)き渡(わた)して、その意(い)のままにまかせた。[ルカによる福音書 23:25]
(그래서 폭동과 살인 때문에 옥에 갇힌 자를 그들의 요구에 따라 용서해 주고, 예수는 그들에게 넘겨주고, 그들 뜻대로 맡겼다.) [누가복음 23:25]

資産(しさん)や持(も)ち物(もの)を売(う)っては、必要(ひつよう)に応(おう)じてみんなの者(もの)に分(わ)け与(あた)えた。[使徒行伝 2:45]
(자산과 소유물을 팔아서는 필요에 따라, 모든 사람에게 나누어 주었다.) [사도행전 2:45]

使徒(しと)たちの足(あし)もとに置(お)いた。そしてそれぞれの必要(ひつよう)に応(おう)じて、だれにでも分(わ)け与(あた)えられた。[使徒行伝 4:35]
(사도들의 발밑에 놓았다. 그리고 (사도들은) 각자의 필요에 따라 누구나 할 것 없이 나누어 주었다.) [사도행전 4:35]

そこで弟子(でし)たちは、それぞれの力(ちから)に応(おう)じて、ユダヤに住(す)んでいる兄弟(きょうだい)たちに援助(えんじょ)を送(おく)ることに決(き)めた。[使徒行伝 11:29]
(그래서 제자들은 각자의 형편에 따라 유대에 사는 형제들에게 원조를 보내기로 결정하였다.) [사도행전 11:29]

ふたりが語(かた)り終(お)えた後(のち)、ヤコブはそれに応(おう)じて述(の)べた、「兄弟(きょうだい)たちよ、わたしの意見(いけん)を聞(き)いていただきたい。[使徒行伝 15:13]
(두 사람이(바나바와 바울이) 다 말하고 나서, 야고보가 그것에 대해 말하였다. "형제들이여, 내 의견을 들어 보시오.) [사도행전 15:13]

このように、わたしたちは与(あた)えられた恵(めぐ)みによって、それぞれ異(こと)なった賜物(たまもの)を持(も)っているので、もし、それが預言(よげん)であれば、信仰(しんこう)の程度(ていど)に応(おう)じて預言(よげん)をし、[ローマ人への手紙 2:6]

(이와 같이, 우리는 받은 은혜를 따라, 저마다 다른 선물을 가지고 있어, 만일 그것이 예언이라면 믿음의 정도에 따라 예언을 하고,) [로마서 2:6]

アポロは、いったい、何者(なにもの)か。また、パウロは何者(なにもの)か。あなたがたを信仰(しんこう)に導(みちび)いた人(ひと)にすぎない。しかもそれぞれ、主(しゅ)から与(あた)えられた分(ぶん)に応(おう)じて仕(つか)えているのである。[コリント人への第一の手紙 3:5]
(아볼로는 도대체 어떤 사람이냐? 또 바울은 어떤 사람이냐? 너희를 믿음으로 인도한 사람에 지나지 않는다. 게다가 각자 주로부터 받은 몫에 따라 섬기고 있는 것이다.) [고린도전서 3:5]

植(う)える者(もの)と水(みず)をそそぐ者(もの)とは一(ひと)つであって、それぞれその働(はたら)きに応(おう)じて報酬(ほうしゅう)を得(え)るであろう。[コリント人への第一の手紙 3:8]
(심는 사람과 물을 주는 사람은 하나이며, 각각 그 일에 따라 보수를 얻을 것이다.) [고린도전서 3:8]

一週(いっしゅう)の初(はじ)めの日(ひ)ごとに、あなたがたはそれぞれ、いくらでも収入(しゅうにゅう)に応(おう)じて手(て)もとにたくわえておき、わたしが着(つ)いた時(とき)になって初(はじ)めて集(あつ)めることのないようにしなさい。[コリント人への第一の手紙 16:2]
(매주 첫날마다 여러분은 각자 얼마라도 수입에 따라 주위에 비축해 두고, 내가 도착했을 때가 되어 비로소 모으지 않도록 하라.) [고린도전서 16:2]

なぜなら、わたしたちは皆(みな)、キリストのさばきの座(ざ)の前(まえ)にあらわれ、善(ぜん)であれ悪(あく)であれ、自分(じぶん)の行(おこな)ったことに応(おう)じて、それぞれ報(むく)いを受(う)けねばならないからである。[コリント人への第二の手紙 5:10]
(왜냐하면 우리는 모두 그리스도의 심판대 앞에 나타나서, 선이든 악이든, 자기가 행한 것에 따라, 각자 보응을 받아야 하기 때문이다.) [고린도후서 5:10]

わたしはあかしするが、彼(かれ)らは力(ちから)に応(おう)じて、否(いな)、力(ちから)以上(いじょう)に施(ほどこ)しをした。すなわち、自(みずか)ら進(すす)んで、[コリント人への第二の手紙 8:3]
(나는 증언하지만, 그들은 힘에 따라, 아니, 힘 이상으로 베풀었다. 즉 직접 자신해서,) [고린도후서 8:3]

だから今(いま)、それをやりとげなさい。あなたがたが心(こころ)から願(ねが)っているように、持(も)っているところに応(おう)じて、それをやりとげなさい。[コリント人への第二の手紙 8:11]
(그러므로 이제는 그것을 완수하라. 여러분이 마음으로부터 원하고 있는 것처럼, 가지고 있는 것에 따라, 그것을 완수하라.) [고린도후서 8:11]

また、キリストを基(もとい)として、全身(ぜんしん)はすべての節々(ふしぶし)の助(たす)けにより、しっかりと組(く)み合(あ)わされ結(むす)び合(あ)わされ、それぞれの部分(ぶぶん)は分(ぶん)に応(おう)じて働(はたら)き、からだを成長(せいちょう)させ、愛(あい)のうちに育(そだ)てられていくのである。[エペソ人への手紙 4:16]
(또 그리스도를 토대로 삼아, 전신은 모든 마디마디의 도움에 의해, 빈틈없이 짜 맞추어지고, 결합되어, 각각의 부분은 그 맡은 분량에 따라 활동하고, 몸을 성장시키고, 사랑 안에서 자라나게 되는 것이다.) [에베소서 4:16]

あなたがたは、人(ひと)をそれぞれのしわざに応(おう)じて、公平(こうへい)にさばくかたを、父(ちち)と呼(よ)んでいるからには、地上(ちじょう)に宿(やど)っている間(あいだ)を、おそれの心(こころ)をもって過(す)ごすべきである。[ペテロの第一の手紙 1:17]
(너희는 사람을 각각의 행위에 따라, 공평하게 심판하는 분을, 아버지라고 부르고 있는 이상, 지상에 살고 있는 동안에, 두려운 마음으로 지내야 한다.) [베드로전서 1:17]

地震(じしん)が起(お)きたら、その時(とき)にいる場所(ばしょ)に応(おう)じて、避難(ひなん)の仕方(しかた)は変(か)わる。

(지진이 발생하면, 그 때 있는 장소에 따라, 피난 방식은 바뀐다.)

わたしのスマホは<u>バッテリーの残量(ざんりょう)</u>に応(おう)じて、照明(しょうめい)が暗(くら)くなる。
(내 스마트폰의 잔량에 따라, 조명이 어두워진다.)

プレゼンに来(き)てくれた<u>お客(きゃく)さんの数(かず)</u>に応(おう)じて、質問(しつもん)の時間(じかん)を調整(ちょうせい)しましょう。
(프레젠테이션에 와 준 손님 수에 따라, 질문 시간을 조정합시다.)

テレビゲームの新作(しんさく)は、<u>予約(よやく)の数(かず)</u>に応(おう)じて、生産数(せいさんすう)も調整(ちょうせい)しよう。
(텔레비전 게임 신작은 예약 수에 따라, 생산수도 조정하자.)

<u>相手(あいて)の理解度(りかいど)</u>に応(おう)じて、説明(せつめい)の仕方(しかた)は変(か)えたほうがいい。
(상대의 이해도에 따라, 설명 방법은 바꾸는 것이 좋다.)

このポイントカードは、<u>たまったポイント</u>に応(おう)じて、色々(いろいろ)なプレゼントがもらえる。
(이 포인트 카드는 쌓인 포인트에 따라, 여러 가지 선물을 받을 수 있다.)

子供(こども)は<u>年齢(ねんれい)</u>に応(おう)じて、遊(あそ)べるおもちゃが変(か)わってくる。
(어린이는 연령에 따라, 놀 수 있는 장난감이 바뀐다.)

アンケートの「今後(こんご)期待(きたい)すること」のところは、<u>必要(ひつよう)</u>に応(おう)じて書(か)いてください。
(설문조사의 "향후 기대하는 것" 란은 필요에 따라 써 주세요.)

サッカーでは<u>相手(あいて)チームの戦(たたか)い方(かた)</u>に応(おう)じて、フォーメーションを変(か)えていくことがある。

(축구에서는 상대 팀의 경기 방식에 따라 포메이션(공격·수비 진형)을 변화해 가는 경우가 있다.)

私(わたし)たちの会社(かいしゃ)は、ユーザーのニーズに応(おう)じて、多様(たよう)な製品(せいひん)を作(つく)っていく必要(ひつよう)がある。
(우리 회사는 유저의 요구에 따라, 다양한 제품을 만들어 갈 필요가 있다.)

テニスの世界(せかい)ランキングは、その選手(せんしゅ)が得(え)たポイントに応(おう)じて決(き)められる。
(테니스 세계 랭킹은 그 선수가 얻은 포인트에 따라 정해진다.)

この服(ふく)は、季節(きせつ)に応(おう)じて、袖(そで)の長(なが)さを変(か)えることができる。
(이 옷은 계절에 따라, 소매 길이를 바꿀 수 있다.)

わたしのお店(みせ)では、予算(よさん)に応(おう)じて、オリジナルのウェディングドレスをお作(つく)りします。
(우리 가게에서는 예산에 따라, 오리지널의 웨딩드레스를 만들어 드립니다.)

大学(だいがく)では、学生(がくせい)の興味(きょうみ)に応(おう)じて、好(す)きな授業(じゅぎょう)を受(う)けることができる。[35]
(대학에서는 학생의 흥미에 따라, 좋아하는 수업을 들을 수 있다.)

それから、死(し)も黄泉(よみ)も火(ひ)の池(いけ)に投(な)げ込(こ)まれた。この火(ひ)の池(いけ)が第二(だいに)の死(し)である。[ヨハネの黙示録 20:14]
(그리고 나서 죽음도 황천도 불의 연못에 내던져졌다. 이 불의 연못이 두 번째 죽음이다.) [20:14]

---

[35] https://j-nihongo.com/nioujite/에서 인용하여 적의 번역함.

본 절과 관계해서 [フランシスコ会聖書研究所(1984)『新約聖書』サンパウロ. p. 965 주(20-9)]에서는 다음과 같은 주를 달고 있다.

1. 「死(し)も黄泉(よみ)」(죽음과 황천)도 불의 연못에 내던져져서 사라져 없어진다.

2. 「死(し)」(죽음)는 인간의 최후의 적(고린도전서 5:26 참조)이며, 죄에 따라 이 세상에 나타났다(로마서 5:12 참조).

3. 따라서 종말 때에는 죄가 없으니까, 죽음도 멸망된다(이사야 25:8 참조).

4. 죽음이 없으면, 황천도 존재할 이유가 없다. 불의 연못에만 황천도 있고, 거기에서 죽음은 아직 인간을 지배할 수 있다. 왜냐하면, 거기에는 제2의 죽음이 있기 때문이다.

[例] 最後(さいご)の敵(てき)として滅(ほろ)ぼされるのが、死(し)である。[コリント人への第一の手紙 15:26]
(최후의 원수로서 멸망 받는 것은 죽음이다.) [고린도전서 15:26]

このようなわけで、ひとりの人(ひと)によって、罪(つみ)がこの世(よ)にはいり、また罪(つみ)によって死(し)がはいってきたように、こうして、すべての人(ひと)が罪(つみ)を犯(おか)したので、死(し)が全人類(ぜんじんるい)にはいり込(こ)んだのである。[ローマ人への手紙 5:12]
(이런 연유로, 한 사람에 의해 죄가 세상에 들어오고, 또 죄에 의해 죽음이 들어온 것과 같이, 이렇게 모든 사람이 죄를 지었으므로, 죽음이 모든 인류에게 깊숙이 파고 들어온 것이다.) [로마서 5:12]

主(しゅ)はとこしえに死(し)を滅(ほろ)ぼし、主(しゅ)なる神(かみ)はすべての顔(かお)から涙(なみだ)をぬぐい、その民(たみ)のはずかしめを全地(ぜんち)の上(うえ)から除(のぞ)かれる。これは主(しゅ)の語(かた)られたことである。[イザヤ書 25:8]

(주께서는 영원히 죽음을 멸망시키고, 주인 하나님께서는 모든 사람의 얼굴에서 눈물을 닦고, 그 백성들의 수치를 모든 지역 위에서 없애 주신다. 이것은 주께서 하신 말씀이다.) [이사야 25:8]

> [1]このいのちの書(しょ)に名(な)がしるされていない者(もの)はみな、火(ひ)の池(いけ)に投(な)げ込(こ)まれた。[ヨハネの黙示録 20:15]
> (이 생명책에 이름이 적혀 있지 않은 사람들은 모두 불 연못에 내던져졌다.) [20:15]

[1] このいのちの書(しょ)に名(な)がしるされていない者(もの)はみな : 이 생명책에 이름이 적혀 있지 않은 사람들은

「名(な)がしるされていない」의 「しるされていない」는 「しるしている」의 수동 「しるされている」의 부정으로 동작주가 명시되어 있지 않지만, 동작주의 관여를 시사하는 표현이다.

이 부분을 타 번역본에서는 다음과 같이 다루고 있다.

[例] 生命(せいめい)の書(しょ)に(その名(な)を)書(か)かれていない者(もの)は(悉(ことごと)くこの) [塚本訳1963]
(생명책에 (그 이름이) 쓰여 있지 않은 사람들은 (모두 이))

いのちの書(しょ)に名(な)のしるされていない者(もの)はみな、[新改訳1970]
(생명책에 이름이 적혀 있지 않은 사람들은 모두.)

いのちの書(しょ)に書(か)かれていないとなると、だれでも[前田訳1978]
(생명책에 쓰여 있지 않게 되면, 모두)

いのちの書(しょ)に記(しる)されていない者(もの)は皆(みな)、[フランシス

コ会訳1984]
(생명책에 적혀 있지 않은 사람들은 모두,)

その名(な)が命(いのち)の書(しょ)に記(しる)されていない者(もの)は、[新共同訳1987]
(그 이름이 생명책에 이름이 적혀 있지 않은 사람들은,)

そして、命(いのち)の書(しょ)に[その名(な)が]記録(きろく)されていないことがわかった者(もの)は、[岩波翻訳委員会訳1995]
(그리고 생명책에〔그 이름이〕기록되어 있지 않은 것을 안 사람은,)

索 引

■ 한국어

【가】
각자　279
거친 말씨　228
겸양표현1　183
관여하다　32

【나】
나팔을 불어대다　147

【다】
단문(単文)　229
돌려주다　40
들어 올리다　137
떠나가다　28

【마】
맞아 쓰러지다　139
맷돌=石臼(いしうす)　137
명사적 용법　195
무생명사　277

【바】
복합사(複合辞)　273, 281

【사】
산 채로　234
살면서(도)　234
소굴　23
소유수동문　252

수동　33

【아】
~에 따라　275, 281
연어(連語)　152
외치다　163
유생명사(有生名詞)　268
음악 소리　147
이후(=以後(いご)　14

【다】
존경　132
중문(重文)　229

【하】
할렐루야　163
형용동사적 용법　197, 203
흔적도 없다　271

■ 일본어

【あ】
愛(あい)されていた　261
あかしびと[▽証人]　206
あがめ+たてまつる　183
崇(あが)め奉(たてまつ)る　184
あずかる[与る]　32
あった　268
あとかたもない[跡形もない]　271
ある　93

大(おお)きな鎖(くさり)　247
崇(あが)め奉(たてまつ)る　184
愛(あい)されていた　261
飽(あ)きる　238
イエスの証(あか)し　207
怒(いか)りの酒(さか)ぶね　221
生(い)き返(かえ)る　52
生(い)きながら　234
いだく　74
いない　93
いる　93
一瞬(いっしゅん)　91
一瞬(いっしゅん)にして　92
打(う)ち倒(たお)される　139
多(おお)くの冠(かんむり)　211
おのおの[各々(おのおの)]　279
覚(おぼ)えておられる　39
おまえ　78
おまえたち　86

【か】
解放(かいほう)される　256
楽(がく)の音(ね)　147
神(かみ)の大宴会(だいえんかい)　224
彼(かれ)　205
姦淫(かんいん)を行(おこ)なう　25
消(き)え去(さ)る　100
聞(き)かれず　148
聞(き)かれない　149
切(き)り殺(ころ)される　238
食(く)らう・喰(く)らう　228
~ことになっている　249
この後(のち)　14
これほどの　113
ゴク；곡　257

【さ】
さばかれる　132
さまざま[様様]　62
さまざまな~　65
さまざまの~　63
死(し)　288
しかえす[仕返す]　40
品々(しなじな)　104
白(しろ)い馬(うま)　208
真実(しんじつ)な[気持(きもち)]　197
真実(しんじつ)なる[神(かみ)]　203
真実(しんじつ)の[言葉(ことば)]　195
すべて　111
~ず　151
全部(ぜんぶ)　111
その奢(おご)りによって　127
その後(のち)　15
巣窟(そうくつ)　23

【た】
大群衆(だいぐんしゅう)　163
第二(だいに)の死(し)　255
だく　72
出(だ)す　277
正(ただ)しい行(おこな)い　191
だまされる[騙される]　154
血染(ちぞ)めの衣(ころも)　213
昼夜(ちゅうや)　266
つなぎおく[繋(つな)ぎ置(お)く]　248
積(つ)もり積(つ)もる　37
~であられる　178
~てしまう　108
鉄(てつ)の杖(つえ)　221
~てはいけない　205
~てやる　42, 59

天使(てんし) 205
天(てん)の軍勢(ぐんぜい) 215
というのは[と言うのは] 152
どこにあろう 113
唱(とな)える 163
~とは 110
~とも[共] 233
捕(と)らえられる 231

【な】
ない 93
流(なが)される 156
名(な)がしるされていない 289
泣(な)き悲(かな)しむ 70
難攻不落(なんこうふらく) 77
~に応(おう)じ 273
~に応(おう)じて 281
~にしたがって 274
日夜(にちや) 266
~によって 18
乗(の)っておられる 237

【は】
はなやかだ[華やかだ] 99
離(はな)れ去(さ)る 28
ハレルヤ 163
ひきうす[挽き臼・碾き臼] 137
開(ひら)かれた 273
不真実(ふしんじつ)だ 204
再(ふたた)び 167
不落(ふらく)の都(みやこ) 77
~ぶる 55
ほしいままにする 59

【ま】
巻(ま)き込(こ)まれない 36
マゴク；마곡 257
まったく 140
まったく+긍정 술어 141
まったく+부정 술어 143
~まつる[奉る] 181
まどわすことがない 249
招(まね)かれる 192
御顔(みかお) 270
みな 111
見(み)られない 101
無(む)に帰(き)す 108
持(も)ちあげる 137
もも[股・腿] 222
焼(や)かれる 66
焼(や)き尽(つく)す 263

【よ】
夜昼(よるひる) 266

【ら】
ラッパを吹(ふ)き鳴(な)らす 147

【を】
~を切(き)られる 252

■ 참고문헌 일람

다국어 성경(Holy-Bible) : www.holybible.or.kr/B_SAE/
대한성서공회(2001)『표준새번역 성경』, 대한성서공회.
www.basicchurch.or.kr/%EC%83%88%EB%B2%88%EC%97%AD-%EC%84%B1%EA%B2%BD/
대한성서공회(2002)『한일대조 성경전서』(개역개정판/신공동역), 대한성서공회.
GOODTV 온라인성경 : goodtvbible.goodtv.co.kr/bible.asp
생명의말씀사 편집부(1982)『현대인의성경』, 생명의말씀사.
GODpia 성경 : bible.godpia.com/index.asp#popup
李成圭(2010a)「「おっしゃる」와「言われる」의 사용상의 기준 - 신약성서(신공동역)의 4복음서를 대상으로 하여 -」『日本学報』82輯, 韓国日本学会. pp.99-110.
_____(2010b)「잉여적 선택성에 기초한「なさる」와「される」의 사용상의 기준 - 신약성서(신공동역)의 4복음서를 대상으로 하여 -」『日本学報』84輯, 韓国日本学会. pp.209-225.
_____(2011a)「ナル형 경어와 レル형 경어의 사용상의 기준 - 복수의 존경어 형식이 혼용되고 있는 예를 중심으로 -」『日本学報』86輯, 韓国日本学会. pp.121-141.
_____(2011b)「ナル형 경어와 レル형 경어의 사용실태 - 화체적 요인을 중심으로 하여 -」『日本学報』87輯, 韓国日本学会. pp.39-52.
_____(2011c)「사용상의 기준과 복음서 간의 이동 - ナル형 경어와 レル형 경어의 사용실태를 대상으로 하여 -」『日本語教育』56輯, 韓国日本語教育学会. pp.175-203.
_____(2016)「「お答えになる」・「答えられる」・「言われる」의 사용상의 기준에 있어서의 번역자의 표현의도 - 일본어 성서(新共同訳) 4복음서를 대상으로 하여 -」『일본언어문화』제36집, 한국일본언어문화학회. pp.155-176.
_____(2017a)「日本語口語訳新約聖書における〈おる〉の使用実態」『日本言語文化』第38輯, 韓国日本言語文化学会. pp.67-84.
_____(2017b)「〈おる〉〈ておる〉の意味・用法 - リビングバイブル旧約聖書(1984)を対象として -」『日本言語文化』第40輯, 韓国日本言語文化学会. pp.69-90.
_____(2018a)「「なさる」에 의한 존경어 형식과 사역의 존경화 - 일본어 구어역 신약성서를 대상으로 하여 -」『日本研究』第48輯, 中央大学校 日本研究所. pp.7-29.
_____(2018b)「発話動詞〈言う〉の尊敬語の使用実態 - 日本語口語訳新約聖書を対象として -」『日本言語文化』第43輯, 韓国日本言語文化学会. pp.105-120.
_____(2018c)『일본어 구어역 마가복음의 언어학적 분석 Ⅰ』, 시간의물레.
_____(2019a)『일본어 구어역 마가복음의 언어학적 분석 Ⅱ』, 시간의물레.

_____(2019b)『일본어 구어역 마가복음의 언어학적 분석 Ⅲ』, 시간의물레.
_____(2020a)『일본어 구어역 마가복음의 언어학적 분석 Ⅳ』, 시간의물레.
_____(2021a)『일본어 구어역 요한복음의 언어학적 분석 Ⅰ』, 시간의물레.
_____(2021b)『일본어 구어역 요한복음의 언어학적 분석 Ⅱ』, 시간의물레.
_____(2021c)『일본어 구어역 요한복음의 언어학적 분석 Ⅲ』, 시간의물레.
_____(2022)『일본어 구어역 요한복음의 언어학적 분석 Ⅳ』, 시간의물레.
李成圭・崔珉暶(2022a)『일본어 구어역 요한묵시록의 언어학적 분석 Ⅰ』, 시간의물레.
李成圭・任鎭永(2022b)『일본어 구어역 요한묵시록의 언어학적 분석 Ⅱ』, 시간의물레.
李成圭・任鎭永(2022c)『일본어 구어역 요한묵시록의 언어학적 분석 Ⅲ』, 시간의물레.
李成圭・任鎭永(2022d)『일본어 구어역 요한묵시록의 언어학적 분석 Ⅳ』, 시간의물레.
李成圭・任鎭永(2022e)『일본어 구어역 요한묵시록의 언어학적 분석 Ⅴ』, 시간의물레.
任鎭永外(2012)「접사「-よい」의 의미용법에 관한 일고찰」일본어 교육학회 Vol.60.
任鎭永外(2013)「의뢰표현〈ないでくださいますか〉의 표현가치」『중앙대학교 외국학연구소』Vol.23.
任鎭永(2021)「한국의 일본어 교과서 어휘 분석 - 중학교 교과서를 대상으로 -」한국출판학회 Vol.47 No.6.
尾山令仁(2001)『現代訳聖書』現代訳聖書刊行会. www.fbible.com/seisho/gendaiyaku.htm
オンライン聖書 回復訳編集部(2009)『オンライン聖書 回復訳』www.recoveryversion.jp/
菊地康人(1996)『敬語再入門』丸善ライブラリー 丸善株式会社.
_____(1997)『敬語』講談社学術文庫 講談社.
新改訳聖書刊行会(1970)『新改訳聖書』日本聖書刊行会
新約聖書翻訳委員会(1995)『岩波翻訳委員会訳』岩波書店.
聖書本文検索(口語訳) 日本聖書協会. www.bible.or.jp/read/vers_search.html
聖書本文検索(新共同訳) 日本聖書協会. www.bible.or.jp/read/vers_search.html
プロジェクト(2012)『現代日本語書き言葉均衡コーパス』
　　　　(BCCWJ:Balanced Corpus of Contemporary Written Japanese)
大学共同利用機関法人人間文化研究機構国立国語研究所と文部科学省科学研究費特定領域研究「日本語コーパス」プロジェクト www.kotonoha.gr.jp/shonagon/
高橋照男・私家版(2003)『塚本虎二訳 新約聖書・電子版03版』
　　　　www.ne.jp/asahi/ts/hp/index.html#Anchor94064
高橋照男編(2004)『BbB - BIBLE by Bible 聖書で聖書を読む』bbbible.com/
日本語聖書口語訳統合版(口語訳+文語訳)聖書 口語訳「聖書」(1954/1955年版)
　　　　bible.salterrae.net/
日本語版リビングバイブル改訂委員会(1993)『リビングバイブル』

erkenntnis.icu.ac.jp/jap/LivBibleJIF.htm#Instructions
日本聖書協会(1954)『聖書』(口語訳). pp.(新)1-(新)409. 日本聖書協会.
日本聖書協会(1987)『聖書』(新共同訳). pp.(新)1-(新)480. 日本聖書協会.
庭三郎(2004)『現代日本語文法概説』(net版).
フランシスコ会聖書研究所(1984)『新約聖書』サンパウロ.
前田護郎(1983)『新約聖書』中央公論社.
柳生直行(1985)『新約聖書』新教出版社.

저자 약력

● **이성규(李成圭)**

忠北 淸州 出生
(현) 인하대학교 교수, 한국일본학회 고문
(전) KBS 일본어 강좌「やさしい日本語」진행, (전) 한국일본학회 회장
한국외국어대학교 일본어과 졸업
일본 쓰쿠바(筑波)대학 대학원 문예·언어연구과(일본어학) 수학
언어학박사(言語學博士)

〈전공〉 일본어학(일본어문법·일본어경어·일본어교육)
〈저서〉『도쿄일본어 1-5』,『現代日本語硏究 1-2』,『仁荷日本語 1-2』,
　　　『홍익나가누마 일본어 1-3』,『홍익일본어독해 1-2』,『도쿄겐바일본어 1-2』,
　　　『現代日本語敬語の硏究』,『日本語表現文法硏究 1』,『클릭 일본어 속으로』,
　　　『實用日本語 1』,『日本語 受動文 硏究의 展開1』,『도쿄실용일본어』,
　　　『도쿄 비즈니스 일본어1』,『日本語受動文の硏究』,『日本語 語彙論 구축을 위하여』,
　　　『일본어 어휘Ⅰ』,『日本語受動文 用例硏究Ⅰ-Ⅲ』,『일본어 조동사 연구Ⅰ-Ⅲ』,
　　　『일본어 문법연구 서설』,『현대일본어 경어의 제문제』,
　　　『현대일본어 문법연구Ⅰ-Ⅳ』,『일본어 의뢰표현Ⅰ- 肯定의 依賴表現의 諸相 -』,
　　　『일본어 의뢰표현 - 부정의 의뢰표현의 제상 -』,『신판 생활일본어』,
　　　『신판 비즈니스일본어 1, 2』,『일본어 구어역 마가복음의 언어학적 분석Ⅰ-Ⅳ』,
　　　『개정판 現代日本語 文法硏究Ⅰ-Ⅱ』,『일본어 구어역 요한복음의 언어학적 분석Ⅰ-Ⅳ』,
　　　『일본어 구어역 요한묵시록의 언어학적 분석Ⅰ-Ⅵ』
〈역서〉『은하철도의 밤(銀河鉄道の夜)』(미야자와 겐지)〈共訳〉
　　　『인생론 노트(人生論ノート)』(미키 기요시)〈共訳〉,『음험한 짐승(陰獸)』〈共訳〉(2022)
〈수상〉 최우수교육상(인하대학교, 2003), 연구상(인하대학교, 2004, 2008)
　　　서송한일학술상(서송한일학술상 운영위원회, 2008)
　　　번역가상(사단법인 한국번역가협회, 2017), 학술연구상(인하대학교, 2018)

● **임진영(任鎭永)**

서울 출생
츠쿠바가쿠인대학(筑波学院大学) 비교문화학과 졸업
인하대학교 교육대학원 일본어교육 졸업
인하대학교 일반대학원 일어일본학과 졸업
문학박사(文學博士)
(현)서경대학교 인성교양대학 강사

〈전공〉 일본어학(일본어교육·일본어형태론·일본어통번역)
〈저서〉『일본어 구어역 요한묵시록의 언어학적 분석 Ⅱ, Ⅲ, Ⅳ, Ⅴ, Ⅵ』(2022)〈共著〉
〈역서〉『은하철도의 밤(銀河鉄道の夜)』(미야자와 겐지)(2022)〈共訳〉
　　　『인생론 노트(人生論ノート)』(미키 기요시)(2022)〈共訳〉
〈논문〉
「한국의 일본어 교과서 어휘 분석 - 중학교 교과서를 대상으로 -」, 한국출판학회 Vol.47 No.6 (2021)
「의뢰표현〈ないでくださいますか〉의 표현가치」, 중앙대학교 외국학연구소 Vol.23 (2013)
「접사「—よい」의 의미용법에 관한 일고찰」, 일본어 교육학회 Vol.60 (2012)

초판 인쇄	2023년 2월 24일
초판 발행	2023년 2월 28일
저　　자	이성규·임진영
발 행 인	권 호 순
발 행 처	시간의물레
등　　록	2004년 6월 5일
주　　소	경기도 파주시 숲속노을로 150, 708-701
전　　화	031-945-3867
팩　　스	031-945-3868
전자우편	timeofr@naver.com
블 로 그	http://blog.naver.com/mulretime
홈페이지	http://www.mulretime.com
I S B N	978-89-6511-425-3 (93730)
정　　가	28,000원

* 이 책의 저작권은 저자에게 출판권은 시간의물레에 있습니다.
* 잘못된 책은 바꿔드립니다.